蔡元培道德教育思想研究

乔爱丽 —— 著

人民日报出版社

北京

图书在版编目（CIP）数据

蔡元培道德教育思想研究 / 乔爱丽著. --北京：
人民日报出版社，2025. 6. -- ISBN 978-7-5115-8520-2

Ⅰ. G41-092.6

中国国家版本馆CIP数据核字第20242T4988号

书　　名：蔡元培道德教育思想研究
　　　　　CAIYUANPEI DAODE JIAOYU SIXIANG YANJIU
作　　者：乔爱丽
责任编辑：吴婷婷
封面设计：中尚图
出版发行：人民日报出版社
社　　址：北京金台西路2号
邮政编码：100733
发行热线：（010）65369527　65369846　65369509　65369512
邮购热线：（010）65363531　65363530
编辑热线：（010）65369844
网　　址：www.peopledailypress.com
经　　销：新华书店
印　　刷：三河市中晟雅豪印务有限公司
法律顾问：北京科宇律师事务所（010）83632312

开　　本：710mm×1000mm　1/16
字　　数：220千字
印　　张：14
版次印次：2025年6月第1版　　2025年6月第1次印刷
书　　号：ISBN 978-7-5115-8520-2
定　　价：59.00元

引　言

　　道德教育作为教育事业科学发展的基础工程，一直以来受到党和国家的高度重视。充分发掘历史上优秀的道德教育资源为今所用，是思想政治教育工作的一贯做法，这对于坚定文化自信，践行社会主义核心价值观具有重要的价值和意义。

　　在近代中华民族危亡的关键时期，蔡元培毅然选择教育作为实践基石，期望通过兴学育才来改变社会面貌，推动民族振兴。他以传统国学为根基，以西方"自由、平等、博爱"为重要的精神养料，提出独具特色的道德教育新理念，从整体上构建了完备的道德教育思想体系，包括"公民道德教育为中坚""道德教育本在修己""公德与私德兼修""美育促德育完成""育国民健全人格"等，用于指导国民道德建设。实践中，蔡元培突破"中体西用"的人才培养模式，强调培养共和国国民，要以"公民道德教育"为中坚，实施五育"不可偏废"的和谐发展教育方针。五育之中，蔡元培又着重探究了"美育促德育完成"的方法，希冀通过美育激发、净化人的道德情感，促进人的道德认识，改进人的道德行为。他站在"育国家之良民"的高度上，指出道德教育是提高个体道德修养、形成国民"健全人格"的重要手段，将德性养成与人格完整进行综合考虑，修德内涵以"公德与私德兼修"为宜。基于此，道德教育的开展可借助家庭之教、学校之教、社会之教三种途径予以呈现。

　　从道德教育理念看，蔡元培所主张的"以公民道德教育为中坚"的五育并举观，为新时代正确理解德育与素质教育之间关系，着力解决"培养什么人、怎样培养人"的问题提供重要启示;"尚自然,展个性"的以人为本理念,为新时代创新型人才的培育提供重要前提;"择善而从"的理念则有助于实现从传统到现代的转换、中西方道德因素的融合,从而构筑起适合新时代发展需求的道德体系。蔡元培道德教育思想内容,特别是从私德入手,"公德与私德兼修",符合青少年成长成才和思想道德修养的客观规律,修爱国为民之大德,修诚信友善之公德,修慎独慎行之私德,有助于青少年将爱国主义精神内化于心、外化于行。借鉴蔡元培以学促德的道德教育方法,同样有助于帮助当代青年树立终身学习和终身修德的意识,使道德教育深深扎根于生活,将以美育德的方法有效贯穿家庭、学校和社会教育中,促使人们在潜移默化中陶冶情操,塑造正确的道德行为。

目　录

第一章 导 论

第一节 开展蔡元培道德教育思想研究的历史背景

道德教育是一定社会或阶级为使人们接受和遵循其道德规范体系的要求，并按其价值标准处世做人、规范行为、协调关系而有计划有组织地对受教育者施以道德影响的活动，是一定社会和阶级的道德意识转化为个人的道德品质和普遍的道德行为的重要环节。[1]道德教育是为统治阶级而服务的，故而不同的时代道德教育的内容大不相同。

重视道德教育是中华民族的优良传统，自人类文明之初即已有之。古代传统道德教育的目的，一是要培养具有"圣贤人格"的君子，培养起个人对社会的道德责任感，帮助个人在道德教育与实践中，逐渐走出"小我"之藩篱，追求忘我而无私的圣人之境；二是重视道德教育对国家、对社会、对政治的作用，在于感化人民，形成统一意志，养成良好社会道德风尚。将这两点结合起来，体现出道德教育的作用是修身、齐家、治国、平天下，其中内蕴的"仁爱""克已内省""知行统一""兼善天下"等思想精华放至今日仍不过时。

近代中国大门被鸦片和武力打开以后，随着西方资产阶级先进思想的传

---

[1] 骆郁廷：《思想政治教育引论》，北京：中国人民大学出版社，2018年，第114页。

入，以儒家伦理纲常为代表的主流思想受到冲击，中国资产阶级的诞生，使民主、自由、平等、博爱为主要内容的德育思想广为传播和发展，中西思想在碰撞中历经多次的改良与革命，使近代道德教育思想呈现出较为纷繁混杂的发展轨迹。如：严复的"新民德"，主张以西方资产阶级的自由、平等、民主的道德观念，来取代封建传统家族宗法制度和伦理道德，重塑国民人格，促进公民德、智、体全面发展；陶行知的生活德育思想坚持先行后知、知行合一的群众路线，以培养出具有高尚品德、勇敢说真话、办真事的"真人"；梁启超首次划分了公德与私德的概念，对传统的封建道德观展开了超越前人的猛烈抨击，提出了公德和私德"兼善"，振兴国家需提倡公德，同时认为中国要新民德，应以"培养个人之私德为第一义"[1]，"然后人格乃成"的德育思想；蔡元培在广泛而自由地汲取西方文化精华的基础上，拥有了对东、西方文明异同之体认，从而建立起一种中西兼容的道德观。其道德教育思想既扎根于民族传统伦理道德认识，又合理地汲取西方近代哲学、教育学中的有益成分，使得天然道德与人为道德达到完美结合，既符合民主共和发展的潮流，又适应于世界未来发展的方向。

进入社会主义时期，道德教育的内容发生调整，将社会主义、共产主义的道德观念与道德原则变成人们日常普遍遵循的道德风尚和习惯，进而提高全社会的道德水平。道德教育的主要内容不仅包括社会主义道德的教育，同时也包含中华民族优良传统道德教育。

道德教育一直是思想政治教育中的重要内容。党的十八大以来，以习近平同志为核心的党中央高度重视思想道德建设，在立德树人、以文化人方面作出系列重要指示，同时表彰道德模范、弘扬社会正能量，促使社会主义思想道德建设能够在新时代展现新气象、取得新成效。《新时代公民道德建设实施纲要》提出，要强化公民道德建设，提高全社会道德水平；在党史学习教育动员大会上，习近平总书记又把"学史崇德"作为党史学习教育的目标之一，

---

[1] 梁启超：《梁启超全集·论私德》（第3卷），北京：北京出版社，1999年，第714页。

号召从百年党史中汲取道德力量，崇尚对党忠诚的大德、为民造福的公德、严于律己的私德，不断强化自身道德修为。这些具体的要求，既体现出党和国家对道德教育的重视，又为开展蔡元培道德教育思想研究营造了良好的社会氛围。

一、当前社会领域依然存在道德失范现象

在党的领导下，广大人民群众自觉地对社会的政治、经济、文化等各个方面进行了全面的深化改革、高质量的创新发展，中国特色社会主义道路建设取得了举世瞩目的成果。但在社会变革发展的历史进程中，由于"市场经济规则、政策法规、社会治理还不够健全，受不良思想文化侵蚀和网络有害信息影响，道德领域依然存在不少问题"[1]。例如：在经济生活领域，屡屡出现为牟取行业暴利而引发的食品安全问题、建筑安全问题以及医疗安全问题，疫情期间出现隐瞒、谎报信息，"口水吐电梯按钮"等形形色色的道德缺场情况；在政治生活领域，部分官员官德缺失，毫不自律，其公德心、公义心完全被私利之心取代，贪污腐败、钱权交易的不良现象依然存在；在文化生活领域，丧失学术底线，追名逐利、抄袭剽窃、低俗炒作的人也是屡见不鲜。不良的道德习气如同瘟疫般在社会上蔓延，虽非社会主流，却成为摧残人们道德认知和道德情感的生化武器，使得社会风气恶化，人与人之间出现诚信危机，成为建设中国特色社会主义伟大事业的无形障碍。道德失范的严峻社会现实，引发了党和国家对道德教育的强烈关注，加强公民思想道德建设，弘扬高尚的道德情操刻不容缓，党的十七大报告提出"加强社会公德、职业道德、家庭美德、个人品德建设"，丰富社会主义道德建设内涵；党的十八大报告指出"一些领域道德失范、诚信缺失"已成前进道路上的困难，再次强调应全面提高公民道德素质，首次明确教育的根本任务是"立德树人"；党的

---

[1]《新时代公民道德建设实施纲要》，北京：人民出版社，2019年，第2页。

十九大报告指出加强思想道德建设，人民有信仰，国家有力量，民族有希望。要提高人民思想觉悟、道德水准、文明素养，提高社会文明程度。

如何通过思想教育倡导道德观念、革新德育内容、改进德育方法，重塑道德教育的权威，以解决当前的道德困境，唤起道德良心的理性回归，是当前思想政治教育研究工作的一项重大课题。

二、强化道德建设是实现中华民族伟大复兴的强大精神动力

无数历史实践证明，国家的繁荣昌盛，民族的文明和谐，很大程度上取决于社会的思想道德水平，思想道德建设为实现中华民族伟大复兴中国梦汇聚强大道德力量和精神动力。中华民族伟大复兴的目标在实践中展现为社会主义现代化的历史性进程，而现代化的实现并非只是单纯的经济指标和量化数据的积累。它是由活动着并且在活动中不断改变自身的主体的人来确定的，不仅有物质财富的增长，而且有人文精神层面的进步，具体表现为主体的自觉自律意识、个体品德境界以及社会整体道德水准的全面升华。改革开放伊始，党就明确把社会主义道德建设作为中国特色社会主义事业的重要任务和基本内容，提出"两手都要抓，两手都要硬"的战略思想，邓小平要求树立优良的道德风尚，建设高度发展的社会主义精神文明，并警示"风气如果坏下去，经济搞成功又有什么意义？"但在落实过程中，由于经济建设这只手较硬，精神文明建设这只手较软的现象突出，从而累积了社会道德领域中的诸多问题，而且渗透到经济、政治、文化生活的方方面面。在相当大的程度上，也是现实社会自身问题及矛盾的直观反映。新时代的社会主义道德建设，要勇于直面问题、正确认识矛盾，在变革现实的历史进程中以马克思主义为指导，辩证地对待历史和现实中的各种道德资源，继承弘扬传统人文精神，客观面对西方资本主义道德中重理性、促独立、倡自由平等的有益养分，从而熔铸出代表人民根本利益、反映时代进步要求、兼具科技理性与人文精神

的中国特色社会主义新道德。

三、充分挖掘优秀的传统道德教育资源成为时代需求

传统的道德教育资源是优秀传统文化的重要组成部分，是中华民族历经几千年的道德实践与文明传承，究其思想内涵，不仅包含大传统领域之下教育家、思想家的道德思想理论及人性修养论，还包含小传统视野之下平民大众日常之道德意识以及涌现出的道德楷模事迹。它们倡导集体主义，强调爱国精神，希冀通过外在教化和个人修养，完成理想人格的塑造，使自己成为对国家对社会有用的人，恰是因为这些优秀的道德资源，才促使一代代中华儿女勇担民族责任，努力奋斗，自强不息。2014年2月24日，习近平总书记主持十八届中共中央政治局第十三次集体学习时强调："认真汲取中华优秀传统文化的思想精华和道德精髓，大力弘扬以爱国主义为核心的民族精神和以改革创新为核心的时代精神，深入挖掘和阐发中华优秀传统文化讲仁爱、重民本、守诚信、崇正义、尚和合、求大同的时代价值，使中华优秀传统文化成为涵养社会主义核心价值观的重要源泉。"思想政治教育与传统文化的融合既具有必要性又具备可行性，中国人的思想观念、行为习惯、社会活动已深深浸润在传统文化之中，因此，灵活运用马克思主义的立场、观点和方法，挖掘、梳理传统文化，弘扬其积极因素，去除其消极成分，培育本民族社会主义核心价值观，是我们需要思考的时代课题。

近些年来，传统儒学先师孔孟道德教育思想的研究诚然是学术界的讨论热点，其历久弥新的理论特色赋予研究者不断发掘思考的学术空间；以程朱、陆王为代表的宋明理学道德教育思想研究业已纳入研究范畴，相关期刊文献、硕博士论文大量涌现；近现代教育史上一些著名教育家的道德教育思想，如严复、陶行知、梁启超、蔡元培等人的道德教育思想，也在一定程度上得到重视。

作为一名革故鼎新的教育家，蔡元培为了更好地培养出国家所需的革命人才，毅然选择到西洋留学。其自身所富有的深厚国学根基及敏锐的思维能力，使他在学习欧洲文化过程中具有超强的领悟力和深刻的鉴别力，他先后出版了《中学生修身教科书》《中国伦理学史》《华工学校讲义》等著作，系统梳理了中国传统伦理道德思想，以期达成"教育救国"之理想，为日后领导全国性文化教育事业做好思想准备。此外，又通过文章或演讲报告反复强调道德教育问题，广为熟知的有《对于新教育的意见》《新教育与旧教育之歧点》《世界观与人生观》《教育之对待发展》《对于学生的希望》《美育与人生》，其丰富的道德教育理论及实践经验对于中国近代转型时期的人才培养、人格教育发挥着至关重要的作用，极具研究价值和实际意义。

第二节　开展蔡元培道德教育思想研究的价值意义

本书的研究意义可以从理论意义和现实意义两个层面予以具体分析，从理论意义来看，主要包括以下两点内容：

一、从理论意义的角度分析

1.有助于丰富新时代道德教育体系建设

中华优秀传统文化素来重视道德教育，关注个体身心修养，蕴含着丰富的道德教育元素。蔡元培道德教育思想，作为中华优秀传统文化的一部分，不仅对近代中国的教育发展产生了深刻影响，而且就目前来看也远未过时。系统化梳理蔡元培道德教育思想，开展蔡元培道德教育理念、内容、方法的研究，既有利于丰富当代道德教育研究的内容，又有助于创新道德教育研究工作方法，对于构建与社会发展相适应的道德建设体系，提升公民思想道德素质，具有十分重要的意义；而且其内蕴的创新性中西合璧思维，为我们发掘传统道德文化资源、吸纳西方公民道德教育思潮的精华提供了借鉴模式。

2.有助于进一步深化蔡元培教育思想研究

作为近代著名的教育家，蔡元培一生致力于文化教育和科技事业，意在建立起资产阶级教育体制，改革和发展中国高等教育事业，对推动中国教育、中国革命的历史进程做出了不可磨灭的贡献。对于蔡元培教育思想的研究已引起学术界的广泛关注，而且在理论研究方面取得了一些相应成果。对已有研究成果进行整理后发现，最为集中关注的是其高等教育思想、审美教育思想、职业教育思想、道德教育思想、女子教育思想等。对于蔡元培道德教育思想的关注，学者们往往从伦理学、教育学、道德哲学的角度展开分析与研究，高水平的学术论文及专著尚处于匮乏状态。因此，转换研究角度，增加蔡元培道德教育实践路径的探索，挖掘其现代价值及意义，这对于拓展蔡元培教育思想的研究领域，完善其研究内容具有重要的理论意义。

二、从现实意义的角度分析

1.有利于培养全面发展的时代新人

立足于时代背景，我国现阶段要培养德智体美劳全面发展的人，他们是既具有真才实学，又拥有高尚道德品质的时代新人，能够在历史发展的重要战略时期勇于承担起民族复兴重任。对于如何培养人，习近平总书记指出："人无德不立，育人的根本在于立德。"[1]立德是育人的前提和出发点，既要立报效祖国的大德，又要立全心为民的公德，还要有严于律己的私德。在当前我国道德建设领域面临新状况、新矛盾的情况下，找准立德基点，把握立德关键，使道德知行合一，培养出德才兼备的有用人才，是当前教育工作的根

[1] 习近平:《在北京大学师生座谈会上的讲话》,《人民日报》2018 年 5 月 3 日, 第 02 版。

本任务所在。蔡元培所倡的五育并举思想，是在坚持道德教育为中坚的前提下，重视人的全面发展与社会发展、物质追求与精神追求、科学技术与人文素养有机融合的教育思想，既体现了时代新人素质定位的基本准则，也反映出人类社会教育的根本目标，这对于新时代提升人的道德修养水平、促进人的全面发展具有十分重要的现实意义。

2.有助于思想政治教育工作更具有效性

从新民主主义革命时期到社会主义现代化建设时期，我们党始终高度重视思想政治工作。新的历史时期，以习近平同志为核心的党中央采取系列重要举措来加强和改进思想政治工作，充分发挥了凝聚思想、齐心协力、团结奋斗的意识引领作用，保障中国特色社会主义伟大事业的全面推进。在中国共产党成立一百周年之际，中共中央、国务院印发《关于新时代加强和改进思想政治工作的意见》，倡导"深入实施中华优秀传统文化传承发展工程，……满足人民精神文化生活新期待"。从而为思想政治工作领域内如何实现优秀传统文化的创造性转化、创新性发展提出指导性要求，这也成为当前思想政治教育工作者的一项重要使命。

蔡元培丰富的道德教育实践为当前思想政治教育工作提供了绝佳的经验素材，他号召北大学子改变传统"唯有读书高"的想法，积极扶持组建各种社团、研究会，大力宣传新思想、新文化、新道德；鼓励学生闲暇时深入服务社会，担负起指导平民的责任；倡导通过劳动教育砥砺德行，促进学生品德的形成与完善，使学生在劳动中不仅认识到劳动光荣、互助合作的美德，而且体验到劳动的艰辛不易，从而养成吃苦耐劳的品性。蔡元培丰富的道德教育实践活动不仅开创了北大新气象，符合当时社会发展需求，而且对于整个人类社会发展都具有非凡的意义。因此，研究学习蔡元培道德教育思想，对于我们坚持理论与实践相结合，提高思想政治教育工作的育人水平，具有重大启示意义。

第三节　开展蔡元培道德教育思想研究所涉及的概念

概念是一切知识架构的基石，要深入探究蔡元培道德教育思想及其现代启示，应厘清道德、道德教育、思想政治教育基本概念以及蔡元培道德教育思想的内涵。

一、道德

道德是一定社会用于调节人们之间的关系及人与社会间关系的规范与准则，对于人类社会的发展与延续有着重大的意义。道德作为一种社会意识形态，并非永恒不变，不同的时代、不同的阶级有不同的道德观念，恰如马克思所讲，"财产的任何一种社会形式都有各自的'道德'与之相适应"[1]，人们是"从他们进行生产和交换的经济关系中，吸取自己的道德观念"[2]。

古代道德中的"道"与"德"分属不同的概念，道是抽象的，是事物的变化发展要遵循的普遍规律，以及宇宙间万事万物的本质本体；德是现实具体的，强调个体的修养、品性，同时也含有政治价值固化的作用。战国时期的荀子将"道"与"德"合为一词使用，曰："礼者，法之大分，类之纲纪也，故学至乎礼而止矣。夫是之谓道德之极。"[3]《礼记》则表明，按照"礼"所规定的去处理人与人之间的关系，就达到道德的最高境界。我国古代的"道德"以儒家伦理道德为主线，蕴含墨家、道家、法家等传统道德思想的精华，促

<hr>

[1]　马克思、恩格斯：《马克思恩格斯选集》（第3卷），北京：人民出版社，2012年，第160页。
[2]　马克思、恩格斯：《马克思恩格斯选集》（第3卷），北京：人民出版社，2012年，第470页。
[3]　（唐）杨倞注：《荀子·劝学》，上海：上海古籍出版社，2010年，第5页。

使民众受到纲常名教的教化，以达维护封建社会统治的目的。

20世纪初，受西学东渐的影响，西学因素不断被引入国内，使传统道德概念受到质疑，也给人们带来理解上的变化。有学者认为"道德"是人类特有的心理活动，也有人深化对道德主体的考察，引入独立人格概念，以此为出发点，道德被视作与个人的信念相关的事物，由此引申出良心自由、精神自由的问题。

发展到社会主义社会，道德又被赋予新内容。社会主义道德是以社会主义公有制为主体的经济基础的反映，它以为人民服务为核心，以集体主义为原则，以诚实守信为重点，以社会主义公民基本道德规范为主要内容。进入新时代，加强公民道德建设、提高全社会道德水平，是全面建成小康社会、全面建成社会主义现代化强国的战略任务，是适应社会主要矛盾变化、满足人民对美好生活向往的迫切需要，是促进社会全面进步、人的全面发展的必然要求。2019年10月，《新时代公民道德建设实施纲要》把社会公德、职业道德、家庭美德、个人品德建设作为着力点，致力于在全民族牢固树立中国特色社会主义共同理想，在全社会大力弘扬社会主义核心价值观，促进人的全面发展，培养和造就担当民族复兴大任的时代新人。

二、道德教育

道德教育，是指一定社会或阶级为使人们接受和遵循其道德规范体系的要求，并按其价值标准处世做人、规范行为、协调关系而有计划有组织地对受教育者施以道德影响的活动，是一定社会和阶级的道德意识转化为个人的道德品质和普遍的道德行为的重要环节。[1]道德教育是为统治阶级而服务的，故而不同的时代道德教育的内容大不相同。

重视道德教育是中华民族的优良传统，自人类文明之初即已有之。古代

[1] 骆郁廷：《思想政治教育引论》，北京：中国人民大学出版社，2018年，第114页。

传统道德教育的目的，一是要培养具有"圣贤人格"的君子，培养个人对社会的道德责任感，帮助个人在道德教育与实践中，逐渐走出"小我"之藩篱，追求忘我而无私的圣人之境；二是重视道德教育对国家、对社会、对政治的作用，通过道德教育感化人民，形成统一意志，养成良好社会道德风尚。将这两点结合起来，体现出道德教育的作用是修身、齐家、治国、平天下，其中内蕴的"仁爱""克己内省""知行统一""兼善天下"等思想精华放至今日仍不过时。

近代中国大门被鸦片和武力打开以后，随着西方资产阶级先进思想的传入，以儒家伦理纲常为代表的主流思想受到冲击，中国资产阶级的诞生，使民主、自由、平等、博爱为主要内容的德育思想广为传播和发展。中西思想在碰撞中历经多次的改良与革命，使近代道德教育思想呈现出较为纷繁混杂的发展轨迹。如：严复的"新民德"，主张以西方资产阶级的自由、平等、民主的道德观念，来取代封建传统家族宗法制度和伦理道德，重塑国民人格，促进公民德、智、体全面发展；陶行知的生活德育思想坚持先行后知、知行合一的群众路线，以培养出具有高尚品德，勇敢说真话、办真事的"真人"；梁启超首次划分了公德与私德的概念，对传统的封建道德观展开了超越前人的猛烈抨击，提出了公德和私德"兼善"的德育思想，认为振兴国家需提倡公德，同时中国要新民德，应以"培养个人之私德为第一义"[1]，"然后人格乃成"；蔡元培在广泛而自由地汲取西方文化精华的基础上，拥有了对东、西方文明异同之体认，从而建立起一种中西兼容的道德观。其道德教育思想既扎根于民族传统伦理道德认识，同时又合理地汲取西方近代哲学、教育学中的有益成分，使得天然道德与人为道德达到完美结合，既符合民主共和发展的潮流，又适应世界未来发展的方向。

进入社会主义时期，道德教育的内容发生调整，将社会主义、共产主义的道德观念与道德原则变成人们日常普遍遵循的道德风尚和习惯，进而提高

---

[1] 梁启超：《梁启超全集·论私德》（第 3 卷），北京：北京出版社，1999 年，第 714 页。

全社会的道德水平。道德教育的主要内容不仅包括社会主义道德的教育，同时也包含中华民族优良传统道德教育，如何做好传统文化的创造性转化和创新性发展是新时代下的新课题。

三、蔡元培道德教育思想

蔡元培道德教育思想是在20世纪初历史转折时期背景之下，通过道德教育实践活动形成的对道德教育现象及道德教育问题的观念意识层面的理解和认知。在内容上全面阐述了道德教育的地位、道德教育的根本、道德教育的途径、道德教育的主要方法以及道德教育的目的，从整体上清晰地呈现出其道德教育思想的逻辑关系体系。

蔡元培对于道德教育地位的思考主要围绕"公民道德教育"展开，强调道德教育应顺应时势，着力培养国民的素质和修养。1912年7月，又提出要遵循民国时期"养成共和国民健全之人格"的教育方针。"国民教育不外乎五种主义，即军国民教育、实利主义、公民道德、世界观、美育是也。五者以公民道德为中坚，盖世界观及美育皆所以完成道德，而军国民教育及实利主义，则必以道德为根本。"[1]从而确立了"公民道德教育"的中坚地位。

道德教育的根本在于修己。蔡元培认为"修己之道，体育、知育、德育三者，不可以偏废也"[2]。旧式教育重视修身养性，却忽略了学生的身体健康，致使不少有才华之人因身体屡弱而无法实现理想志向。故而，蔡元培提倡健康的身体是实践道德要求的根本基础，拥有健康身体后再通过知识的学习促进道德人格培养，并在实践中体现相应的道德行为，才能成为一个道德上言

---

[1] 高平叔编：《蔡元培全集·全国临时教育会议开会词》（第2卷），北京：中华书局，1984年，第263页。

[2] 高平叔编：《蔡元培全集·中学修身教科书》（第2卷），北京：中华书局，1984年，第172页。

行一致的人。

对于道德教育路径的思考，蔡元培主要从家庭教育、学校教育、社会教育来考虑。家庭是个体道德的启蒙地，若家庭道德存在缺陷，则社会及国家道德也就失去实现的可能；学校教育是按照一定的标准统一组织学生，开展有目的、有计划的道德规范教学，以塑造个体的道德品质；社会教育则发挥辅助家庭教育和学校教育的作用，促进教育的普及和平等。三者是一个相互联系的有机整体，不可或缺，共同促进个体道德的丰富与完善。

道德教育的目的在于顺应时代发展的要求，养成国民的健全人格，以保全人之为人的人性，德性是人格最重要的特征，它是支撑人格存在的最基本要素，也是人格健康是否完好的重要标志。发展人格究其本质乃是个人道德品质的提高与升华，它的实现有赖于个体的身心协调以及认知、情感和意志的和谐统一，从而促进人的全面发展。

蔡元培道德教育思想在其整体教育思想体系中占有重要的一席之地，提出了道德教育是"强兵富国"的根本大计，对于文化教育事业甚至是国家建设都发挥着关键性作用。蔡元培清醒地认识到道德之于个体自我、之于社会国家的作用，打破了传统的"尊神""尊孔""三纲五常"的局面[1]，主张国家的兴盛以道德为要素，在于培养起国民健全的人格，这样才会有强国兴国的希望。

第四节　开展蔡元培道德教育思想研究的目的及思路

蔡元培一生都在倡导教育救国，他在本国实际国情的基础上，运用科学的方法研究了中国传统道德教育资源，并且选择性地嫁接了西方的德育思想，

---

[1] 刘俊哲：《诠释与探索：西南民族大学中国哲学硕士点 10 周年纪念文集》（上），成都：四川人民出版社，2012 年，第 285 页。

综合创新后走出了一条中西兼容、新旧并蓄的教育之路,目的是塑造具有现代意识的全面发展的新人,以推动中国教育的进步和中华民族的富强。本书从蔡元培道德教育思想内容的相关研究入手,深入挖掘并梳理蔡元培道德教育思想。立足于"公民道德教育为中坚""道德教育本在修己""公德与私德兼修""美育促德育完成""育国民健全人格"五个方面的核心内容,全面阐述道德教育地位、道德教育的根本、道德教育的内容、道德教育的主要方法、道德教育的目的,从而完整地勾勒蔡元培道德教育思想的逻辑体系。在此基础上,努力发掘其中仍具时代意义的可借鉴内容,从而为进一步丰富完善当代德育理论,强化公民道德建设,解决当前道德领域面临的实际问题提供有益参考。

一、全面系统剖析蔡元培道德教育思想

首先,通过对蔡元培著述的分析以及丰富实践活动的具体考察,理顺蔡元培道德教育思想形成的三个历史时期,从初步萌芽期到形成过渡期,再到稳定成熟期,为完整梳理蔡元培思想生发,客观呈现其道德教育思想原貌奠定基础;其次,尝试以多元的视角切入,从整体把握蔡元培道德教育思想脉络,对其全貌及特征予以呈现;再次,在全面清晰认知的前提下,实事求是地对蔡元培道德教育思想展开评析,明确其思想的进步性及其存在的局限性。

二、为新时代道德教育工作提供有益启示

我们正处于实现中华民族伟大复兴的关键期,社会矛盾的变化,文化范畴的调适,其必然性价值是促使合理的社会构成、文明的社会发展,但过程之中同样包含着矛盾与冲突,引发道德领域问题的频现,造成社会道德危机的产生。总结梳理近代著名教育家蔡元培的道德教育思想内涵,系统挖掘具

有时代进步性的道德教育理念、内容和方法，并以此为切入点，探索它们对于现代道德建设所具有的重要启示意义，从而丰富蔡元培道德教育思想的现代价值研究。其"五育并举""尚自然，展个性""择善而从"的道德教育理念，致力于西方德育理论与传统德育精华相结合，对于解决好新时代培养什么人、怎样培养人的问题提供重要启示，学习"公德与私德兼修""德性爱国""遵法律为第一义"的道德教育内容，有利于从社会及个人层面培育和践行社会主义核心价值观；蔡元培在具体实践中所总结的"以学促德""以实践为要""以美育德"等道德教育方法，对于促进社会主义精神文明的深度建设，提升道德教育的针对性和有效性，同样具有重要的借鉴意义。因此，充分激活蔡元培道德教育思想内涵的现代价值，也是本书的重要目的之一。

三、具体展开研究的基本思路

本书以历史人物蔡元培的道德教育思想作为研究对象，研究是一个由浅入深、由宏观到微观的认识过程。在系统整理归纳蔡元培道德教育思想的基础上，发掘其进步性，并将其纳入现代道德教育体系之中，以探寻现实意义与价值。研究过程遵循着溯源—呈现—评析—启示的脉络。

首先，通过对政治腐朽、世风日下的社会背景的考察，得出正是基于社会的变革、动荡，才促使先进知识分子着眼于传统理念的道德反思，从而演绎出蔡元培道德教育思想的形成过程；其次，基于蔡元培的相关著作及社会实践活动，从"公民道德教育为中坚""道德教育本在修己""公德与私德兼修""美育促德育完成""育国民健全人格"五个层面，凝练概括蔡元培道德教育思想逻辑体系，借助家庭之教、学校之教、社会之教三种实现途径，完整呈现蔡元培道德教育思想的内涵及其实践的整体活动历程，增强了人物思想研究的"立体感"；再次，在全面阐释其思想全貌的基础上，概括出自律修身与他律约束相协调、继承发扬与汲取融合相结合、道德认识与道德实践相统一的三方面特征，并基于实事求是原则，客观理性地审视蔡元培道德教育思想，肯定其进步性，为现实转化提供思想基点，同时，也对其思想中因资产阶级立场而产生的局限性予以否定；最后，从蔡元培道德教育理念、内容、方法入手阐释其对当前道德教育的启示，以期为解决目前道德教育困境，建设适应时代发展的新道德体系提供可借鉴的宝贵资料。

第五节　开展蔡元培道德教育思想研究的基本现状

若要全面理解和把握蔡元培道德教育思想及其当代社会价值，首先应该对国内外关于蔡元培思想研究的著作和文献进行梳理和阐释。分析近代社会文化背景下蔡元培的思想发展历程，并在其所从事的各种教育实践活动的基础之上，对其道德教育思想进行合理的勾勒并进行理性的审视。另外，蔡元培道德教育思想所涉及的领域包括伦理学、教育学、美学、民族学等多个学科，因此从多学科视角对蔡元培道德教育思想的内涵予以对照，无疑是一项必不可少的基础性工作。

一、国内研究基本现状

1.国内文献研究总体发展概况

从中国知网、万方、维普、读秀和超星等期刊及电子图书数据库的检索情况来看，相关学术论文的发表集中于20世纪80年代改革开放后。但就图书类经典文献的检索情况来看，对蔡元培道德教育思想的研究应始于改革开放之前，究其道德思想研究的发展历程，大致可以用三个时期作为划分：

（1）探索期（新中国成立前）

在这一时期，学者集中于对蔡元培思想的整理与研究，如《蔡孑民先生言行录》，其中收录蔡元培的多篇演讲及论文，观点集教育、文化、艺术多方主张为一体，当时青年后学莫不揣摩究察，以为立身必读之书，培根必由之途。先生去世后，追忆性的文章充实丰富了蔡元培生平资料的研究，如《蔡孑民先生纪念集》；两本关于蔡元培的生平传记也随之出版发行，其一是孙蕴编述的《蔡孑民先生传》，叙述先生的生平事迹以及对教育学术界的贡献，其二是高平叔所著的《蔡孑民先生传略》，收录蔡元培本人回忆及口述传略，也收录部分蔡元培好友文章，纵观其内容大多是记录缅怀之作，而非严格意义上的学术论著。该阶段对于蔡元培道德教育思想的研究尚处于摸索之中，尚未引起广泛关注与重视。

（2）萌芽期（新中国成立后—改革开放前）

这一阶段，由于受当时政治氛围之影响，研究工作一度陷入谷底，大陆研究性的著作仅有两部：一部是《蔡元培选集》，收录了1902年至1937年间蔡元培六十多篇具有代表性的文稿，这是大陆自新中国成立后至改革开放前三十年期间唯一出版的一本蔡元培文集。另一部是1950年蔡尚思编撰的《蔡元培学术思想传记》，该书资料搜集范围十分广泛，主要对蔡元培的社会政治思想和学术思想进行分门别类的整理，其中第九章哲学篇章中，对蔡元培以儒家"义""恕""仁"思想来诠释的自由、平等、博爱的公民道德思想进行了论及，虽未过多详细阐述，但开启了蔡元培道德思想研究之先河。该时期发表的期刊论文仅2篇：潘懋元刊文《蔡元培的教育思想》（1955年），重点阐述了蔡元培教育思想的根源及其影响；郭湛波在《蔡元培的时代和他的思想》中谈到蔡元培对于道德的认识，提到道德是人之所需，需要躬身实践，而非空喊口号，它是随时代而变迁的。孙常炜编撰的《蔡元培先生全集》于1968年由台湾商务印书馆发行，其中收录了诸多蔡元培作品、信函及演讲。

（3）发展期（改革开放后）

改革开放后，蔡元培道德教育思想的研究进入快速发展期，相关研究成果有了明显的进步。研究队伍不断扩充，研究者趋于年轻化、专业化，研究背景也趋于多元化。不仅有历史学、教育学的研究者，还有哲学、美学、文学、心理学、社会学的研究者，他们研究主题多元化，研究内容具体化，从对教育与美育思想的探讨，扩展到对德育、大学改革、女子教育、职业教育、体育等思想的归纳与研究。在研究方法上，注重挖掘史料的同时，关注比较分析与理论阐释的结合。

现将蔡元培道德教育思想具体研究成果总结如下：

一是相关内容专著的出版。

以"蔡元培"为题名在读秀数据库中检索，检索到中文图书288种。研究内容主要集中在蔡元培文章的选编、人物评传、美育方面，虽没有道德教育专著的出版，但在伦理思想相关研究论著中，已将德育思想作为一项重要的研究内容，予以论述和介绍。如：张锡勤等编著的《中国近现代伦理思想史》（1984年），从三个维度说明蔡元培伦理思想；沈善洪等著《中国伦理学说史·下》（1988年），阐述蔡元培的德育论及人生观，重点介绍以"公民道德教育为中坚"的教育思想，并论及德智体美之间的关系；《蔡元培评传》（1990年）中，胡国枢从道德的实践性、时代需求、时代发展、与其他几育关系等多角度综合分析了蔡元培道德思想；徐顺教等合著的《中国近代伦理思想研究》（1993年），剖析了"公民道德纲领"和"劳工神圣说"。

二是学术研讨会的召开。

为传承弘扬蔡元培的精神风范，发掘其对当今社会的启迪和教育意义，学术界多次召开蔡元培学术研讨会。如：1998年5月，中国蔡元培研究会、北京大学联合举办国际学术研讨会——纪念蔡元培130周年诞辰；2008年5月，北京大学举办"蔡元培与现代中国"学术会；2018年1月，上海市社会科学界联合会主办"多学科视野：蔡元培与中华民族伟大复兴"学术研讨会。

三是期刊学术文章及硕博士论文。

改革开放后，与蔡元培德育思想相关的学术文章如雨后春笋般破土而出，呈现出欣欣向荣的发展态势。本书将中国知网作为检索数据库，以篇名+主题为检索字段，对学术期刊论文、硕/博士学位论文、会议文集及报纸进行精确检索，具体研究情况如表1.1所示：

表1.1 关于蔡元培道德教育思想研究的学术文献情况统计

检索词	学术期刊论文（篇）	硕/博士学位论文（篇）	会议文集（篇）	报纸（篇）	合计（篇）
蔡元培	2008	172	53	19	2252
蔡元培＋道德	265	89	6	2	362
蔡元培＋伦理	41	31	1	0	73
蔡元培＋德育	100	56	3	0	159

数据来源：中国知网、1978年12月22日—2024年8月31日硕/博士学位论文。

根据表中统计数据分析，以蔡元培为篇名的学术期刊2008篇，从学科类别数据看，教育学986篇，占论文总数的49.1%；人物传记322篇，占论文总数的16.0%，文学艺术317篇，占论文总数的15.8%；政治历史190篇，约占论文总数的9.5%；哲学48篇，占2.4%；伦理学34篇，约占论文总数的1.7%；语言文化34篇，约占论文总数的1.7%。从文献发表时间来看，学术成果主要集中在2000年之后，占文献总量的80%，2013年达到峰值，年度论文发表量101篇，学科选题类别集中在教育理论与教育管理、人物传记、高等教育方面。以"蔡元培+道德"为主题，检索到学术期刊论文265篇；以"蔡元培+伦理"为主题，检索到41篇；以"蔡元培+德育"为主题，检索到100篇。从文献的数量产出来看，这一时期的研究成果有了突飞猛进的发展，分布于：教育理论与管理，中、高等教育，伦理学等学科，其中思想政治教育学科的相关学术成果6篇。就文本研究来讲，主要集中在对《中学修身教科书》的研究，发掘文本的德育思想价值，及其对当前德育工作的启示；还有学者致力于蔡元培与其他教育家之间有关德育思想的比较，如杜威、陶行知、福泽谕吉、王国维等。

从硕/博士学位论文研究情况来看，自1978年12月22日至2024年8月31

日，以"蔡元培+道德"为主题，检索到89篇，其中博士13篇，硕士76篇；以"蔡元培+伦理"为主题，检索到31篇，其中博士7篇，硕士24篇；以"蔡元培+德育"为主题，检索到56篇，其中博士11篇，硕士45篇。对三种检索途径查到的学位论文进行整理去重后，共计有博士论文12篇，硕士论文69篇。从学科分布看，12篇博士论文中6篇集中于教育学，占比50%；伦理学3篇，占比25%；美学、中国政治与国际政治、宗教各1篇，分别占比8.3%。硕士论文就学科分布而言，45篇集中在教育学，占比65.2%；11篇分布于伦理学，占比15.9%，美学艺术4篇，占比5.8%；哲学3篇，占比4.4%；宗教1篇，占比1.5%；思想政治教育5篇，占比7.2%。至今仅1篇思想政治教育学科领域的相关博士论文研究，因此，有待学者进一步深入思考和发掘。

2.国内文献研究总体概述

纵览国内不同时期蔡元培道德教育思想相关研究文献，可以发现，学者主要围绕以下研究主题展开。

（1）关于"本务论"的理解及对比分析

蔡元培在道德产生的本源问题上，引入了康德"义务论"的论点，称"义务"为"本务"，并在改造的基础之上加以创新，以此回应当前的社会需求，提出"德"乃源于"本务"之论说。关于"本务论"的理解，当前学界主要有以下观点。

龚颖以"本务论"为研究对象，基于对比分析，区分蔡元培与井上哲次郎"本务论"思想之异同。《中学修身教科书》是反映蔡元培"本务论"思想的代表性著作，上篇阐述青少年的本务所在，结合"青少年特点而提出具体可行的道德行为准则和伦理规范，涉及个体道德、家庭伦理、社会伦理、国家与国民的伦理、职业道德等领域"[1]；下篇分为"良心论""理想论""本务

---

[1] 龚颖:《蔡元培与井上哲次郎"本务论"思想比较研究》,《中国哲学史》2015 年第 1 期,
第 114–124 页。

论""德论"四个篇章，目的是"推言其本务所由起之理"；井上哲次郎"本务论"思想集中体现在《中学修身教科书》《新编伦理教科书》两本著作中，龚颖主要从"本务"的性质、内涵及实行三方面对蔡元培和井上哲次郎的"本务论"思想展开对比分析，以求对蔡元培"本务论"思想特质有更深入的了解。杨俊铨、刘婉提出蔡元培围绕"本务"而编著《中学修身教科书》，"本务"作为"人之本分所当尽者"[1]，就理论而言，划分为"不可为"和"不可不为"，"从'不可为'本务的遵循到'不可不为'本务的践行，是每个人道德发展不可须臾的过程"[2]；就实践而言，以"己"为界，划分为"修己之本务"与"接人之本务"，"修己之本务"体现我与己之间的关系，"接人之本务"体现我与人或群之间的关系，涵盖对家庭、社会、国家乃至人类的应尽责任。

（2）蔡元培中西兼容德育观的相关研究

通过梳理现有对蔡元培德育文本著作的研究文献，可以看出当前的研究成果主要集中在德育思想形成的文化背景、主要内容、教育纲领、实现途径及最终目的归纳与整理方面。其标志性的特征是中西兼容，是在传统的儒家伦理价值观基础之上，融入西方的道德观和伦理学说，直接把道德教育改革从思想层面推向实践层面，以整饬社会不良风气，培养新一代公民。归纳不同类型的研究成果，主要观点表述如下。

德育思想形成的文化背景研究。蔡元培引用了"万物并育而不相害，道并行而不相悖"的说法，来比拟其"中西兼容"的文化观。在当时中西文化交织、两种不同道德观急剧碰撞时期，蔡元培对于全盘西化、否定民族传统文化的观点持不赞成的态度，同时也反对只拥护民族传统，全面否定西方外来文化的观点。他支持在文化的碰撞融合中汲取中西精华，以西学来弥补中

---

[1] 高平叔编：《蔡元培全集·中学修身教科书》（第 2 卷），北京：中华书局，1984 年，第 250 页。

[2] 杨俊铨、刘婉：《蔡元培的中学德育探索与启示》，《广西社会科学》2019 年第 8 期，第 173–178 页。

学之不足并得以创新性发展，从而成为"更进之文明"，在此基础上形成富于自身特色的德育思想。欧阳哲生指出，蔡元培"看到了西方文化的长处，对中国文化自身能以批判的、现代的眼光加以解析，力图在中西文化之间沟通融合，以在两者之间谋求新的平衡，进而创造一种新的中国文化"[1]。蔡磊砢认为蔡元培的中西文化观历经三个发展时期：民族主义文化观（维新变法期）——世界主义文化观（留学期）——兼收并蓄文化观（新文化运动期）。中西文化观的变化发展，使他对认识法国文化、促进中法文化交流、推动青年留学生赴法学习产生了直接影响。丛彩娥主要从实践方面对蔡元培中西兼容的文化观展开论述，认为蔡元培选择教育领域作为实践突破口，具体表现在"把它作为北大的办学方针，与'思想自由'的原则相结合，成功地进行了北京大学的改革"[2]。

德育主要内容的研究。袁洪亮明确表示，蔡元培把普通民众国民素质的现代转换作为中国文明现代转换的主要方向，从而明确提出"消极道德与积极道德并养、公德与私德兼修的德育内涵"[3]，以培养国民个体"完全人格"。班建武从适应与超越两个向度考虑蔡元培德育思想，以"立于现象世界"说明德育的适应性功能，用"有事于实体世界"突出德育的超越性品质。因此，就德育内容的选择上"一方面充分考虑德育内容对社会以及个人发展的适应性诉求，同时注意到德育内容的超越性品质对个体精神世界的享用功能"[4]，从现实生活实际出发，实施"自由、平等、亲爱"为核心内容的公民道德教育，

---

[1] 欧阳哲生：《评蔡元培的中西文化观》，《清华大学学报》(哲学社会科学版)2009 年第 3 期，第 100–108 页。

[2] 丛彩娥：《论蔡元培"兼容并包"的中西文化观》，《东岳论丛》2007 年第 3 期，第 201–202 页。

[3] 袁洪亮：《论蔡元培〈中学修身教科书〉中的德育思想》，《道德与文明》2010 年第 5 期，第 137–141 页。

[4] 班建武：《适应与超越：蔡元培德育思想的两个向度》，《现代大学教育》2009 年第 6 期，第 82–86 页。

以变革社会；从精神追求出发，世界观教育以及美感教育中的德育内容反映出一种超越性本质，表现为一种理想教育和信仰教育。侯德泉把蔡元培德育内容概括归纳为四个主要方面："自由、平等、博爱"的资产阶级道德观、全新的学习观及人生观、爱国为公的品德和超越现实的世界观，重视发挥德育的自我教育功用，同时将德育寓于其他几育中，以实现德育育人的最终目的。

公民道德教育纲领的研究。梁柱表示"'融贯中西'成为蔡元培教育实践和教育思想的一大特点"[1]。对于自由、平等、博爱这些西方舶来之物的伦理价值观，蔡元培试图从儒家传统要义中找寻它们的立足点，并予以适合中国具体实际的创新性发挥，此举符合时代发展的需求，极具进步性。何俊华、张喜梅认为蔡元培把法国资产阶级的"自由、平等、博爱"视为公民道德教育的纲领，同时吸纳中国传统的民主要素充实其中的做法，既没有失去反对封建专制的内容和针对性，又符合本民族的社会心理特点，易于被人们接受，从而产生广泛的教育作用。张勤、张晓庆指出，蔡元培对公民道德教育纲领的引用反映出坚定的文化自信，"对自由、平等、亲爱理解是本土化并非西化，是对应并非比附"[2]。白凤民在《对蔡元培"公民道德要旨"的研究》中，从内容及目的角度对蔡元培及西方资产阶级所阐释的"自由、平等、博爱"进行了对比，认为蔡元培所倡"自由、平等、博爱"是约束或指导个人行为的道德原则，目的是使个人尽其社会义务，这与西方资产阶级革命家观念之间存在差别，并在此基础上剖析蔡元培做此阐释的原因，并对其存在的合理性展开论证与分析。

德育途径及目的的研究。李丽娟分析，蔡元培德育目标吸取了西方人本主义思想，并结合儒家传统"修身"思想，提出"育国家之良民"的根本目标和"养成健全人格"的培养目标。在修德途径上借助儒家传统"修己、自

---

[1] 梁柱：《蔡元培教育思想的渊源与特点》，《高校理论战线》2007年第4期，第36-42页。
[2] 张勤、张晓庆：《蔡元培国民道德教育思想及其当代价值》，《江苏高教》2016年第1期，第152-155页。

省、自制"的方式来实现并巩固公民道德教育，重视西方所倡的美育功能以陶冶人的道德品格，使中西元素在道德教育思想中得以有效结合。陈二祥指出"蔡元培德育思想的核心就是采用近代的教育方法，秉持中国传统的道德教化思想观念，特别是儒家的伦理思想，结合西方的自由民主精神，来塑造具有理想人格的共和国新民"[1]。

从学位论文的研究情况来看，刘海燕、宗子豪、李迪的硕士学位论文都分别选取蔡元培德育思想作为研究对象。研究虽有相通之处，但又突出各自的重点，有蔡元培德育思想形成背景、主要内容的宏观探讨，也有对现代价值意义的探寻，但从总体而言，在内容挖掘上仍然较为零散，有待进一步系统性整理。

以上相关研究的部分观点对于本书系统开展蔡元培人物思想研究，搭建道德教育思想体系框架具有一定的启示意义，合理审视蔡元培道德教育思想，理清其道德本质，夯实道德修养内容，培养完全人格之国民，亦是我们时代的重任。

（3）蔡元培五育并举观的相关研究

《对于新教育之意见》一文中，蔡元培明确提出"五育并举"的教育主张，五育并举观的相关研究，学术界主要代表性的观点如下。

汤广全从自由与和谐的视角展开"五育并举"观内涵的研究，一是挖掘了蔡元培"五育并举"观的文化动因，认为在其家庭优良品性熏陶感染的基础之上，既有旧式教育的积淀，又有外来文化养料的汲取，从而夯实了他的思想根基；二是分析了五育的思想内涵，蔡元培五育并举观内涵丰富，浓缩了蔡元培教育思想之精华，具有提纲挈领、统揽全局的功用，进而为其教育思想体系奠定了宏观性战略架构；三是追踪"五育并举"观的实践根由，理论的形成源于丰富的社会实践，蔡元培"五育并举"观亦不例外，蔡元培一

---

[1] 陈二祥：《蔡元培德育思想现代性问题研究》，博士学位论文，西安科技大学，2013年，第54页。

生致力于较多的教育实践活动,既有学校教育,又不乏社会教育,其中较为典型的有担任绍兴中西学堂总理、剡山书院院长、南洋公学特班总教习,创建爱国学社和爱国女学等;四是探寻"五育并举"观的价值追寻,体现出对思想解放的追寻,对整体和谐一致的向往。

王列盈分析"五育并举"的和谐观是蔡元培教育思想的核心,它以中庸哲学为基,反映了蔡元培的教育理念与目标追求,融会贯穿于他的伦理道德观、大学办学观、全面素质观、中西教育观。王安阳表示,"蔡元培主张教育以公民道德为先,但是他并没有把德育与其他各育割裂对立起来,而是强调把各育结合起来,使其相互影响,相辅形成,以期实现造就'完全人格'的培养目标"[1]。曾成栋在其博士论文中从蔡元培个人成长、教育经历以及中西观念的融汇来分析"五育"观念的缘起,以北大具体实践来说明"五育"观的践行之路,认为蔡元培的"五育并举"对德智体美诸育的基本顺序予以规定说明,从而奠定了学生全面发展的教育基调,这对于现代教育致力解决培养什么人、怎样培养人的难题具有深远影响。

(4)蔡元培"完全人格"理想观的相关研究

蔡元培契合时代要求,提出全新道德修养之目标,使个人养成以道德理想为目标的"完全人格",以保全人之为人的人性。德性是人格最重要的特征,它是支撑人格存在的最基本要素,也是人格健康是否完好的重要标志。发展人格究其本质乃是个人道德品质的提高与升华,它的实现有赖于个体的身心协调以及认知、情感和意志的和谐统一,从而促进人的全面发展。针对蔡元培"完全人格"的教育目的,一些研究者从不同的角度展开研究分析:

赵燕认为蔡元培是在吸纳继承王国维"完全之人物"的积极观点基础上,提出培养"完全人格"的教育目的,进一步理论化、系统化王国维"四育并重"的教育宗旨,在体育、智育、德育、美育方面具有不同的侧重点,突出德育与美育两者的核心地位。杨姿芳指出,蔡元培是在融贯中西文化的基础

---

[1] 王安阳:《蔡元培德育思想体系新探》,《中国德育》2006 年第 3 期,第 31-35、56 页。

上搭建出道德教育思想的完整体系，道德教育的实质在于能否唤醒主体的道德意识，并以此为检验标准判定人格健康与否；王素娟、杨凤明认为蔡元培完全人格教育思想在近代中国教育史上具有开创性意义，具有全面性、实践性与发展性的特点，对现代人格教育以及人的和谐发展也会产生重要的启示意义；江峰论述了蔡元培从道德教育的本质入手，开启对完全人格的全新思索，进而提出"德育实为完全人格之本"，并以此展开多维度的诠释，强调"完全人格是男女平等的基本体现，是体育为先的根本，是现代教育的标准"[1]。

二、国外研究基本现状

蔡元培多年的在外求学经历，促进了中西文化的交流贯通，在借鉴吸收外国文化精髓的同时，其深厚的思想理论研究反过来也对国外的文化产生相当影响。在美国、法国、韩国均有学者涉足蔡元培相关思想的研究，相较国内翔实的研究状况，国外学者的研究从深度上来讲比较粗浅，大多是对蔡元培的文化交流思想、教育改革思想等进行了不同程度的分析研究。

1.蔡元培中西文化交流思想的研究

美国宾夕法尼亚州立大学William J. Duiker在《蔡元培与东西文化融合》中指出蔡元培是近代中国史上唯一适宜于调和中西、折中新旧之人，现代化并不是对所有传统的准则与制度进行无情的抨击与抛弃，而应学会文化交流，促进文化交融，调和儒家理论的重点以求与西方的变化与进步的信念相协调。

1971年，William J. Duiker又发表*Ts'ai Yuan-p'ei and the Confucian Heritage*（《蔡元培和儒家传统》），提出自20世纪初以来，蔡元培一直是传统社会的反对者，也是上海旨在推翻皇朝的声势浩大的革命运动的积极分子，因而不被

---

[1] 江峰：《蔡元培的完全人格教育思想刍议》，《中国德育》2019年19期，第35–39页。

看作儒家思想的支持者。他在担任新共和政府第一任教育部长时，提交的新教育制度计划提案中，也对传统的儒家元素进行了严格的剔除，但从另一个角度看，他又可以被认为是20世纪中国儒家思想最重要的代表人物之一。这一看似悖论的解释在于，儒学作为一个政治和社会制度体系及具体行为规范，或作为一套关于现实的性质、人及其在社会中的作用的假设，是所有人类文明哲学思考的基础。William J. Duiker认为，蔡元培在积极主张放弃儒家制度的同时，也反映了中国传统上赋予人类生存以意义和目的的一些更深层次的儒家价值观。

2.蔡元培教育思想的研究

1959年，南朝鲜闵斗基从蔡元培《中国的文艺复兴》讲演中所提出的五种主义，来解释救国之道还在学术，并且对蔡元培的教育观点及所参与的三次政治活动进行了归纳梳理，系统地总结了其思想的全面性。

1996年，德国Peili Wang 发表论著 *Wilhelm von Humboldt und Cai Yuanpei*（《威廉·冯洪堡和蔡元培》），指出蔡元培与威廉·冯·洪堡均为近代史上著名的教育家，虽分属不同国度，植根不同文化，但相似的教育实践对推进本国教育现代进展均产生深刻影响。著作采用对比分析的方式，对两位教育家思想之异同进行了探讨。

3.蔡元培教育改革及知识革命思想的研究

Duiker W. J. 在1968年撰写的博士论文 *Ts'ai Yuanpei and the Intellectual Revolution in Modern China*（《蔡元培与近代中国的知识革命》）中认为蔡元培在现代化的外表下，跳动着一颗坚强的儒家之心，尽管反对传统的儒家社会结构，但在儒家基本观念中找寻到普遍有效性，从而毕其一生的时间致力于西方现代化和维护中国社会的普世价值。文章从蔡元培的著作及演讲中，围绕民族主义和革命、哲学和宗教、社会和政治三方面分析蔡元培的思想意识，探讨蔡元培在知识革命中所起的作用并予以客观的评价。

1970年，Lubot E. S. 撰写的博士论文 *Ts'ai Yuan-pei from Confucian Scholar to Chancellor of Peking University 1868-1923：the Evolution of a Patient Reformer*（《蔡元培从儒家学者到北大校长1868—1923：耐心改革者的演变》）阐明了蔡元培的基本关切，明确他对中国需求和问题的界定，了解和评估他对问题的解决方案及其实施情况。

2006年，金正华在其论文 *Ts'ai Yuan-p'ei's Reformation of Beijing University*（《蔡元培的北京大学改革》）中着重分析了蔡元培担任北京大学校长时，为实现教育理想而进行的改革工程。首先，改革了大学的学科体系，认为人文科学和自然科学等基础学科应该优先于应用科学；其次，确立了大学民主管理的原则，把教授看作是大学管理的主体；再次，赋予了女性入学机会，促使其他大学引入男女同校制，使精英教育中的男女平等也随之向前迈出一步；最后，打破了学生思想和行为中的旧习俗，为大学生的科学研究创造了学术条件，促进了各类学习小组的成立，同时强调大学生要有道德修养，有同情心，有尊重劳动的精神，有科学精神，有民主政治意识。

4.蔡元培五四时期思想的研究

1972年，Eugene Lubot发表了 *Ts'ai Yuan-p'ei and Chiang Meng-lin During the May Fourth Period：The Dilemma of Modern Chinese Liberalism*（《五四时期的蔡元培与蒋梦麟：中国近代自由主义的困境》），对蔡元培和蒋梦麟两位自由主义者的观点分别予以阐释，分析他们观点中的合理性，以便于更好地理解中国现代自由主义的本质。

Cesar Guarde-Paz在1919年发表 *Correspondencia entre Lin Shu Y Cai Yuanpei relativa al Movimiento de la Nueva Cultura*（《林纾与蔡元培关于新文化运动的对应关系》），对蔡元培在五四运动中发挥的作用予以研究，指出正是由于蔡元培在北京大学推行自由主义的教育政策，允许新潮流思想的传播，才使得北京大学成为新文化运动的阵地。

综合梳理国外研究文献，发现关于道德教育思想的着墨并不多，仅仅是在著作的某些章节中零散体现出公民道德教育的相关内容，所以从整体层面来讲，此方面研究内容尚未引起国外学者的重视，缺乏富有针对性及系统性的研究。但与此同时，以上的研究成果也为后人更深一步探究蔡元培道德教育思想提供了丰富资料和有益借鉴。

三、国内外研究概况评述

20世纪的中国社会，蔡元培算得上是名扬天下而谤之未随的人物，在新旧中西价值冲突融合的复杂情况下，蔡元培介乎于教育和政治之间，且大多是居于领导岗位。他大刀阔斧实施一系列教育改革，对近代中国的思想界、教育界产生了广泛而深远的影响，被奉为全国学界之领袖，从而为学者从不同视角展开人物思想分析奠定了基础。综合蔡元培道德教育思想国内外研究现状，可得如下结论：

1.关于蔡元培道德教育思想的研究逐年升温

对于蔡元培道德教育思想的研究，中国大陆学界初始于改革开放前，90年代日渐兴盛，21世纪初逐步深化，研究的载体也从学术专著、期刊论文、会议文集、报纸，逐步扩展至硕／博士论文。蔡元培教育思想是中国教育从传统向近代转型的典型体现，其五育并举的教育理念已然成为学界共识。五育之中，公民道德建设处于中坚地位，以往关于道德教育思想的研究主要体现在"自由、平等、博爱"的德育内容方面，同时对于道德教育的实施方法，例如自我教育、修己自制方法的运用，亦展开深入研究；在道德教育思想现实意义的凝练上主要体现在强调道德教育重要性、强化道德教育力度、实施道德教育建设的路径等方面。国外研究文献中虽然未有道德教育思想研究方面的文章及专著，相关研究内容也大多分散地呈现在文化交流及教育改革思想中，但也确实为后人开展研究提供了丰富而广泛的文献来源。

2.缺乏对蔡元培道德教育体系的完整建构

以往的研究，大多数仍停留在对道德教育的内容、原则、途径、方法以及作用的简单阐释与描述上，而未能实现整体意义上的概括归纳，无法完整勾勒出蔡元培道德教育思想的结构体系和主要观点。对于蔡元培教育改革过程中涉及道德教育的相关举措，研究者的目光往往仅停留在某些具体的道德教育主张方面，而未曾深究其背后的道德理念和道德根源。

3.蔡元培道德教育思想的现实意义有待进一步挖掘

阐释人物道德教育思想价值时，应结合目前道德教育工作的实际困境，提出切实可行的办法，绝非宏观层面上的喊口号。但当前诸多研究仅仅停留在"是什么"的挖掘、"为什么"的分析上，对如何发挥思想进步性的思考较为薄弱。

4.高水平研究成果有待进一步完善丰富

从研究成果的产出来看，蔡元培道德教育的相关研究领域并未出现较多高水平、高质量的成果。分别以"蔡元培+道德""蔡元培+伦理""蔡元培+德育"为题名在中国知网检索的406篇期刊文献中，北大核心及以上期刊总计192篇，占比47.3%；获省部级以上基金项目支持的论文成果总计37项，占比9.1%；思政学科论文27篇，占比6.7%。综合以上数据，反映出思政学科内相关高层次研究论文尚处于匮乏状态，有待进一步完善。相关的81篇硕/博士论文中，博士论文仅有12篇，占比14.8%，学科分布相对分散，其中思想政治教育学科领域的成果严重不足，亟待学者展开持续性的填补丰富。就图书出版情况来看，在读秀电子图书数据库分别以"蔡元培+道德""蔡元培+伦理"蔡元培+德育"为题名，仅检索到相关中文图书2种，分别为《文化融合与道德教化：蔡元培文选》《蔡元培中国人道德修养读本》，内容集中在蔡元培相关文章的选编摘录。因此，对于蔡元培道德教育思想的研究，无论是在广度上还是深度上仍有进一步挖掘的空间，理论成果也有待进一步丰富完善。

综上所述，归纳梳理蔡元培道德教育思想中的重要观点及德育实践，扬弃并继承其道德教育思想的合理价值内核，指导当前道德教育建设，是当下一项重要使命。

第二章　蔡元培道德教育思想形成的背景

任何思想的形成都源于对客观事物发展的再总结，有其产生、发展与成熟的过程，都会受到所处时代政治文化条件及学术思想的制约和影响。蔡元培道德教育思想产生于"三千年未有之变局"的中国近现代，是在道德教育实践活动中形成的对道德教育现象及道德教育问题的观念意识层面的理解和认知。本章在内容上全面阐述了道德教育的地位、根本、途径、主要方法以及目的，从整体上清晰地呈现出其道德教育思想的逻辑关系体系。

第一节　蔡元培生平概述

蔡元培（1868—1940），字鹤卿，号孑民，清光绪进士，授翰林院庶吉士。近代著名的民主主义革命家和杰出的思想家、教育家、美育先驱，曾任中华民国首任教育总长，北京大学校长，被毛泽东评价为"学界泰斗，人世楷模"。蔡元培的人生是光辉灿烂、富有传奇色彩的，横跨中国近代史和现代史，穿越了旧民主主义革命和新民主主义革命，历经了戊戌变法、辛亥革命、五四运动、抗日战争等。在进步与保守、革命与反动的不断较量中，致力于探索教育救国、学术救国、科学救国的道路，为建设中国新型高等教育制度和推进教育现代化做出突出的贡献。

一、孜孜不倦，科举入仕的早年时期

1868年1月11日，蔡元培出生在浙江省绍兴府山阴县（今浙江省绍兴市）。蔡元培家中世代经商，蔡元培祖先曾经营木材业、绸缎业，到其祖父一代开始经营典当业，为当铺经理，以公正名闻乡里。其父当过钱庄经理，为人宽厚大方，周济朋友，有求必应，虽经商却赚不了大钱，故而死后家中几乎无所积蓄。母亲性格坚韧，勤俭持家，在生活艰难时不愿受人怜悯，凭自己的辛苦劳作维持一家人的生计，独力承担起教子之责。蔡元培有兄弟姊妹7人，他排行第四，有两位姐姐，未出阁便已病故；还有一妹一弟，也早殇。全家之中二叔、五叔、七叔都在钱庄工作，走经商道路，唯有六叔读书，负责指导他学习《史记》《汉书》《文史通义》等。

蔡元培自幼天资聪慧，5岁入家塾习字读书，家里按照辈分，给他正式定学名为元培。塾师是一位周姓先生，即元培的首任老师。幼时的蔡元培接受中国传统文化教育，先读《百家姓》《千字文》及《神童诗》，后读儒家经典著作"四书"与"五经"，虽有不解之处，但总能认真诵读，不玩耍嬉戏。10岁父亲去世，家道中落，无钱再雇塾师，于是到李申甫先生设立的私塾读书。李先生教书非常刻板严厉，每日新书一课，自己先读一遍后让学生循声照读，继而复读，直至背诵；第二日从课文中随意抽取一句，让学生背诵，若不能背诵或背诵错误，就责打手心以示惩戒。两年后转到王懋修塾馆继续深造，学业思想深受其教诲和陶冶，学习八股文，并一度崇拜宋明儒学。16岁考中秀才，开始自由阅读，广涉经史子集，其中俞正燮的《癸巳类稿》《癸巳存稿》所论述的男女平等理想，引起蔡元培的共鸣，为他后来倡导女权思想提供理论来源。18至19岁，蔡元培已博览群书，精通八股，任塾师设馆教书，因六叔之关系，被邀至"古越藏书楼"校勘藏书，得以饱览群书的机会，学问大进，从而打下了坚实的传统儒学基础。1885年秋，蔡元培跟随六叔前往杭州应乡试，但没能成功，同时不再教书，而是到徐树兰府上当伴读。徐家建有铸学斋，家中藏书几万卷，蔡元培在徐家读书、校书，结交仁人志士，还和山阴龙山书院、会稽稽山书院有一定的联系，偶尔会在书院中写作八股文，"古书中奇特之句法易常调"，即所谓的"怪八股"。1886年春，母亲因病去世，给蔡元培带来很大打击。1888年，蔡元培奔赴杭州参加第二次乡试，仍未中。1889年，与钱庄出纳王荣庭的次女王昭成婚，由于两人的婚姻是奉父母之命、媒妁之言，故而婚后因性格、习惯不合引起各种矛盾。后来蔡元培受西方思想的熏陶影响，不断反思自己，重新思考女权的定义，调整相处模式，并制定一份《夫妻公约》共同遵守，使两人的关系逐渐趋于缓和。蔡元培不久第三次赴杭考试。在考场中，他将自己独特的"怪八股"发挥得淋漓尽致，考取第23名举人，主考官李文田眼光独特且有远见，对蔡元培的文章大为赞赏。1890年，蔡元培赴京参加会试中贡士，其间得到会试房官王颂蔚的赏识，最终取得第81名的成绩。1892年，再次入京补殿试录取为进士，点翰林院庶吉士。1894年，又升为翰林院编修，连中三元，可谓是科考生涯圆满完成。

二、敢为人先，教育救国的革命时期

1894年甲午中日战争惨败，受维新思潮影响，蔡元培冲破传统思想束缚，抛弃在京的职位，大量阅读书刊接触新学，投身教育。戊戌变法失败后，蔡元培深刻意识到只有发展教育启发民智，才能救亡自强。1898年深秋，蔡元培接受邀请，担任绍郡中西学堂总理（即校长），按照学生的不同程度，分为三斋。他鼓励学生进行广泛的课外阅读，并"解禁"了许多读物，特别是一些维新派的报纸，如《强学报》《时务报》《国闻报》等，以扩大师生的涉猎范围。不少曾在中西学堂就读的学生，后来在文教界都取得一定成就，比如北大校长蒋梦麟、地质学教授王烈等。蔡元培在学堂任职期间，仍然坚持学习，研读了严复翻译的《天演论》《原富》等书。此后，由于蔡元培支持新派教员，徐树兰赞成老派，两者观点不同，蔡元培就此辞职，后经多方劝说，蔡元培又回到学堂任职，直至1899年10月，因学堂停办离开。这段时间内，蔡元培还兼任两所书院院长，为时均一年。

1900年6月，蔡元培的夫人王昭连续数日高烧不退，重病离世，蔡元培痛彻心扉，并亲手为妻子写下祭文与挽联，沉痛悼念，哀悼称赞妻子拥有"超俗之识与劲直之气"。1901年夏，蔡元培赴上海代理澄衷学堂校长，随后出任南洋公学特班教习，其间大力提倡民权、女权，传播爱国主义思想。1902年初，蔡元培与昔日学生黄仲玉在杭州举办了他的第二次婚礼，婚后夫妇二人情投意合，度过了一段舒心如意的生活；4月与蒋观云、叶瀚等人在上海创立中国教育会，蔡元培被推举为事务长，自此走上反清的革命道路；为培养革命人才，他先后参与筹办爱国女校、爱国学社；后因南洋公学校无理开除学生而引发大规模学生运动风潮，风潮中蔡元培毅然决然地辞职。1902年夏，蔡元培与高梦旦游历日本；11月，上海南洋公学发生退学风潮，中国教育会决定成立爱国学社，蔡元培被推为总理；时年冬天，中国教育会创办了爱国女学校，蒋观云任经理，后由蔡元培继任。1903年，爱国学社的活动引起清政府的警觉，下令侦讯。此时，各地退学、罢工等反抗斗争风起云涌，蔡元培在日本留学，回国后辗转青岛、绍兴、上海等地，毅然决定参加革命工作，率领学生，举行演说，先后发起拒法、拒俄运动。之后，中国教育会与爱国学社似内部分裂，引发章太炎与吴稚晖矛盾，让蔡元培心灰意冷，于是接受兄长建议，辞去当前职务前往青岛，学习德文。十几天后，《苏报案》发生，章炳麟、邹容入狱，其他多人或避西洋，或走日本，爱国学社也就此终结。

1903年冬，蔡元培为揭露沙俄对中国北方领地的侵略行径，发起成立了"对俄同志会"，并创办了报纸《俄事警闻》（后改《警钟日报》）。利用这一快捷而有效的传媒手段，深入报道并痛斥沙俄的野蛮残暴，抨击清廷的软弱无为和社会的黑暗现象，号召反对沙俄专制统治，发展村社，崇尚暗杀，并针对沙俄政府策划了系列暗杀活动。在当时，这种思想给社会带来了极大影响。伴随着维新救国的失败，蔡元培意识到若要复兴中国，必须通过革命推翻清政府的统治，而革命又分为两途，或进行武装起义，或组织暗杀。鉴于武装起义事务庞杂，非朝夕之间可以实现，因此只剩暗杀这一项可选。于是在何海樵的介绍下，蔡元培加入了暗杀团，研发制造暗杀武器，培养暗杀人才，不断聚集革命力量。与此同时，蔡元培还同章炳麟、陶成章一起在上海组织建立了光复会，以"光复汉族，还我山河，以身许国，功成身退"为宗旨，从事暗杀和武装暴动活动。1905年，孙中山等人成立中国同盟会，光复会并入，蔡元培被任用为同盟会上海分会负责人；10月27日，蔡元培加入中国同盟会，不久后被任命为中国同盟会上海分会会长，他积极开展工作，并发展了不少会员，包括黄炎培、周怒涛等人。

在驻德公使孙宝琦的帮助下，1907年，时年40岁的蔡元培前往德国柏林深造，开启莱比锡大学的三年学习时光，选修研究了哲学、文学、人类学、实验心理学、美学等多门学科，先后编著、翻译了30多万字的文稿，出版了《中学修身教科书》《中国伦理学史》等著作。蔡元培在重视伦理学研究的同时，对美学也兴趣浓厚，他汲取了康德审美无功利性的美学思想及席勒的美学思想，致力于将康德哲学思想中的美学思想通过知识的融合，贯穿于整个教育活动中，并将这些与中华传统的中庸思想及古代伦理道德教育的优良传统相结合，从而形成既具有浓郁人文精神，又富含广博美学基础的美育思想体系。除此之外，蔡元培对冯特教授所讲授的心理学和哲学史也产生了浓厚兴趣，曾学习《心理学实验史》达一年半之久，为其后来推动北京大学创建中国第一个科学心理学实验室，促进心理学在中国的推广应用打下良好的基础。

1911年10月武昌起义爆发，在陈其美催促下，蔡元培回国。1912年1月，南京临时政府成立，9日，蔡元培出任教育部总长，主持召开第一次教育工作会议，1月19日颁布《普通教育暂行办法》《普通教育暂行课程标准》，这是改革清末封建教育制度的纲领性文件；2月发表《对于教育方针之意见》，主张实施"军国民教育""实利教育""道德教育""世界观教育"和"美育教育"的五育并举教育方针，重视道德教育的中坚地位，以培养国民"完全人格"为根本目的，这是他日后"教育独立议"的雏形；2月13日，孙中山向临时参议院递交辞呈；15日，南京临时参议院正式选举袁世凯为临时大总统；27日蔡元培担任迎袁专使之一，奉命迎接袁世凯南下就职，与袁世凯会谈三天，始终没有实质进展；3月10日，袁世凯在北京就任临时大总统，蔡元培受邀无奈继续担任教育总长职务；7月，蔡元培因不满袁世凯独裁统治，愤然辞去教育总长职务；7月底回到上海；11月，再次赴德国莱比锡大学学习。

　　1913年3月，上海火车站发生震惊全国的宋教仁遇刺事件，蔡元培应孙中山之召回国，投身筹商对策之中。7月，孙中山号召的"二次革命"爆发，开启了对袁世凯的武装讨伐行动，7月19日，蔡元培和汪精卫、唐绍仪联名致电袁世凯，催他辞职。这一时期，蔡元培大量发文，对讨伐袁世凯给予声援。但是，讨袁运动一开展便遭到袁世凯镇压，各地连连败退。9月，南京失守，"二次革命"以失败告终。蔡元培携家眷再次前往法国从事学术研究，撰写了《留法华工学校讲义》《哲学大纲》(一册)、《欧洲美术小史》(一卷)、《康德美术学》(一卷)等著作，同时为实现"教育救国""科学救国"的理想，他鼓励指导更多有志青年赴法国留学。1915年6月，蔡元培、李石曾、汪精卫等人在法国成立"留法勤工俭学会"，该社团宗旨为"节俭费用，推广西学，学尚劳动朴素，养成勤洁之性质"，帮助了大量国内青年赴法留学。一年后又在巴黎成立华法教育会，成为中法文化交流往来的核心机构。蔡元培任中方会长，华法教育会的宗旨是"发展中法两国之友谊，尤重以法国科学与精神之教育，图中国道德、智识、经济之发展"[1]。通过多地开设留法勤工俭学会预备班，广泛推动赴法勤工俭学运动，使大批怀着救国拯民梦想的进步青年有机会学习西方人文思想和科学技术，坚定改造中国和世界的决心。

---

[1]　张允侯等编：《华法教育会大纲》，上海：上海人民出版社，1980年，第76页。

三、主持北大，全面整顿的改革时期

1916年11月，蔡元培结束留学生涯，从法国马赛回国到达上海；12月26日，北洋政府大总统黎元洪委任蔡元培为北京大学校长。1917年1月4日，蔡元培正式到北大履任，开启了一生中最有建树的辉煌历程，将北大这所当时军阀盘踞下的衙门式旧学堂，改造成为真正意义上的现代大学；9日，蔡元培发表就任北京大学校长的演说，强调大学应该成为"研究高尚学问之地"，改掉读书仅仅是为了升官发财的旧观念，向学生提出三点要求：一曰抱定宗旨，二曰砥砺德行，三曰敬爱师长。为改变北大学生的求学观念，蔡元培首先从聘请"积学而热心的教员"着手，成立聘任委员会，用以协助教职员的招聘工作，还请来《新青年》主编陈独秀出任文科学长，宣传"德先生"和"赛先生"的思想。除了陈独秀之外，又聘请胡适、钱玄同、李大钊、刘半农、鲁迅等新派领袖人物入职北大，实行"思想自由，兼容并包"的办学方针；同年，徐悲鸿应蔡元培邀请返回北京，担任北大画法研究会导师；理科自从李仲揆、丁巽甫、王抚五、颜任光、李书华等人任职教授后，内容也开始逐渐充实。当时的北京大学众家齐聚，学风也大有改变，不再是过去颓败的景象，且"文学革命，思想自由的风气，遂大流行"。其次，改革北大学制。变革以往文、理、法、商、工五科并立的局面，扩充文、理两科，增设史学、地质两门，工科并入北洋大学，商科并入法科；取消预科独立性，废除预科学长，将预科分别直属于各相应的本科。同时，蔡元培推行教授治校，主张民主办校，成立进德会以砥砺师生德行，变革过去陈腐的教育现状，使其成为"纯粹研究学问之机关"，终使北京大学成为引领新文化运动的最高学府。蔡元培还重新制定北京大学的《评议会章程》，规定"大学内部规则"；受欧美教育，特别是德国和法国高等教育的启示，蔡元培倡议建设各科研究所，以开展科学研究，1917年11月16日，北京大学公布《研究所通则》《研究所办法草案》，年底时文、理、法三科各门先后设立九个研究所，开始招收并培养研究生。北京大学的全面整顿，还表现在自1920年秋季开始正式招收女生入学，由此开创了中国国立大学男女同校的先河，其他大学陆续开始效仿，使男女同窗读书成为当时贫弱中华的一道亮丽风景。

1918年5月22日，蔡元培因反对政府变相卖国，提出辞呈；11月16日，蔡元培发表《劳工神圣》的演讲，喊出"劳工神圣"的口号，提出要"认识劳工的价值"。1919年五四爱国运动爆发期间，以北大学生为首的3000多名学生代表举行了游行示威活动。徐世昌逮捕的学生中，北大学生有20人，蔡元培虽然不支持学生罢课的做法，提倡学生回到"为学救国"的道路上，但是他并未责备游行学生，而是对被捕学生展开极力营救。为了减轻当局对学生的处罚，同时也为了保全北大，蔡元培于四天后主动递交了辞呈，离开了北大，前往杭州养病，其间完成了李慈铭的《越缦堂日记》的相关工作。此时，北京其他大专院校的校长联合抗议北洋政府，声援学生运动和蔡元培，北洋政府只好让蔡元培返校任职，由此反映出蔡元培在教育界德高望重，堪称近代中国知识分子的精神领袖。6月15日，蔡元培发布《不肯再任北大校长的宣言》，讲道："我绝对不能再作不自由的大学校长，思想自由，是世界大学的通例。"[1]7月，在北京大学师生的极力挽留与政府的催促下，蔡元培返回北大任职。1920年初，蔡元培与李石曾、吴敬恒，利用庚子赔款，在北京创办中法大学，蔡元培任校长；5月，蔡元培又聘请地质学家李四光担任北大地质系教授，邀请著名作家莎菲担任文学教授；年底，蔡元培再次赴法。1921年初，黄仲玉在北京的一家医院去世。远在欧洲的蔡元培闻讯悲恸不已，作《祭亡妻黄仲玉》。在法国期间，蔡元培与里昂市长赫礼欧、里昂大学医学院院长雷宾等合作，设立了里昂中法大学协会，并且决定在里昂成立中法大学。1921年10月，中法大学正式开学。1922年3月，蔡元培发表《教育独立议》，阐述"教育事业当完全交与（于）教育家，保有独立的资格，毫不受各派政党或各

---

[1] 高平叔编:《蔡元培全集·不肯再任北大校长的宣言》(第3卷)，北京：中华书局，1984年，第298页。

派教会的影响"[1]。1923年1月17日，蔡元培因"罗文干案"愤然辞职，并发表《不合作宣言》。此后，面对北大师生的挽留与政府的劝慰，蔡元培也仅仅同意保留其"校长名义"，实际上北京大学的"蔡元培时代"已经消逝。

四、身兼数职，不懈努力的晚年时期

1923年7月10日，蔡元培与周峻在苏州留园举办婚礼。之后，蔡元培先后在比利时、法国、德国活动。1926年，教育部催促蔡元培回国，蔡元培遂于2月3日回到上海。归国后的蔡元培大多活动在浙江、上海等地，参与苏、皖、浙联合会的工作，配合北伐军开展军事行动。随着北伐军占领杭州，蔡元培应蒋介石之邀，担任浙江政治会议主席。1927年，国民党中央监察委员会常务会议召开，蔡元培在国民党内担任多种重要职务，以元老身份调解各派之间的矛盾与冲突，维护政治格局的统一。同年，蔡元培凭借教育行政委员会常务委员的身份，与李石曾、吴稚晖推行大学区制度，提出大学区制议案与大学院制议案，并出任大学院院长。其间组织举办全国教育会，有专家代表等80余人参加，前后审议各类教育案件400余件。另外，蔡元培还通令全国废止春秋旧典，但遭到反对派的猛烈攻击。1927年11月，成立了音乐院（今为上海音乐学院），蔡元培兼任院长。1928年10月，国民政府宣布恢复教育部，随后停止了大学区制。同年，蔡元培筹建创办中央研究院，出任院长。此外，蔡元培还在杭州创办了国立艺术院（今中国美术学院），1929年为其亲题"国立艺术院"校名。1931年，九一八事变爆发，蔡元培等人南下议和，在上海召开了"和平统一会议"。1932年，蔡元培做对时局看法报告时公开斥责蒋介石"专横独裁，实为古今中外罕有"[2]，他公开抗衡国民党的专制独裁统治，拒绝在蒋汪联合政府中任职。同年12月，与宋庆龄、杨杏佛、林语堂等人一起，

---

[1] 高平叔编：《蔡元培全集·教育独立议》（第4卷），北京：中华书局，1984年，第177页。

[2] 蔡元培：《蔡元培自述》，郑州：河南人民出版社，2004年，第727页。

在上海发起成立中国民权保障同盟，积极组织抗日爱国运动。1933年，杨杏佛遭刺杀，民权保障同盟也很难运转，蔡元培便以个人之力奔走于民主事业。同年6月，为深化与其他国联成员国间文化教育方面的交流合作关系，蔡元培与张静江等人联合国联，成立世界文化合作中国协会。1935年7月，68岁高龄的蔡元培发表启事，称之后为更好地从事主要工作与学术研究，辞去中国公学校董兼董事长、上海法学院校董等兼职，逐渐淡出世事。1936年9月22日，毛泽东致函赞扬蔡元培，肯定他坚持民主抗日的爱国立场。全面抗战爆发后，蔡元培联合上海文化界知名人士组织成立上海文化界救亡协会，积极组织发动文化界人士及民众投入抗日救亡运动。此外，蔡元培还与上海文化界救亡协会的创始成员联合全国各大高校校长、教授联合发表长篇声明，揭露日军蓄意毁灭中国教育机关的罪恶暴行，并组织救亡协会下设的国际宣传委员会扩大对外宣传，争取世界各国人民的支持。上海沦陷后，蔡元培从上海迁往香港，晚年在港深居简出，化名"周子余"在家养病。其间，依然保持着写日记的习惯，并开始自撰年谱。1940年3月3日，蔡元培在九龙寓所失足倒地，4日入院治疗，3月5日溘然长逝，享年72岁，生命弥留之际，仍然在关心"学术救国，道德救国"。纵观蔡元培一生，他已切切实实做到将自己毕生的精力都贡献给近现代中国的教育事业，全国人民在各地自发举行了隆重的悼念活动，表达对这位伟大教育家的哀思。

沿着蔡元培教育及实践活动脉络，可以看出，受家庭教育和儒家学说的熏陶，蔡元培才得以养成其心怀天下、奋不顾身的担当意识以及中正平和、不计个人得失的君子人格；其学贯中西的眼界与学识，又使他能清醒地认识到儒家传统文化中的不足，积极择取西学精华来弥补，从而兼东西方文化之长，形成中西兼容的道德观。在培养人才、开发民智的过程中，蔡元培走上了教育救国的道路，开启了从传统士大夫向新型知识分子的转变历程。

第二节　蔡元培道德教育思想形成的时代背景

恩格斯说："在历史上出现的一切社会关系和国家关系，一切宗教制度和法律制度，一切理论观点，只有理解了每一个与之相适应的时代的物质生活条件，并且从这些物质条件中被引申出来的时候，才能理解。"[1]生活方式与文化思想是由社会的物质生活条件决定的，在研究蔡元培的道德教育思想时，应将其置于当时特定的历史背景和时代条件中去考虑。

一、政治时局的动荡不已

19世纪中叶，落后的中国受到西方列强的侵略，长期闭关锁国的状态被打破。第一次鸦片战争后，中英签订了《南京条约》，规定中国开放新的通商口岸、割让香港岛、关税协定等内容，破坏了中国的领土完整和关税主权，促使中国的自然经济逐步走向解体，沦为半殖民地半封建社会。1843年5月，美国政府派来访华特使，要求中方给予美国与英国同等的通商条件，继而签订了《望厦条约》；法国看到英国在中国攫取的一系列特权，采取恫吓和讹诈等手段，提出援引英、美条约的要求，签订了《黄埔条约》；接着日、俄、荷相继侵略中国。帝国列强的侵略和压迫，严重地危害中国的主权，带给苦难中国急剧的经济和政治危机。

在深重的社会危机面前，一些有识志士看到了中西之间的差异，开始艰难地探索解决社会危机的方法。"洋务论"和洋务思潮的出现，则是以曾国藩、李鸿章、左宗棠、张之洞为代表的知识分子在坚守传统核心价值的同时，

---

[1]　马克思、恩格斯:《马克思恩格斯文集》(第2卷)，北京：人民出版社，2009年，第597页。

学习西方科学技术以"致用"，针对军事技术和武器装备远远落后于西方的现状，主张学习其先进的技术及练兵方法，用于建设近代化国防；主张利用政府和商人的力量，采用多种模式发展工业，以振兴经济。由于洋务派代表的是封建地主阶级的利益，根本目的在于维护清王朝的封建统治，所以在学习内容的安排上仅限于军事及工业管理领域，而未将西方的政治制度——资本主义纳入学习范畴之内。甲午中日战争的爆发，使得洋务运动的代表性成果——北洋舰队几近全军覆灭，宣告了引进西方文明的改良路线的彻底失败。作为弹丸岛国的日本在经历了明治维新之后，轰然崛起化为霸国，迫使大清帝国签订丧权辱国的《马关条约》。八国联军入侵北京后，清政府又与列强签订《辛丑条约》，不只是赔款，还割让土地，以及接受其他丧权辱国的规定。这一切使得先进的知识分子醒悟到：中国不仅坚船利炮不如人，就连政治制度也不如人，若仅仅是注重科学的进步、工业的发展，未从根本上废除落后的政治制度，中国无法真正变得独立富强。于是，康有为、梁启超领导的维新变法运动勃然兴起，这是一场资产阶级的改良运动，推崇学习西方立宪制度，其目的是推翻清王朝的统治，发展资本主义，使中国走上独立富强之路。但由于此种改良运动不符合中国的历史现状，同时也因为资产阶级的妥协性及软弱性，最终使得变法以惨败的结局收场。

维新运动失败后，蔡元培深知"清廷之不足为，革命之不可以已"[1]。在民族危机深重的社会历史背景下，要想救国强国，最需要的是对国民进行思想的启蒙洗礼，以达到思维的革新，培养出社会所需要的新国民。于是，在时代召唤和西学的启示之下，蔡元培积极吸取世界新知，关注社会变革。这是一个传统的旧式士大夫，在经过痛苦反思之后，迈出走向世界的第一步，也是他委身于教育，借助教育完成救国思想的最初萌芽。

---

[1]　吴皛：《蔡元培高等教育管理思想研究》，上海：上海交通大学出版社，2012年，第32页。

二、文化领域的中西碰撞

1840年的鸦片战争拉开了中国近代史的序幕，中西文化的交织与碰撞，是鸦片战争带给中国的文化附属品。中国的大门被强行打开后，新生事物连同新的思想观念不断冲击着人们的生活，为抵御外患强侵，一些具有先明远见的中国人开始冲破传统，转换角度审视世界。林则徐成为近代史上开眼看世界的先驱者，魏源提倡学习西方先进科技，"师夷长技以制夷"，开启了中国近代文化的历史进程。洋务派著名代表人物张之洞，在《劝学篇》中借用传统文化的"体用"范畴，力主"中体西用"，即"中学为体，西学为用"，致力于建设"体""用"二分的新文化类型，其中既要保留中华传统文化的基本精神要义，又要适时引入西方物质文化，借西方科技为应事之术，来巩固强化儒家道统本体，从而能够形成一种以中国文化为本位，又能体现中西合璧的"新文化"。作为处理中西文化的一种新模式，"中体西用"在我国传统文化的现代化进程中发挥着积极作用。清政府也在"中体西用"的思想下主动向西方学习，设立总理衙门、京师同文馆，派遣留学生，培养专门的翻译人才，建立新式学堂，这些都对西学传播产生了深远的影响。故"中体西用"的洋务派文化教育观，对冲破传统思想的禁锢，开阔人们视野，接受西方近代文明的挑战，起到相当积极的作用。当然，"中体西用"积极作用的发挥存在一定限度，文化的现代化进程一旦进入制度层面，"中体"就会愈来愈成为"西用"发展的障碍。洋务运动后期，伴随着近代工业化的进步发展，势必要求体制与之相应的改进，洋务派此时却缺少足够理性而明智的认识，缺乏改变千年封建政权制度的勇气，致使"中体西用"的文化观逐渐变得不合时宜。

以康有为、梁启超为代表的维新派，发动了戊戌变法，以挽救民族危亡。虽然此次变法促进了西学在中国的传播，为爱国的小资产阶级知识分子的革命理想规划了美好的前景，但只是试图从传统文化中去找寻社会文化变革的依据，注定了失败的历史结局。此时，蔡元培已清楚地认识到传统文化本身的停滞不足，意识到学习外来文化的重要性和必要性，于是思想为之一变，开始留意西方所学，说："鄙人尝思，一种民族，不能不吸收他族文化，犹之一人之身，不能不吸收外界之空气及饮食，否则不能长进也。"[1]同时，蔡元培也清醒地认识到，学习外来文化时必须择而取之，在输入西方民主科学的精神观念基础上，善于运用比较之方法，展开细致研究，历经悉心选择，最终达至消化而吸收的状态。故而他的"通西学"思想是使中华传统文化与西方文明融会贯通，以西学来弥补中学之不足并得以创新性发展，从而成为"更进之文明"，形成富于自身特色的德育思想。

三、教育思潮的风起云涌

教育思潮的产生绝非偶然现象，而是特定社会状况下政治、经济、文化等多种因素综合作用的结果。西方列强的入侵加快了民族危机的深化，《辛丑条约》又使清政府彻底沦为帝国列强统治的工具。严峻的社会现实，促使先进的知识分子转变思维方式，自觉认识到中西方之间的差距以及逐渐扩大的趋势，开始在思变与改革中寻找社会发展的出路，将关注点从社会客体转向对社会主体的思索，将国家的救亡图存与人才教育相联系，开启了对国民素质转型和国民性改造的探究，兴起教育救国论。洋务派以"攘内"和"御外"为目标，兴办了培养外交、翻译、工程技术和军事武备人才的"洋务教育"，最终伴随着甲午战争的失败而终结。以冯桂芬、马建忠为代表的资产阶级早期改良派，着眼于从思想、制度上学习西方教育，变革传统教育。

严复最早直接提出国民性改造并系统阐述以道德教育启蒙民智的思想。1895年3月发表于天津《直报》的《原强》一文中明确提出"鼓民力""开民智""新民德"，所谓"鼓民力"，是指禁止鸦片和禁止缠足，破除有害身心健康的恶风陋习；"开民智"是指提倡西学，开设内容丰富、形式新颖的新式学

---

[1]　高平叔编：《蔡元培全集·说俭学会》（第3卷），北京：中华书局，1984年，第61页。

堂，废除八股文，废除压制国民思想发展的封建科考制度；"新民德"关键在于创立议院，效仿西方资本主义国家设议院于京师，摒弃国民奴性，倡导民主、自由精神，树立崭新社会风貌。三者之中，以"新民德"为最难。国民道德高尚，才会懂得自立自强的道理。西方国家之所以强大，其根本原因在于重视道德教化；中国欲开民智、富强发达，就在于借鉴西学，倡导民主和自由，发扬爱国精神，树立新式道德观念，开展道德教育，去除根源中的奴性，培养国民的民主意识。维新派代表人物梁启超发表《新民说》，开宗明义指出"国也者，积民而成"，认为民乃国的基本构成要素，新民关乎治国安邦，若有新国需先有新民，针对"社会旧习之污"以及道德劣根性需进行道德革命，从而直接将矛头指向封建礼教中的三纲五常，同时也对封建士大夫"矜而不争""束身寡过""麻木不仁"的道德修养观念及方式进行强烈抨击，标志着其国民道德改造学说的系统形成。

蔡元培作为国民教育思潮的启蒙者，其思想深受众位前辈的影响，对于新形势下的道德革命和伦理批判热潮，勇于投身其中，并时刻保持着清醒而冷静的思维意识。他认同国民素质的优劣关系到国家的兴衰存亡，国民与国家的前途命运紧密相连，认为推翻清王朝的统治，转换政治体制，仅仅是民族生存的基本表层问题得以解决，而深层次的封建人伦主义、蒙昧主义的禁锢仍未消除，从而无法使人获得真正全面的、自由的发展，这正是近代中国落后于西方发达国家的根本原因。以此为前提，他明确提出复兴民族，重在提升国民素质，以培养出适应时代发展要求的新国民。故而他对传统的儒学文化进行精神上的反思，将西学中民主、平等、博爱的思想理念融合于儒学的"仁""义""恕"之中，在他的眼中道德不仅仅是行为规范，更是人格完善和人性升华的路径和标识。他发起"进德社"砥砺德行，以挽奔竞游荡之恶习；组织"社会改良会"，以"尚公德，尊人权，贵贱平等，而无所谓骄谄，意志自由，而无所谓侥幸，不以法律所不及而自恣，不以势力所能达而妄行"[1]，并明确提出了以新道德来代替旧道德，培养国民的"完全人格"，积极推动中国近代化的历史进程，可谓是近代中国唯一适合折中新旧、调和中西之人。

第三节　蔡元培道德教育思想形成的哲学基础

蔡元培传统文化功底深厚，又长期留德学习，因此，他的思想基础兼容了德国哲学和中国哲学，在本体论上广泛吸纳西方哲学精华，形成独具一格的具有二元论特征的世界观；蔡元培又从终极性和一体性角度去思考人生和人性，从而形成"实为义务而生存"的人生观和"近于至善"的价值观。

一、"二元论"的世界观

蔡元培十分推崇德国近代著名哲学大师康德，认为整个西方哲学中，只有康德哲学与中国哲学颇为接近，而这种接近使他对康德哲学非常感兴趣。其世界观继承了康德哲学体系中的"二元论"世界观，把统一的物质世界划分为现象世界与实体世界，但是对康德的此岸世界和彼岸世界不可逾越的观点，蔡元培进行了否定批判。他引入德国哲学家叔本华的唯意志论思想，提出意志是世界之本性，从"意志"的角度出发揭示"现象"与"实体"之间的辩证关系，在现象世界与实体世界之间架起一座桥梁，借助教育的手段，抵达儒家理想中人人平等的无差别的大同世界。

1.本体论上的"二元论"倾向

蔡元培受德国古典哲学影响，吸纳康德二元论的哲学观点，他指出，盖

---

[1]　唐振常：《蔡元培传》，上海：上海人民出版社，1985年，第15页。

世界有二方面，如一纸之有表里：一为现象，一为实体。[1]现象世界和实体世界具备各自的性质特征：首先，主观与客观之分。现象世界是客观实在的，是有形、有限、可名的；实体世界则是主观内在的，是无形、无限、不可名状的精神的东西。其次，相对和绝对之分。现象世界是相对的，它包括了一切自然现象和社会现象，这两者在无限的时空中仅仅占据有限的一部分，故其存在与发展都是有条件的，都会受到客观因果律的支配；实体世界是绝对的、独立的精神实体，无始无终，无差别无矛盾，是一种最高的观念，无时空概念的制约，超轶于因果律。最后，认识方式的不同。现象世界的有限性决定了人类对现象世界的认识，需要依赖经验；实体世界高悬于现象世界之上，无空间与时间可言，故而人类对实体世界的认识无须经验，全凭直观。

在这里，蔡元培完全是站在唯心主义的角度上使用的"直观"概念，把直观当成人内在的、先验的特殊认识能力。但又不同于西方的唯心主义哲学家，他未否认对现实世界的认识过程是从感性到理性的过程，仅认为对两种不同世界的认识应当采取两种不同方法。其二元论的世界观与康德的世界观思想具有一致性，但两者之间也有不同。康德把两个世界划分为可认知的现象世界和不可认知的"物自体"世界，认为人们只能认识外物作用于感官时所产生的现象，人们承认现象的存在，必然会承认作为现象基础的"物自体"的存在，但"物自体"对人来讲又是永远不可知的。所以，"物自体"又是人们认识的最后界限，他把现象和"物自体"割裂，使认识停留在现象的此岸，把彼岸的本体世界留给信仰，从而推导出世界不可知论。蔡元培则认为现象世界与本体世界仅仅是一个世界的两个方面，并非截然冲突的两个部分，实体存在于现象之中，同时虽然现象世界各分子具有各自之特性，却有"超物质领域之畛域"的共通之处，他认为："吾人为世界之一分子，凡吾人意识所能接触者，无一非世界之分子。研究吾人之意识，而求其最后之原素，为物

---

[1] 高平叔编：《蔡元培哲学论著》，石家庄：河北人民出版社，1985年，第111页。

质及形式。"[1]至此，蔡元培的认识论观点仍是完全的唯物论观点，但他未停止前进的脚步，又提出"物质及形式，犹相对待也。超物质形式之畛域而自在者，惟有意志。于是吾人得以意志为世界各分子之通性，而即以是为世界之本性"[2]。这使得他同世界上其他的二元论哲学家一样，最终把世界的物质本体纳入精神本体之中，走向了唯心主义的道路。

2.意志乃"世界之本性"

受德国哲学家叔本华之影响，蔡元培认为意志主宰着一切客观对象，超越物质而独立存在。他认为世界上的一切，"不惟人类，即其他一切生物及无生物，亦不外乎意志。婴儿之吸乳，植物之吸收养料，矿物之重量，皆意志也"[3]。他认为无论是生理的、物理的、生物的还是心理的现象，均是意志的表现，但实体世界的意志是无识之意志，它是无目的自由自在的力量，现象世界的意志则是"排去各分子之特性，而得的通性"[4]。从二元论的哲学本体论推导出世界的本原是直观与信仰的对象，是称作"道""太极""神"的意志。对于世界本原的认识，他认为：由于人生活于现象世界，所能感受到的经验与认识都是有限的，无法超脱于物质形式之外，故单单依靠寻常智力的认识是无法穷极对世界本原的认识，最终需要意志论来进行合理解释，所以这是意志论要远远优秀于智力论的证据，使得近世的哲学家亦趋而从之。

尽管蔡元培对康德"二元论"的世界观予以继承，但不同于康德的"物自体"不可知论，他在现象世界与实体世界之间找到了"意志"的通性，并希冀通过意志论来解释世界的运动变迁、社会的发展进化，将之一切的动力皆归为意志的作用。相对于现象世界的各种各样的具体意志，本体世界的意

---

[1]　高平叔编：《蔡元培哲学论著》，石家庄：河北人民出版社，1985 年，第 116 页。

[2]　高平叔编：《蔡元培哲学论著》，石家庄：河北人民出版社，1985 年，第 116 页。

[3]　高平叔编：《蔡元培哲学论著》，石家庄：河北人民出版社，1985 年，第 172 页。

[4]　高平叔编：《蔡元培全集・世界观与人生观》(第 2 卷)，北京：中华书局，1984 年，第 288 页。

志是盲目而黑暗的，无目的性的。如果本体世界的意志具有目的性，它便拥有了立足的时空，于是就必然按客观的因果规律而发展变化，最终会落入形式，具备了事物的特性，陷入现象世界之中，而无法称之为本体世界。从而本体世界的意志只能是黑暗之意志，或谓之盲瞽之意志。这样才可以从根本上区别于现象世界之意志，同时现象世界与本体世界之间又是互相联系的，"现象实体，仅一世界之两方面，非截然为互相冲突之两世界。吾人之感觉，既托于现象世界，则所谓实体者，即在现象之中，而非必灭乙而后生甲"[1]。现象世界中的具体事物意志虽层次不一、大小各异、各具特色，但其存在均是有条件的，受到客观因果规律的支配，具备一定的目的性，都是以回归本体的盲瞽意志为最终目标。就这样，蔡元培在吸纳叔本华意志论的基础上，从"意志"的角度出发揭示"现象"与"实体"之间的辩证关系，对康德现象世界与彼岸世界的不可逾越的观点进行了否定与批判。蔡元培这种以现象世界为基点，以实体世界为精神归宿而搭建起来的哲学理论，是其道德教育思想的理论根基，也正是他实现自己人生理想的精神寄托。

3.从"现象"达于"实体"离不开教育

蔡元培所构筑的"二元论"世界观中，从客观实在、各具特性的现象世界到统一于黑暗意志、毫无差别的实体世界，需要逐渐克服现象世界中的两类意识障碍，"一是人我之差别，二是幸福之营求"[2]。之所以有此矛盾与差别，蔡元培将此归咎于人类生理和心理上的差别。要解决好这些矛盾，则需要克服不平等的观念和功利的营求之心，使人的意识完全进入实体世界之中，才会得到真正的幸福，这也是蔡元培所铺设的从层次大小不一的现象世界之意识回归到本体黑暗意志的基本路径。其中的关键点在于终极性价值目标的设

---

[1] 高平叔编：《蔡元培哲学论著》，石家庄：河北人民出版社，1985年，第114页。
[2] 高平叔编：《蔡元培全集·对于新教育之意见》（第2卷），北京：中华书局，1984年，第133页。

立，而若欲达到此目标，则需要借助教育的手段。作为教育者，其崇高的使命就在于教导人们如何立于现象世界，而有事于实体世界，以培养树立终极性价值目标为最终目的，同时积极关怀人们在现实生活中的幸福。他认为，人类在现象世界中所面临的种种问题，皆为道德而引起。贫困者因人民无道德心，军队时生事端，因尚武之人无道德心以制裁，故"国家贫弱、军阀横行都可归结为缺乏道德之心"[1]。在此基础上，若要解决国家贫弱，泯灭营求之心、淡化人我之见，使每个人都能拥有幸福生活，一切都源于对道德的思考。道德心的培养，高尚纯洁道德品质的养成，都离不开美育的陶冶，是美育在现象世界和实体世界之间架起一道桥梁，实现蔡元培教育主张与世界观建构的有效吻合，保持教育宗旨与教育过程的一致性，从而促进人类道德精神的升华，进入到无差别的实体世界。

二、"实为义务而生存"的人生观

蔡元培是在其世界观的基础上确立了他的人生观。他认为作为世界一分子的个人，在无边界亦无始终的世界中，仅占据数尺之位及数十年光阴，其必然无法超然于世界而存在，但若作为个人的各分子能够超轶现象世界种种之差别，对现象世界"无厌弃亦无执着"，对实体世界"非常渴慕而渐进于领悟"，则可以正确处理好"现象世界"与"实体世界"的关系，处理好各分子的现实差异以及个人一己之私的障碍。基于此，他借鉴性地引入德国哲学家康德义务论的思想，提出人类"实为义务而生存"的观点。坚持人生的最大理想和生活的原本意义是在于为他人和社会恪尽义务，以发展自身"完全之人格"，达到真善美相统一的最高道德境界。同时他又强调虽然义务为人生之本分，其中却有不可为及不可不为两种含义。在《中学修身教科书》中，蔡元培将义务明确地区分为道德义务和法律义务两类。法律义务是个人对他人

[1] 袁伟时:《中国现代哲学史稿》，广州：中山大学出版社，1987年，第93页。

与社会所负有的责任，在征得他们同意解除的意见后，可以免去责任，而道德义务具有"约束性"和"应当"的强制性内涵。"凡修德者，不可以不实行本务。本务者，人与人相接之道也。……能恪守种种之本务，而无或畔焉，是为全德。"[1]道德义务与个人如影随形，无时可懈者也！

蔡元培指出："进化史所以诏吾人者：人类之义务，为群伦不为小己，为将来不为现在，为精神之愉快而非为体魄之享受，固已彰明而较著矣。"[2]这里彰显出其"为最大多数人的长远利益而服务"的人生观，人并非为享受而生，而是为服务社会而生，主张个体应"合群利群"，关键时刻可舍己为群；"为将来不为现在"，为长远利益放弃眼前利益；主张"精神愉悦"胜于"体魄享受"，人爱美的自然天性驱使人去追求"精神的愉悦"。

1.为群伦不为小己

孔子，作为儒家"群己思想"的奠基人，首先提出"群"的概念，之后经过不断的传承和发展，逐步形成了儒家独具特色的价值观。其理论经典中，"礼""义""仁"均以群体利益为重，个体利益与群体利益具有协调一致性，群体利益得到保证的同时，自我利益亦得到满足，"群体本位"的价值取向是儒家"群己思想"的重要特征之一。儒家的"群己思想"影响着一代又一代国人，蔡元培自幼深受儒家文化的浸润，其思想深深扎根于中国传统文化之中，自认"二十岁以前，最崇拜宋儒"。其关于伦理学的著作中，常引儒家圣贤之言论作为自己的论据，对于儒家"群己思想"中的合理部分大抵持肯定态度，认为"群"是个体存在与发展的前提条件，作为个体的人只有在群的集体中才可以发挥整体作用。整体之和的能量大于部分，犹如"壁者，积砖而成；案与椅，则积板而成者也"，如若"使其散而为各，各之砖与板，则不

---

[1] 蔡元培：《中国人道德修养读本》，北京：北京联合出版公司，2014年，第225页。

[2] 高平叔编：《蔡元培全集·世界观与人生观》（第2卷），北京：中华书局，1984年，第290页。

能有壁与案与椅之作用"，则"人生而有合群之性，虽其种族大别，国土不同者，皆得相依相扶，合而成一社会"[1]。作为社会孕育的个体，人需要获得社会及他人的认可，需要获取个体价值，这些都非独立而存在的，都要依赖社会而实现。"群"并非简简单单个人的累加，也并非仅仅量的变化，而是通过不同方式的组合与优化才达到的质的升华。以自然之物推及吾人所生活的世界，亦是如此，"孤立而自营，则冻馁且或难免；合众人之力以营之，而幸福之生涯，文明之事业，始有可言"[2]。这里，从"个体"和"群体"出发，深刻论证了"部分"与"整体"的关系，包含丰富的辩证法思想。群体是由个体组成，群体之和大于个体，它为个体创造了生存的条件和实现自身价值的机会。若个体独立于群体而存在的话，不可能发挥在群体中的最大效用。"合群"既是实现人生幸福的基本途径，也是实现世界文明的必然要求。当然，人对群体、对社会具有依附、从属性的同时，作为自由存在的个体，具备独立人格，具备能动地改造自然、改造社会的能力，可以控制和把握个人的命运，以开拓各种社会事务，尽社会一员的义务。

以此为基，蔡元培还提出"舍己为群"的辩证思想。"积人而成群"，群体用以谋求每个人都需要享有的公共利益，人在群体之中，当有"舍己为群"的义务。之所以如此，"一曰，己在群中，群亡则己随之而亡；一曰，立于群之地位，以观群中之一人，其价值必小于众人所合之群"[3]。群作为个体赖以生存的基础，在集体利益受到威胁之时，如果群体之中没有人能站出来把自己的生死置之度外，去保护群体，那么群体自然就会灭亡，个体也将随之而亡。但如若其中个体愿意牺牲小己而保护群体，那就有了保障群体整体价值的机会，起到积极推动群体发展及至整个社会历史变迁的重要作用。

---

[1]　蔡元培：《中国伦理学史》，北京：商务印书馆，2004 年，第 161 页。

[2]　高平叔编：《蔡元培全集·华工学校讲义》（第 2 卷），北京：中华书局，1984 年，第 420 页。

[3]　蔡元培：《中国人道德修养读本》，北京：北京联合出版公司，2014 年，第 56 页。

蔡元培的人生观中所强调的"群伦不为小己"的思想，是对儒家"群己思想"的发扬，在个体人格独立的前提下，实现个体的"个人价值"与群体的"社会价值"相统一。个人价值是通过社会价值而实现，个人价值发展越完善，越说明社会的民主进程、文明程度取得新的突破与进展。蔡元培一生的革命与教育思想致力于唤醒民众合群利群、舍己为群之意识，以正确处理好个人与群体的关系，摒弃外敌入侵时"一盘散沙"之局面，发挥群体最大价值，增强民族抵抗力，最终达到变革社会，挽救国家、振兴民族之目的。

2.为将来不为现在

与将来相关的是人类的长远利益，与现在相关的是个人的眼前利益，基于"为群伦不为小己"的人生价值取向，而有了人生目的之大鹄与小鹄的区分。世人读进化论，以自身生存及种族的繁衍视为人类最大鹄及最终鹄的看法，是对进化论的误解，仅以自身生存为鹄何来种姓？仅以"保持单纯种姓为第一义"，遂以强者权利为无上之道德的道路，何来民族融合？为此，蔡元培明确表示，只有与世界发展的客观规律相符合，与人类发展的长远利益相符合，才是人生之"大鹄"所在。

他反对道家"知足不辱，知止不殆"以及"小国寡民，民至老死而不相往来"的观点，这些主张仅仅关注的是个人的当前利益，不符合人类精神文明的发展趋势。他赞扬尧授舜以天下而使天下得其利，赞扬孔孟"杀身以成仁""舍生而取义"，追忆昔日探险新地者。也非为了追求眼前的幸福，而去受尽磨难与苦寒，发明汽车汽船、自动车、飞机飞艇的而牺牲的发明家，亦不会为自己还没有来得及使用而后悔，文学家、美术家最为高尚出色的著作，可能会在其死后才会垂名百世，他们并不因生前不得信任而停止。以上的历史事实充分说明了"常宜规模远大，以遗饷后人"的道理，为了民族的兴衰，而不去计较个人眼前的得失，这正是人类文明不断进化、社会不断发展的根本原因。

蔡元培还提出，以现世幸福为鹄的者，政治家也；教育家则否，教育者，非为已往，非为现在，而专为将来。[1]教育家要致力的事业不只是大众现世的幸福，还肩负延续人类文化、精神传承的重任，使后代人的能力比现代人进步，从而可以应付将来的社会。他在《慈幼的新意义》一文指出，新时代慈幼事业的立场应是从社会出发，而非个人角度出发，是基于责任心，而非恻隐心。教育工作者的崇高理想就在于培养受教育者的完全之人格，人格的完善使人类逐步泯灭营求之心，实现精神的升华。

3.为精神愉悦不为体魄享受

蔡元培虽然不认同伦理学中功利主义的快乐论，但认为快乐是人生的一件要事，尤其是精神方面的快乐。精神需要正是人的特征与本性的体现，它是人区别于动物，而成为有意识、有情感的类存在物的必备条件。马克思说："精神需要是人类的本质力量的证明和人的本质的充实。"[2]精神需要并非排斥物质需要，而是立足于物质需要的基础之上，追求真、善、美的生活。其中道德需要是人之为人，真正实现自我、完善自我、克己利他的一种精神需求，是人精神需要的核心，可彰显精神世界的高尚。以追求"善"为己任的道德善行，不会存在功利与物欲的压力，他通过"自己愿做的事，无论如何于物质的生活上有害，还是要做，甚至于牺牲生命，也所不惜"[3]，这种对社会、群体、他人的强烈责任感与牺牲付出，超出"小己""自我"的限制，而达到"舍己为群"的境界，使人心态平和、精神愉悦。这些道德的善行就是高尚，高尚也是美，蔡元培把这种高尚行为上升到美的层次，认为人具有爱美之天

[1] 高平叔编：《蔡元培全集·华工学校讲义》（第2卷），北京：中华书局，1984年，第420页。

[2] 马克思、恩格斯：《马克思恩格斯全集》（第42卷），北京：人民出版社，1979年，第132页。

[3] 中国蔡元培研究会编：《蔡元培全集·在上虞春晖中学的演说词》（第5卷），杭州：浙江教育出版社，1997年，第56-57页。

性，人愿意做美事，不愿意做丑事，亦是天生爱美的本性使然，人通过追求美而提升"人格魅力"，促进全面发展，终至"真、善、美"相统一的完全之人格。

蔡元培不仅重视精神愉悦，还提倡应将"精神愉悦"置于"体魄享受"之上，甚至可以为"精神愉悦"而牺牲"体魄享受"，他认为，人生的本质不在于追求物质生活的享受，而在追求本体目的过程之中所获得的归属感使人体会到心态平和与精神愉悦，这才是人生的最大幸福。在此他并非全然不考虑人们物质享受的欲望，而是倡议人们过有节制的物质生活，提出饮食不必多，足以果腹而已；舆服不必善，足以备礼而已。要在适如其地位境遇之所宜，而不逾其度耳[1]。一来勤勉节俭的人家会有余财，可以帮助救济不幸之人，是很快乐的事情；二来节俭之人欲望较少，欲望少就不易被物质所奴役。如此这般，则可以修身养性而完成道德了。

由于蔡元培早年思想深受儒家之道的浸润，故而儒家教育思想贯穿其人生观、价值观形成的关键时期，为其人格的陶冶与塑造抹上浓厚的儒学色彩，从而形成坦坦荡荡的君子胸怀和公而忘私的人生态度。他的人生观深深扎根于中华传统文化的土壤之中，与儒家思想中所倡导的"合群利群"的价值导向以及塑造君子理想人格的志向一脉相承，同时又合理地借鉴融合康德"本务论"的相关思想内容，从而形成了"实为义务而生存"的人生观。

三、"近于至善"的价值观

价值观是基于人的思维感官而做出的认知、理解、判断或抉择，是人认定事物、判定是非的思维或取向。孔子作为儒家道德理想主义的典型代表，毕其一生周游列国，不断宣传推行自身的道德主张，力图构建新的道德秩序来挽救当时的道德危机；孟子以"性善论"为基，认为人人都有一种内在的

---

[1] 蔡元培：《中国人道德修养读本》，北京：北京联合出版公司，2014年，第212页。

先天固有的道德意识，而这种道德意识是人之所以为人的本质标志，促进道德主体的德性完善，并顺着"人性本善"的思路，在契合社会现实的基础上去锻造君子人格。

蔡元培深刻明晓儒家学派对理想追求过程中的有效路径。冯友兰解释："儒家哲学所求之理想生活，是超越一般人的日常生活，而又即在一般人的日生活之中。超越一般人的日常生活，是极高明之意；而即在一般人的日常生活之中，乃是中庸之道。所以这种理想生活，对于一般人的日常生活，可以说是'不即不离'，用现代的话说，最理想的生活，亦是最现实的生活。"[1] 蔡元培本人所处的环境正是政局动荡、民不聊生的时代，新旧观念冲突碰撞，道德观念与价值准则良莠并存，导致人性与人格的扭曲与变异。社会是由人与人形成的关系总和，而德性是维系人和巩固社会共同体的存在与发展的基础，蔡元培认为德性的根本是良心，只要人遵循良心的指引行事，无个人私利夹杂其间，那么就一定会成为有道德的人。良心虽然是人人都具有的，但个体会因为受教育程度深浅而不同，另因本性不一，也会存在厚薄之分。他既反对昔日学者把良心看成是"智、情、意三者以外特别之作用"的说法，又反对把良心看作其中之一的观点，提出了良心是智情意相统一的新论点。"以教育发达良心，智、情、意三者并养"之方略，不可有所偏重，而舍其余，既有从善如流之情感，又具识别善恶之智力，兼备"遂善避恶"之意志，则能遵循良心之道，产生道德行为，同时强调"涵养良心之道，莫如为善。无问巨细，见善必为，日积月累，与善相习，则良心作用昌矣"[2]。《中学修身教科书·修德》曰："权然后知轻重，度然后知长短，凡两相比较者，皆不可无标准。今欲即人之行为，而比较其善恶，将以何者为标准乎？

---

[1]　冯友兰：《三松堂学术文集 —— 儒家哲学之精神》，北京：北京大学出版社，1984年，第497页。

[2]　高平叔编：《蔡元培全集·中学修身教科书》（第2卷），北京：中华书局，1984年，第254页。

曰：至善而已，理想而已，人生之鹄而已。三者其名虽异，而核之于伦理学，则其义实同。何则？实现理想，而进化不已，即所以近于至善，而以达人生之鹄也。"[1]上述观点既体现出对"性善论"的继承，又适当有所发扬。何者为"善"？蔡元培认为"善"是人之为人的先天目的，是蕴含于灵魂之中的天性，而异于生活中的伦理道德规定，人的本性之善，其根本目的在于追求人道主义大义，为将来、为群体、为他人而非为一己的现在而生存。"近于至善"的价值观本质在于个体人性的完善，人性的完善在于人格的发展，在于"智""情""意"三种品质的完美发展，充分满足人生理心理的欲望，使人之可以向善的能力得到充分发挥，最终为实现寻找现实的和超越现实的理论提供依据。

第四节 蔡元培道德教育思想的演变历程

通过对蔡元培生平简历的考察，可从中分析出蔡元培教育思想从萌芽至成熟的历史发展过程，演绎出其道德教育思想的整体形成过程。

首先，维新变法的失败使蔡元培彻底认清了清政府的腐败无能，成为影响蔡元培思想转变的重要因素。他放弃了试图通过变革以改良社会的希望，转而投身教育事业，期冀通过思想的启迪洗礼来唤醒国民沉睡的自觉意识，从而促进其道德教育思想的萌芽。其后，伴随西方武力的入侵，西方文明观念扑面而来，为学习西方先进文化理念，培养革命人才，蔡元培毅然选择去西方留学，汲取西方伦理道德思想，同时融合儒家传统思想精髓，提出"五育并举"的教育方针，明确公民道德教育的中坚地位，形成中西兼容的道德教育体系。此时其道德教育思想内容及实践理念都发生了转变，成为其道德教育思想的过渡期。再者，蔡元培归国后，任中华民国教育总长及北大

---

[1] 蔡元培：《中国伦理学史》，北京：商务印书馆，2004年，第211页。

校长期间，推行教育改革，创新教育制度，坚持"思想自由、兼容并包"的办学原则，反对学校教育中严重存在的封建专制积习，破除学生专己守残之陋见，为北大重塑了一股长存的理念与精神。他大力促进国民素质的提高，养成国民健全人格，以达到拯救社会之目的，使蔡元培道德教育思想逐步走向稳定成熟。

一、初步萌芽期

甲午中日战争，中国惨败，签署了丧权辱国的《马关条约》，轰轰烈烈的戊戌变法亦以失败而收场，蔡元培"痛哭流涕长太息"，深感清廷政治改革"无可希望"。作为弹丸小国的日本竟然取得了甲午中日战争的全面胜利，这是蔡元培的思想研究聚焦日本之缘由。为此他广泛涉猎西学的日译本，将中国的戊戌变法与日本的明治维新对比分析，意识到戊戌变法的失败，根源在于变法者未先培养革新之人才。此时，蔡元培已经意识到在民族救亡图存过程中，教育应当发挥启发民智、培养具有革新精神之人才的重要使命，这是革命成功的关键所在。于是，他断然离京，携眷南归，满腔热血投身教育事业，以实现其教育救国的理想。

自担任绍兴中西学堂总理，蔡元培开启了新教育模式以付诸实施其教育救国的理想，之后又主持二戴、剡山书院院长、丽泽书院院长工作，任南洋公学特班总教习。他的视野不仅仅局限于绍兴地区，而是放眼全国的教育改革，整个教育实践过程反映出他对道德教育的渴求与重视。

1.调整改良教学体系，力求兼学中西

绍兴中西学堂既然名曰"中西学堂"，就需要推翻私塾中唯经是读、唯经是尊的教育积习，真正做到兼学中西。蔡元培创办新式教育的首要之务是聘请称职教师，故而，他遍访绍兴之社会名流，致力为中学聘请到具有深厚

国学根基的教师；西学教学上，他搜罗懂西文且不限于英文，也可以懂法文、日文的合适人选。其次，编写教材。蔡元培致力于改革蒙学教材，废除传统过时的《三字经》和《千字文》等，自编《切音课本》，使之成为"学子识字之桄"；另外他深入研究不同学校的课程设置，撰写《学堂教科论》，以抨击旧教育制度，为使学生好而快地熟悉西学，还增加了西学科目，如哲学、心理学、医学、化学等，重视外语教学，并试图将西方进化论、民权和女权的思想融入课程之中。但因旧学影响之深及对新学认知尚未充分，教学内容的改革主要体现在对教学秩序与内容的调整，而未能对旧学完全摒弃。最后，设法扩充经费，购置图书。倡议绍兴城内有钱的出钱、有书的出书，大力扩充图书。学校图书不在藏，而在阅。他还专门撰写了《〈中西学堂借书略例〉序》，规定除对本校师生开放借阅以外，校外人士亦可来校借书。尽管蔡元培大力推动西方人文及自然学科的引入，但他从未放弃学生的道德教育，认为受教育者个人道德素养的培养和个性精神是至关重要的。同时他向学生提出写日记的要求，内容包括讲义、新知、读书心得、时事评论。从中，可看出他对学生学习新知识的重视以及对国家时政要事所倾注的关切。

2.以倡民主、尚民权的方式治理学校

蔡元培教育思想与社会发展需求相联系，克服过去传统教育的不足，逐步走向民主教育的道路。任绍兴中西学堂监督期间，"实行民主管理学校制度……办学的形式、规章制度订立和学校日常管理均有教职工参加"[1]。此时，民主的范围仅限于教员内部。在南洋公学任职期间，他又把这种民主思想向学生层面拓展，为学生的自由读书创造条件，教导学生"今后学人，领导社会，开发群众，须长于言语"，号召学生要解救国民的痛苦，开发他们的知识，唤醒他们的觉悟。因民众识字较少，若用语言，会有更好的效用，故而学生应长于演讲。因此，他大力支持举办辩论赛、演说会等丰富多样的活动，

[1] 蔡元培：《孑民自述》，南京：江苏人民出版社，1999年，第22页。

要求学生每天记录札记，多加读书，并指导他们该如何读书。同时，为带动国人思想之进步，积极创办《开先报》，以加强新学的宣传和推广，在其影响下，一大批学生形成浓厚的民主意识。

蔡元培以倡民主、尚民权的方式管校治校，是早期教育思想中的民主思想的萌芽。他提倡教师民主平等，积极民主地参与学校管理，但尚未摆脱封建思想的桎梏，系列措施的实施仍停留在实践的表象，没有注意到"人"本身发展的核心理念问题。

3.提倡男女平等，发展女子教育

在教育救国的实践中，蔡元培始终将妇女解放、女子教育与教育救国联系在一起。他认为，"革命精神所在，无论其为男为女，均应提倡，而以教育为根本"[1]。他率先冲破"男尊女卑"的封建礼教枷锁，主张男女平等，摒弃"女子无才便是德"的封建愚昧思想，认为女子同男子一样拥有接受教育和追求精神自由的权利。1902年，蔡元培发起成立中国教育会、创办爱国女校，积极宣传发展女子教育，认为"妇学实天下存亡强弱之大原也"。在社会大变革的历史背景之下，"女子不学，则无以立"，女子若无法拥有立足自谋生活的技能，就使自身变得毫无社会竞争能力，作为男子的附属品而存在，想要获取自身的解放，更是无从谈起。蔡元培还进一步说明女子素养的高低与整个家庭的和睦幸福有至关重要的关系，女子不接受教育，不仅不能在事业上为男子提供助力，还会"掣男子之肘、败男子之业者多矣，而害于人种尤巨"[2]。在影响男子事业发展的同时，对后代的繁育和教育亦无益处，女子的愚昧无知必对下一代造成不良影响，最终导致整个民族文化素质的低下，给社会和国家带来不良的消极后果。

[1] 高平叔编：《蔡元培全集·在爱国女学校之演说》（第3卷），北京：中华书局，1984年，第7页。

[2] 高平叔编：《蔡元培全集·学堂教科论》（第1卷），北京：中华书局，1984年，第151页。

在提倡女权运动中，蔡元培否定封建道德观念，抨击封建婚姻制度，对禁锢妇女的旧规大张挞伐，对有害妇女身心健康的习俗进行有力批判，主张废除缠足、纳妾等丑恶现象，主张男女平等、婚姻自主，反对婚姻包办，并且身体力行地把他的女权思想付诸自己的婚姻生活中。蔡元培投身革命后，致力于把妇女运动与反清斗争相结合，爱国女学的教育目的在于突破传统的"贤妻良母"教育框架，意在培养可以担负更多社会责任的、具有独立人格的"事业型"女性。故而，在教育模式上摒除传统的"三从四德"思想，以"民主""科学"的西方文化知识来培养妇女的革命精神，培养她们掌握医学知识，懂制造炸弹技术，为革命事业"预备下暗杀的种子"[1]。

蔡元培女子教育的思想，是从男女平等和民族发展的角度出发的，有利于社会底层的劳动妇女获取平等地接受教育的机会，促进女权的发展，致力于培养女子革命精神。从其思想根源来看，他尚未完全摆脱封建传统思想桎梏，仍将家庭伦理关系中的男女主从关系比作封建式君臣关系，尚未对西方人权、女权思想的现代性意蕴做出充分理解，仅仅局限于完成形式意义上的追求与向往，并非从根本上实现妇女的彻底解放。但是，放眼于中国从传统到现代的历史嬗变进程，蔡元培的思想与行动仍具有革命性的意义，不但使妇女享受到平等的受教育权利，而且获得独立自主、平等的社会地位，是近代妇女教育发展史上一座重要的里程碑。

二、形成过渡期

蔡元培认为"救中国必以学"，而"世界学术德最尊"。为实现其教育救国的理想，1907年5月，蔡元培开启了德国留学之旅。莱比锡大学的四年学习中，蔡元培特别关注哲学、心理学、教育学的学习，注重学习西方文化对自身世界观的培养，连续选修多门人文学科课程。德国先进的教育理念及欧洲

[1] 蔡元培：《蔡元培文录》，北京：商务印书馆，2019年，第241页。

文艺复兴后的文明史，进一步拓宽了蔡元培的观察视野，丰富了他对欧洲文化的认识。学习过程中，完成了《伦理学原理》的翻译工作，并撰写了《中国伦理学史》，这是他自觉融合中西文化的成果体现。一方面吸收西方文化的新思想，另一方面接收传统的文化遗产，进而形成中西兼容的思想理念。留德经历对蔡元培道德思想产生了巨大影响，实现了从传统到现代的飞跃。蔡元培道德教育思想的转变，主要体现在以下三方面。

第一，教育理念的转变。

三十岁之前，蔡元培基本上接受的是传统文化教育，故其道德教育思想中具有浓厚的儒家文化底蕴。他深思救国之道，意识到"国这样大，积弊这样深，……不在根本上从培养人才着手，把这全部腐败的局面转变过来，是不可能的"[1]。于是他积极申请走出国门，到德国留学考察，希望利用所学来启蒙国人的思想。欧洲先进的教育制度和教育理念，对蔡元培思想产生强烈冲击，引起了深刻变化。对此，蔡建国先生曾做精辟表述："他认为德国教育精神中的一个重要的核心，即重视培养受教育者的独立自主能力和发展受教育者的个性，这是近代社会所不可缺少的基本精神，也是现代教育的根本出发点。它对于经过几千年封建专制统治的中国尤为必要，要改变中国教育的落后状况，发展中国近代教育，就必须从根本上排除封建教育对青年的束缚，把禁锢在封建教育中的青年学生拯救出来，因此，将教育赋予民主的精神，是中国教育工作者刻不容缓的任务。"[2]大学教育不同于职业教育，重在培养一个完全的人，培养学生和谐的个性与人性，这是由教师的示范教育及学生自主的学习和研究来完成的。

第二，教育主体的转变。

中国传统社会的伦理思想特点是政治伦理化、伦理政治化，从而政治伦

---

[1]　高平叔:《蔡元培年谱长编》(上)，北京：人民教育出版社，1996 年，第 133 页。

[2]　蔡建国:《在传统与近代之间——蔡元培文化思想再论》，《史林》1996 年第 3 期，第 96–114 页。

理一体化，由国家担当教育主体。其价值导向为整体主义，强调个体对整体的绝对服从，向个体贯彻国家所倡的主流意识形态，以服务于统治者的利益，严重压制了个体个性的充分发展。而西方国家政治与伦理双轨并行，实现了道德教育与政治的分离，道德教育虽然需要体现社会的主流意识形态，却并非服务于某个政治集团之利益，其责任主体也转向发达的公民社会体系。蔡元培赞同西方国家把教育独立于政治之外的做法，主张教育经费独立，专款专用，不能移作他用；教育行政独立，由懂教育的人设立专管教育的行政机构；教育学术和内容独立，教育方针稳定，能自由编辑、选择教科书；最终使被教育者充分发展个体能力，实现"个性"与"群性"的协调发展，实现民族的独立强大和国家繁荣安定，而不是以国家政治为导向，按某种指定形式培养出"顺民"。

第三，教育方法的转变。

传统士大夫出身的蔡元培，思想之中难免受到传统教育的影响，关注个体的自我修养，重视国民的责任担当。欧洲的留学经历使蔡元培发现，西方教育建立于科学的基础之上，而非纯粹的道德教化。在德国期间，蔡元培学泛众家，师从冯特，学习心理学、实验心理学和民族心理学以及与之相联系的哲学课程。同时，又从康德、叔本华、歌德、莱辛等人的哲学、艺术思想中汲取营养，学习应用在教育学、心理学领域的科学实验的新理论及新方法，这些都为他奠定了扎实的专业基础。利用假期，蔡元培游历考察西方国家的教育制度。维锵斯多中学的考察使蔡元培感触颇深，回忆起那段经历，他表示："在课程上，重推悟不重记诵；在训育上，尚感化不尚拘束，于会食前，诵一条世界名人格言，以代宗教式祈祷；注重音乐，除平时练习外，每星期必有一次盛大的演奏；学生得举行茶会，邀教员及男女同学谈话。"[1]该中学在课程学习上反对死记硬背，重视"悟"的过程。在思想教育上，崇尚道德教育的感化力量，并充分发挥美育的陶冶作用，以音乐净化心灵。其先进

[1] 蔡元培:《孑民自述》,南京:江苏人民出版社,1999年,第57–58页。

的教育理念及方法使蔡元培受益匪浅，这对他回国后所做的系列改革具有莫大的指导意义。

蔡元培的游学经历，让他直接感受世界教育的新思潮，并从中汲取精神给养，融合传统文化精髓后撰写了《中学修身教科书》《中国伦理学史》等著作。这一时期当属其道德教育思想的发展过渡期。

三、稳定成熟期

蔡元培自德国留学归国后，先是担任教育总长，后任北大校长。他积极倡导思想自由，顽强地同封建专制思想做激烈斗争，对新文化运动给予支持。在教育领域推行了一系列富有创新意义的改革，提倡"思想自由、兼容并包"。以教育家的身份践履其中西合璧的道德教育思想，鼓励各种学术观点和思想自由发展，使青年学生在新旧观点和思想的激烈交锋中认识真理、掌握真理，并在实践中得以丰富和完善。这一时期应属蔡元培道德教育思想的稳定成熟期。

第一，除旧布新，改革教育制度。

蔡元培道德教育思想的实践蕴含在他整个教育生涯中，其教育救国思想自始至终没有脱离革命的宗旨。清政府被推翻后，他认为革命已然成功，此时工作的重心转移到教育改革之中，以整顿学风，求得高深学问为怀想，建立适合共和时代发展需求的资产阶级教育制度。

首先，创建廉洁高效的行政队伍。任职教育总长期间，蔡元培以自身在教育界的经验以及从善如流的民主作风，改革中央教育行政机构，力行节俭，精减人员；而且不拘一格，广泛延揽人才，坚持用人唯贤，无党派门户之见，创建了一支廉洁高效的行政队伍。这一思想在他执政北京大学时亦有体现，聘请新教员，不论派别、资格，不分年龄和国籍；坚持只要学术言之有理、持之有故，就有存在的理由；让学生有机会接触到不同派别的观点，拥有甄别的机会，努力开创思想自由、学术自由的新风；对不称职的教员，坚决辞退，决不姑息迁就。

其次，颁布适合共和教育的新法令。诸如颁布《普通教育暂行办法》《普通教育暂行课程标准》，系列标准、办法的制定，标志着蔡元培已经自觉创建了适合近代中国的课程教育新体系。《普通教育暂行办法》将清末设立的学堂改称学校，禁止使用清时学部颁布的教科书，废止小学读经，废除出身奖励制度，体现出蔡元培彻底反对清末封建教育的勇气和决心；《普通教育暂行课程标准》对小学、中学以及师范学校的教学科目、课程设置、学制等都做出明晰的规定，反映出他积极践行民主平等，追求教育救国的理想，在一定程度上促进了民国初期教育事业的发展进步。

第二，更新育人宗旨，培养完全人格。

蔡元培对清朝学部规定的忠君、尊孔、尚公、尚武、尚实的育人宗旨进行了批判，认为其教育思想违背共和时代的需要，"民国教育方针，应从受教育者本体上着想，有如何能力，方能尽如何责任；受如何教育，始能具如何能力"[1]。从而，着手改革教育，提出"五育并举"的教育方针，对国民实施"德""智""体""美"教育，从内容上肃清封建道德教育思想的余毒，健全国民人格。五育之中，"德育实为完全人格之本，若无德，则虽体魄智力发达，适足助其为恶，无益也"[2]。故而，道德教育在培养国民完全人格的过程中发挥着不可或缺的作用，必须牢牢抓住这一根本，摒弃大学是为升官发财之阶梯的官僚积习。道德教育又以法兰西革命所倡"自由""平等""博爱"为纲领，此种道德观念具有强烈的反封建意识，使得自由、民主的现代要素融入教育的过程，是符合时代发展的正确选择。由于各民族拥有自身的道德习惯和道

---

[1] 高平叔编：《蔡元培全集·全国临时教育会议开会词》（第2卷），北京：中华书局，1984年，第262页。

[2] 高平叔编：《蔡元培全集·全国临时教育会议开会词》（第2卷），北京：中华书局，1984年，第263页。

德传统，故而蔡元培在借鉴吸收西方资产阶级道德观的同时，并未照抄照搬西方现代性理论，而是在儒家"忠""恕""仁"精神中找寻到"自由""平等""博爱"的合理阐释，把中华传统文化的精髓注入完全人格理论之中，使外来进步的道德观念在中国大地上找寻到适宜生长的土壤，也使得传统文化在近代历史发展中重获新生。

第三，治理整顿北大，革除封建陋习。

1917年1月4日，蔡元培到北大就职后开始大刀阔斧的改革。首先，革除学生把大学看作升官发财阶梯的官僚陋习，对学生提出三项要求：一是抱定宗旨，为求学而来。"入法科者，非为做官；入商科者，非为致富。宗旨既定，自趋正轨。"[1]二是砥砺德行。北大学生"当能束身自爱""不为流俗所染""庶于道德无亏"，而于身体有益。三是敬爱师友。以诚相待，礼敬有加。这既体现了蔡元培对北大学生的殷切期望，也是他改革北大的宗旨。其次，整顿与充实教师队伍。广泛延揽各方面人才，聘请积学而热心的教员，不受年龄和学历限制；尊重讲学及一切正当学术讨论之自由，不仅使教育者有自由选择发挥的余地，而且为大学生创造了接触不同学术观点的机会。再次，为砥砺学生德行，提高道德修养，蔡元培号召组建各种社团、研究会。在他的大力扶持下，1918年至1919年间，校园里的学会、社团、刊物宛如雨后春笋般涌现，其中进德会的成立，对提升师生私德起到极好的促进作用。改革中尤为夺目的是招收女大学生，主张女子也应当有同等受教育的权利，男女同校既是对封建礼教的强烈冲击，也是我国近代高等教育史上的一大创举。经过一系列整顿改革，北大一改过去腐败沉闷的氛围，学校面貌焕然一新，走上了近代大学的轨道，成为全国高等学校的楷模。

同时，蔡元培倡导以科学、民主为内容的新思潮，使北大成为新文化运动的中心，成为我国传播马克思列宁主义的重要阵地，在全国文化思想界产

[1]　高平叔编：《蔡元培全集·就任北京大学校长之演说》（第3卷），北京：中华书局，1984年，第5页。

生深远的影响。随着新思想在青年内心的不断深入，再加上巴黎和会中国外交的失败，北京爆发了以北京大学学生为首的五四爱国运动。作为校长的蔡元培，陷于政府与学生对峙的两难之间。政府通令学校尽严管理之责，对不遵约束的学生予以开除，蔡元培则认为运动虽"激而为骚扰之举动"，但出自学生内心的爱国热情，故不能采取政府的高压政策。他极力呼吁学生回到教育救国的道路上，不要因政治问题而放弃学业，之后又为保全学校，减轻学生处罚而选择辞职。

本章小结

蔡元培生活在民族危亡的关键时期，此时中国的政治、经济、文化均陷于危难之中，人们精神空虚、信仰迷失乃至道德缺失，进而引发了严重的社会道德危机。强烈的民族责任感和使命感，促使蔡元培冲破传统思想的樊笼，逐渐摸索出一条依托教育救治国家危亡的道路，旨在提升民众道德，改良国民人格，培养出时代所需的革新人才。蔡元培道德教育思想是建立在"二元论"的世界观、"实为义务而生存"的人生观、"近于至善"价值观的哲学基础上，继承儒家"德教为先"的文化传统，取道德教育为人格完善之途径，同时积极吸纳西方伦理精华，视自由、平等、博爱为公民道德之纲领。蔡元培在其道德教育思想从萌芽至成熟的不同发展阶段中，都集思广益地开展了不同程度的改革，创新教育制度，丰富教育内容。所有的改革从未脱离教育救国这一主线，借助教育促进社会观念的变革和整体国民素质的提高，旨在培养出健全人格的新民，以达到强国兴国之目标。

第三章　蔡元培道德教育思想的系统构成

　　蔡元培道德教育思想是在其革除封建陋习、致力教育改革的过程中逐步形成的，本章在分析把握蔡元培道德教育思想形成的基础上，主要从"公民道德教育为中坚""道德教育本在修己""公德与私德兼修""美育促德育完成""育国民健全人格"五个方面，全面阐述道德教育的地位、道德教育的根本、道德教育的内容、道德教育的主要方法、道德教育的目的，概括蔡元培道德教育思想全貌。

第一节　公民道德教育为中坚

　　1912年1月，蔡元培严厉抨击了清末"忠君""尊孔""尚公""尚武""尚实"的教育宗旨，指出"忠君与共和政体不合，尊孔与信教自由相违"[1]，应予废除，从而打破了两千年来中国传统的封建教育两条不可动摇的信条。2月，为了宣传自己的教育思想，蔡元培发表《对于教育方针之意见》，首次明确提出"五育"，即：军国民教育、实利主义教育、公民道德教育、世界观教育和美感教育。7月，在《全国临时教育会议开会词》中进一步表述道："五育以公民道德为中坚，盖世界观及美育皆所以完成道德，而军国民教育及实利主

---

[1]　高平叔编：《蔡元培全集·对于新教育之意见》（第2卷），北京：中华书局，1984年，第136页。

义，则必以道德为根本。"[1]世界观教育和美育是完成道德的手段，军国民教育及实利主义教育，必定以道德作为根本。五育并举的教育方针打破了封建专制教育，为资本主义的发展做了充足的思想和理论准备。它的提出，不但推动了民国初年普通教育的改革与发展，也为新中国成立以后教育方针的制定提供了理论基础、框架性的借鉴。

一、"公民道德教育为中坚"的实质内涵

蔡元培强调要培养共和国国民，须实施"以公民道德教育为中坚，五育并举"的教育方针。

首先，蔡元培明确公民道德教育的中坚地位。"教育之目的，在使人人有适当之行为，即以德育为中心是也"[2]，认为公民道德教育才是"最终之鹄"。"以公民道德教育为中坚"保证了智育、体育和美育的正确发展方向，促使德智体美之间形成不可分割的有机整体，以克服利己的不道德行为，培育品德高尚的人。过程之中，"自由、平等、博爱"为道德教育之纲，亦是公民道德教育所要承担之任务，虽然三者为资产阶级道德观念，但蔡元培将之分别比作中国的"义""恕""仁"，站在"我"的立场上，消化吸收西方近代资产阶级道德观念。既传承了中华美德，又冲破了"三纲五常"的封建道德思想之禁锢，从根本上改变了人与人之间不平等的伦理现状，无疑是社会的一大进步。

其次，蔡元培重视五育并举，认为五育之间呈现出从物质到精神的层层递进关系，实现的是整体的和谐一致。从隶属分类而言，五育中军国民教育、实利主义教育和公民道德教育以追求现世幸福为目的，隶属于政治，进而服

---

[1] 高平叔编：《蔡元培全集·全国临时教育会议开会词》（第 2 卷 ），北京：中华书局，1984 年，第 263 页。

[2] 蔡元培：《蔡元培教育名篇》，北京：教育科学出版社，2007 年，第 239 页。

务于政治之需要，为政治所支配；世界观教育和美感教育，超越了俗世功利，目的是追寻一种实体世界中普遍意义上的终极关怀，属于超轶于政治之教育。

①军国民教育。即军事体育教育，是清末时经日本传入我国的教育思想，以鼓吹尚武精神为中心，认为民力、民气是国家兴亡强弱的根本。中华民族素有尚武的传统，古代《周礼》中描述的六种技艺"礼、乐、射、御、书、数"，是周王官学要求学生掌握的六种基本才能，其中的射、御可看作军国民教育的内容。唐代，随着科举制度的确立，多数儒家学人逐渐远离体育或军事训练，成为四体不勤、五谷不分、一心只读圣贤书的文弱书生。清代的国民大多国家观念淡薄，体质羸弱而使外敌频繁入侵，国家处于分崩离析的危难中，清廷为挽救时局和维护君主专制，提出"尚武"作为教育宗旨之一。虽然蔡元培认为军国民教育非理想的社会教育，"军国民教育者，与社会主义僢驰，在他国已有道消之兆"[1]，在今日中国，却是"所不能不采者"。从国际环境来看，我国当时处于"邻强交逼，亟图自卫，而历年丧失之国权，非凭借武力，势难恢复"的情况之下，为反抗帝国侵略，必须进行军国民教育；就国内情况而言，要打破军人成为"全国中特别之阶级"的局面，就"非行举国皆兵之制"，否则"无以平均其势力"[2]。可见，蔡元培主张军国民教育，是在继承传统古义和清廷教育宗旨的基础上提出的，维护的是资产阶级共和国政权，对外实行武力自卫，对内反对军人强权统治。

作为中华民国的第一任教育总长，蔡元培既突破了晚清"尚武"教育的狭隘，又把个人体育与国家富强联系在一起，将军国民主义教育列为学校的主要课程，认为军事体操是学校教育不可缺少的一方面，以增强体质，培养意志，达强兵富国、抵御外侮之目的。后来他发展军事体育为普通体育，成

---

[1]　高平叔编：《蔡元培全集·对于新教育之意见》（第 2 卷），北京：中华书局，1984 年，第131 页。

[2]　高平叔编：《蔡元培全集·对于新教育之意见》（第 2 卷），北京：中华书局，1984 年，第131 页。

为培养国民健康体魄，健全人格修养的关键一环。研究学问需要以活跃的精神和健康的身体作为支撑，注意锻炼身体，才能有伟大的作为。

②实利主义教育。强调"以人民生计为普通教育之中坚"，旨在富国。该思想建立在美国教育家约翰·杜威的实用主义教育理论基础上，主张"教育即生活"，强调教育与生活、学校和社会之间的联系，倡导教育的实用性与生活性，对传统教育之中的机械主义、形式主义持反对态度。实用主义教育在清末传入中国后，被蔡元培认为是富国强民、发展国家经济的重要手段，他认为世界政治舞台上各国列强相互竞争的实力，"不仅在武力，而尤在财力""且武力之半，亦由财力而孳乳"[1]，而且从实践的角度来看，"我国地宝不发，实业界之组织尚幼稚，人民失业者再多，而国甚贫。实利主义之教育，固亦当务之急者也"[2]。加强科学技术教育，发展实业的知识和技能，进行一定的职业训练，这样才可在世界竞争中立于不败之地。实利主义教育不但破除了传统儒学"重义轻利"之习气，又拓展了清政府"尚实"教育之内涵。

③公民道德教育为德育。蔡元培尤为重视公民道德教育。虽然军国民教育和实利主义教育为"富国强兵"之道，为救时之必要，然而富国强兵亦会给社会带来危害。国富，"然或不免智欺愚，强欺弱"，兵强，"然或溢而为私斗，为侵略"[3]。因此，仅有军国民教育和实利主义教育还不够，还需"教之公民以道德"，公民道德教育才是"最终之鹄"，"自由、平等、博爱"为道德教育之纲领，亦是公民道德教育所要承担之任务。虽然三者为资产阶级道德观念，但蔡元培将之与中国"义""恕""仁"完美融合，站在"我"的立场上，消化吸收西方近代资产阶级道德观念，既传承中华美德又冲破"三纲五常"

[1]　高平叔编：《蔡元培全集·对于新教育之意见》（第2卷），北京：中华书局，1984年，第131页。

[2]　高平叔编：《蔡元培全集·对于新教育之意见》（第2卷），北京：中华书局，1984年，第131页。

[3]　高平叔编：《蔡元培全集·对于新教育之意见》（第2卷），北京：中华书局，1984年，第131页。

的封建道德思想之禁锢，从根本上改变了人与人之间不平等的伦理现状，无疑是社会的一大进步。

④世界观教育。世界观教育是认识世界和把握世界的哲学教育，实行思想解放。受康德思想之影响，蔡元培把世界分为现象世界和实体世界，现象世界是相对的，受时间、空间以及因果关系制约，是可以经验的；实体世界是绝对的，不受因果律制约，无时间、空间之可言，是超越经验、超越政治的。对于深受古代传统思维影响的蔡元培来讲，无论世界如何划分，它们原本就是一个整体。"盖世界有二方面，如一纸之有表里。"[1]我们的感觉就是依托于现象世界而来的，而实体就存在于现象之中，并非你死我活、针锋相对[2]，现象世界之所以成为实体世界的障碍，源于人与"我"的差别或追求幸福的意识存在。其世界观教育是建立在唯心主义世界观基础之上的"超轶乎政治的"哲学教育，进行世界观教育，就在于培养人对现象世界持超然的态度，而对实体世界抱积极进取的态度，使人"破人我之差别""泯幸福之营求"，达于最高精神境界，从而人生变得更有意义和价值。主张"循思想自由言论自由之公例，不以一流派之哲学一宗门之教义梏其心"，意在兼采周秦诸子、印度哲学及欧洲哲学以打破二千年墨守孔学的旧习，反对束缚于孔学旧习来认识和了解世界，具有反封建的进步意义。

⑤"美育"一词，率先由蔡元培从德文翻译过来，并把它纳入教育方针之列。蔡元培在《美育与人生》中讲道："陶养的工具，为美的对象；陶养的作用，叫作美育。"美育即以唱歌、图画、游戏等形式陶冶情操，美化人格[3]，其中融会贯通了中国传统社会的礼乐教化与西方近代美学理论。美感者，

[1]　高平叔编：《蔡元培全集·对于新教育之意见》（第2卷），北京：中华书局，1984年，第133页。

[2]　高平叔编：《蔡元培全集·对于新教育之意见》（第2卷），北京：中华书局，1984年，第133页。

[3]　聂振斌选编：《中国现代美学名家文丛·蔡元培卷》，杭州：浙江大学出版社，2009年，第125页。

合美丽与尊严而言之，具有陶养人的性情，消除人我之见、利害之念，使人的道德品德得以提升，人格得以高尚纯洁，故美育是进行世界观教育的重要途径，是人们从现象世界通向实体世界所必经的桥梁，亦是蔡元培一生所倡导的教育，他重视美育对人品性的熏陶感染力，培养积极情感方面所发挥的作用，是值得肯定的。

五育之间你中有我，我中有你，共同服务于新的资产阶级政权。它们之间的关系类似于马斯洛的层次需要理论，呈现出由低级到高级、由微观到宏观、由物质到精神的层层递进。军国民教育重在对国民尚武精神和军事素养的培养，涉及人的生理、体质，是强民的保障；实利主义教育是富国的手段，以智育促科技，提高国民生产力，发展社会经济，涉及物质基础；公民道德教育以平等、自由、博爱为纲，培养国民的道德观念，形成良好的道德行为；世界观教育超越了现象世界的物质世俗追求，致力于更高意义上的自由精神追求；美感教育则借助于美学之理论，以陶养人的情感为目的。蔡元培的"以公民道德教育为中坚"的五育并举观，是在适应民主共和政体客观要求的基础上制定的教育方针，以解决内忧外患的时代课题作为突破口，置纲常名教于不顾，勇于剔除阻碍历史发展潮流的忠君、尊孔思想，培养具有民主共和精神、掌握现代科技的有用之才。在关涉国家和民族生死存亡的大问题面前，蔡元培推崇富国强兵的创新道路，力倡军国民和实利主义教育，直言"谋利"，宣扬形而下的"器"和"技"，突破传统"讲义不言利"的义利观，以巩固新生的政治权威，缓解紧张的民族、民权问题，解决燃眉之急的民生问题，这些都反映出问题的一个方面——政治方面。而问题的另一方面——超轶现实政治方面，即理想信念的问题，它以追求实体世界的最高精神境界为目的，这也是世界观教育和美感教育的价值追寻所在，终至人们内心世界的安宁与幸福。

二、"公民道德教育为中坚"的历史必然性

第一，从世界形势的角度分析。

蔡元培认为，当今世界之竞争者，就靠武力和财力，"或溢而为私斗，为侵略""或不免知欺愚，强欺弱"，出现"贫富悬绝""劳资血战之惨剧"等不道德行为。现实情况下，开展"实利主义""军国主义"教育诚然为当今之务，但放眼长远的话，开展"公民道德教育"才是大势所趋。

1912年7月10日，全国临时教育会议开幕式上，蔡元培强调以公民道德教育为"中坚"，"五者以公民道德为中坚，盖世界观及美育皆所以完成道德，而军国民教育及实利主义，则必以道德为根本"[1]。"教育者，非为已往，非为现在，而专为将来。教育家必有百世不迁之主义，如公民道德是。其他因时势之需要，而亦不能不采用，如实利主义及军国民主义是也。"[2]世界观教育和美育是为了完成道德教育，军国民教育和实利主义教育又必须以道德教育为核心，全部教育的目的，"在养成完全之人格，盖国民而无完全人格，欲国家之隆盛，非但不可得，且有衰亡之虑焉"[3]。因此，"德育实为完全人格之本，若无德，则虽体魄智力发达，适足助其为恶，无益也"。加强道德教育，完善人的道德人格，不仅是整个学校教育的根本目的，而且是一个国家兴衰成败的关键。道德教育要教导人们摒弃自私自利的恶习，养成"利群""尚公""爱国"的高尚品行，以造就理想的国民，建立理想的国家。

第二，从物质文明与精神文明的关系分析。

两种文明之间存在辩证关系，前一种文明是后一种文明的物质基础，后

---

[1] 高平叔编：《蔡元培全集·全国临时教育会议开会词》（第2卷），北京：中华书局，1984年，第263页。

[2] 高平叔编：《蔡元培全集·全国临时教育会议开会词》（第2卷），北京：中华书局，1984年，第264页。

[3] 高平叔编：《蔡元培全集·在爱国女学校之演说》（第3卷），北京：中华书局，1984年，第8页。

一种文明为前一种文明的发展提供强大的精神动力和源源不竭的智力支持。蔡元培指出："人类的生存、文化的进步，……所需有两种：一是体魄上的需要，如衣、食、住等；二是精神上的需要，如学术。"[1]即是说，人类的物质需要和精神需要必须得到满足。他把"增进知识"与"修养道德"看成是相得益彰的关系，鼓励广大青年加强文化知识、志向兴趣、道德品质的学习和修养，而道德品性的修养则是最基础的。"人民无道德心，不能结合为大事业，以与外国相抗"[2]，因此，强化公民的道德教育十分重要。

第三，从道德状况的角度分析。

面对"私德不修，祸及社会"，几乎无道德可言的社会状况，蔡元培指出，北京自袁世凯专权以来，教育界以及各级各类学校深受不良社会风气的侵袭干扰，师生员工急功近利于投机钻营，"委身学校，而萦情部院"，学生时代就"营营于文官考试，律师资格"[3]，学校以外"竞为不正当的消遣"[4]。对此，蔡元培一马当先，毫无畏惧地以挽救社会风气为己任，期冀通过实施道德教育来改变社会的腐败风习，纯洁校园风气。在《就任北京大学校长之演说》中，他呼吁学生要"抱定宗旨""砥砺德行"，以"研究学术为天职"，使"道德无亏，而于身体益"[5]。为整饬校纪，去腐败之恶习，亲自组织以提高个人高尚道德为宗旨的北大"进德会"，发起"同学会"，促进同学增进感情沟通，消除北大涣散隔阂的不良风气，打造全新的道德氛围。

---

[1] 高平叔编：《蔡元培全集·国外勤工俭学会与国内工学互助团》(第3卷)，北京：中华书局，1984年，第374页。

[2] 高平叔编：《蔡元培全集·全国临时教育会议开会词》(第2卷)，北京：中华书局，1984年，第263页。

[3] 高平叔编：《蔡元培全集·北京大学之进德会旨趣书》(第3卷)，北京：中华书局，1984年，第126页。

[4] 高平叔编：《蔡元培全集·我在教育界的经验》(第7卷)，北京：中华书局，1989年，第199页。

[5] 高平叔编：《蔡元培全集·就任北京大学校长之演说》(第2卷)，北京：中华书局，1984年，第5页。

三、"公民道德教育为中坚"的价值突破

第一，继承传统思想，汲取西方精华。

中国传统教育以儒家教育思想为主流，重视人文伦理、社会纲常，强调个体道德修养和精神境界的提升，意在培养德、艺并重，具有较高的道德品行和处理政事本领的人才。此种教育方式虽为传统教育的精华所在，但就独立个体的发展而言，不免具有偏颇性。将道德人格的完善置于落后的社会物质生产基础上，而忽视人对客观事物的需求，使精神境界的升华依赖于压抑人对物质方面的需求，严重束缚了个体的自由发展。蔡元培重视个人道德修养的提高，重视个人精神境界的升华，但他的思想是建立在继承传统教育思想、汲取西方科学技术教育先进经验的基础之上。先要有军国民教育、实利主义教育和公民道德教育，后有世界观和美感的教育，将客观的人身物质需求与人格的提升结合起来，突破了过分尊崇儒家思想的传统，超越了传统的修身、齐家、治国、平天下的人格成就途径，强调多种文化的共融，实施"五育并举"。

从我国教育整体发展历程来看，1840年第一次鸦片战争之前，传统的封建礼教思想一统教育领域。从鸦片战争至民国初，教育领域逐步突破封建旧传统，由过去的封闭教育逐步转向开放教育，是一部向西方国家呼唤个性自由、弘扬科学精神的历史。五育并举教育思想充分回应了这一历史，强调教育的主体性和个性，强调教育中的科技内容和初步的科学精神，体现对传统教育的继承和对西方教育思想的主动汲取。正因如此，"五育并举"教育思想是我国近代教育发展史上一个里程碑式的开端，将我国教育的观念进行了深度更新。

第二，突破"中体西用"模式，注重自由与和谐发展。

面临"数千年未有之变局"的晚清，传统道德受到前所未有的挑战，"药方只贩古时丹"的内源式变革已无法应对国家救亡图存的需要，求新知于世

界，再造新伦理、新道德，成为晚清新政的核心内容。受"忠君尊孔"思想的影响，清末教科书中虽涉及源自西方的人民权利要素，但道德教育的核心依然是培养"现代"的臣民。所谓现代臣民，即"中体西用"在德育上的体现。"中体"——传统伦理的"忠孝、仁义、廉耻"，是为个人家庭道德内容的基础与社会国家道德培育的载体；"西用"——西方富强、民权要素，为"尚武""尚实""尚公"的道德教育新资源，表现为在"维故"的前提下面"纳新"。从晚清思想家冯桂芬，再到洋务派代表人物张之洞、沈毓桂、孙家鼐，都是以"中学为体，西学为用"的准则、模式来处理中西文化和培养人才。虽然后来出现一批杰出的思想家、教育家发出培养"新国民"的呐喊，但始终没能找到贯融中西教育于一体的理想人才培养模式。比如：梁启超首倡"新民说"，将"开民智"与"兴民权"相结合，主张教育培养新民，称"新民为今日中国第一急务"，批判私德为核心的旧道德，提倡公德为核心的新道德，但多是政治说教，内容上流于空洞；严复首提"开民智""德、智、体"和谐发展，但也只是从解决社会实务出发，缺乏长远的社会文化建设眼光。

蔡元培"五育并举"的教育思想，在立足并超越现实的基础上，突破了"中体西用"的人才培育模式，是重视人的全面发展与社会发展、物质追求与精神追求、科学技术与人文素养有机融合的教育思想。五育之中各育均有自身明确的目标追求，又统一于人的自由与和谐发展。他明确教育为养成完全人格之事业，在新哲学观、人生观理论架构基础上，从受教育者本体上着想，去规划新社会中的理想人格。既不同于传统人文教化的政治取向，又异于洋务运动以来科技实用的工具取向，以全新的人本教育理念，实现了教育价值观的转变。在西学的冲击下，传统教育方式发生异变，引发对人才观的重新思考和定位，"五育并举"的教育思想突破了"中学治身心，西学应世事"的中西文化处理基本准则和人才培养模式，认为"中学"与"西学"之间并无截然分明而无法逾越的障碍，都是人类精神追求的结果，"治身心"与"应世事"也完全可以融为一体，使现象世界的物质追求与实体世界的精神追求在审美基础上达到和谐统一，构成完全人格教育思想的实质内涵。

　　蔡元培不同于以往政治家、教育家的急功近利，他在关注社会政治之时，更多的是对社会深层次文化和社会长远发展的思考，以期唤起国民"永久之觉醒"。但在当时国家救亡图存的历史阶段下，民族的独立与生存问题成为社会的主要矛盾，此时主张用科学方法、科学知识、科学精神改造中国，实现国家独立和富强的科学教育思想占据统治地位，故而蔡元培"五育并举"的教育思想无疑是与主流教育思想相悖而立的。当时"正苦科学的提倡不够，正苦科学的教育不发达，正苦科学的势力还不能扫除那弥漫全国的乌烟瘴气"[1]，所以难以得到社会的广泛支持与认同，在民国首次全国临时教育大会上通过的教育方针也失却了五育之中的世界观教育内容。虽然在当时时代背景之下，蔡元培"五育并举"的思想内涵没能完全顺利实施，但是其自由与和谐的教育理念已带给我们足够强大的思想震撼。

第二节　道德教育本在修己

　　蔡元培把"修己"作为道德教育的根本，指出"道德之教，虽统各方面以为言，而其本则在乎修己"[2]。提高自我修养是"修德"的首要前提，勿自暴自弃，勿自欺自侮，强调道德主体的能动性、独立性，使自身具备自觉实践道德的素养。其"修己"的思想根源于儒家传统道德修养论，同时又从养成公民完全人格的角度提出不同的观点，认为"修己之道，体育、知育、德育三者，不可以偏废也"[3]。将德性的养成与人格完整进行综合考虑，明确指出需

---

[1]　陈独秀：《科学与人生观·科学与人生观序》，合肥：黄山书社，2008年，第1页。
[2]　高平叔编：《蔡元培全集·中学修身教科书》（第2卷），北京：中华书局，1984年，第171页。
[3]　高平叔编：《蔡元培全集·中学修身教科书》（第2卷），北京：中华书局，1984年，第172页。

在体育、智育、德育的共同作用下养成个人现实性品格。

一、体育为本　铸修己之基

蔡元培指出："修己之道，又以体育为本。"[1]为此，他给出自己的理由，认为"一切道德，殆皆非羸弱之人所能实行者。苟欲实践道德，宣力国家，以尽人生之天职，其必自体育始矣""身不康强，虽有美意，无自而达也"[2]。个人健康状况不仅与自身生活幸福相关，而且关系到个体能否践行理应肩负的责任和义务。蔡元培认为旧时的教育注重修身之道，但在学生品德修养的培养上过于偏重，而不能顾及学生的身体健康，结果使得许多具备德才之人，或因身体孱弱不能实现鸿鹄之志，或因英年早逝而无法充分发挥，为此，他主张"完全人格，首在体育"。况且体育与忠孝、与国家的前途命运密切相关，如果没有健康的身体，就没有办法去尽力赡养父母，还会因为自己的疾病让父母担忧，就算有尽孝的想法也毫无用处。对于国家来说，也是同样的道理，国民最大的义务是服兵役。但如果身体不是强壮有力的话，应征入伍也不会合格，战场上也不能奋勇杀敌，这样也谈不上忠于国家，国家不仅不能昌隆和强盛，而且会面临逐步衰亡的忧患。所以要想实践道德，赡养父母，效力国家，尽人生应尽之职责，就一定要从加强体育锻炼开始。欲养成健康强健的身体，应有恰当合适的方法，蔡元培认为应注意以下几个方面："一曰节其饮食；二曰洁其体肤及衣服；三曰时其运动；四曰时其寝息；五曰快其精神。"[3]

蔡元培认为少壮之时，损害身体的原因大多数在于无节制的饮食。有些

[1] 高平叔编：《蔡元培全集·中学修身教科书》（第 2 卷 ），北京：中华书局，1984 年，第172 页。

[2] 高平叔编：《蔡元培全集·中学修身教科书》（第 2 卷 ），北京：中华书局，1984 年，第172 页。

[3] 蔡元培：《中国人道德修养读本》，北京：北京联合出版公司，2014 年，第 207 页。

人吃饱后仍贪图食物的美味而过量乱吃；有些人热衷于闲暇之际吃零食，打乱了一日三餐固定时间的正常饮食；还有些人喜欢抽烟饮酒，致使沾染上烟瘾或酒瘾，使得精神迷乱而不能自我克制。上述这一切的做法，损害身体自然是在所难免，若长此以往下去，必然也会养成不能控制自己欲望的习惯，必须要采用节制饮食的方法来矫正它，并渐渐养成新的良好习惯，除尽不良的旧习惯；清洁为保养性命的第一要点，不只保护自己身体健康，而且使人容貌优美，动作轻捷有序，想法缜密，从而养成良好习惯，使之与性格互相促进，养成勤勉精明的美德；另外要保持一定时间的运动，促进血液循环，精神爽朗，按时作息，防止因睡眠不足引起的精力疲惫；同时要让自己的精神愉快，不因顺境逆境的变化不定、悲哀与快乐的不断发生而情绪不宁，应当胸襟开阔，涵养精神以适应不断变化的情况。以上方法之中，蔡元培认为"体育最要之事为运动"，"时其运动"对身体的健康和心理健康都起到决定性的作用。

二、有志于学　铸修己之智

修己之道不一，身体健康强壮却不能开启知识、锻炼技能，那么与牛马就没有区别，因此必须寻求知识和技能，以辨善恶，知善之当行而行之，知恶之不当为而不为。

1.以"博学"为要，养君子人格

蔡元培对于《论语》中提出的博学于文当为成就君子之重要途径颇为认同，他认为，作为君子，理应广泛涉猎知识，知识者，人事之基也，虽人事种类繁多，皆依赖于知识，知识不足之人，无法明了理义之意蕴，而使胸襟狭隘、言行卑陋，其间大意符合孔子所倡君子理当学习一切典章制度，诗书礼乐，以使自己知识渊博、学识丰富，至博学始能会通，知其义理深意。然知识的获得并非凭空而取，当来自孜孜不倦的修学历程，修学之事当务求博而精。"少壮之时，于修学为宜，以其心气尚虚，成见不存也。及是时而勉之，所积之智，或其终身应用而有余。"[1]否则任时光流逝，老之将至，悔之晚矣。以此为基，蔡元培更进一层地论述了知识与道德的至密关系，认为道德实质为避恶行善，若知识不足，则无以辨善恶，不知善之当行，而恶之不当为也，使得世上有不忠不孝、无礼无义之人。寻常道德，寻常知识之人即能行之；高尚道德，非知识高尚之人，不能行矣。知识的启发需耐久惜时，不厌不倦，故而幼年的他就非常勤奋好学、用功而专心，对儒家经典的四书五经皆熟读而至诵，成年的他六次出国，数年旅居德、法，深入接触欧洲文明，充分感知西方人文的精神实质，积极而广泛地从东西方文化中汲取所需养分，进行富于创造性的东西文化融合建设，并以建立在此种文化价值观念基础上的道德思想作为努力的根本目的和终极关怀。总之，其德高望重的高尚品格的养成正是他勇猛精进地努力追求广博知识的结果，终至理义精通，而行仁义之道。

2.行中庸之道，融贯调和

中庸作为儒家的最高道德标准，强调人的自我修养、自我教育、自我完善。中庸并非常人所理解的保守与封闭的代名词，而是表明了一种恰到好处的适中程度。仲尼曰："君子之中庸也，君子而时中；小人之（反）中庸也，小人而无忌惮也。"[2]行事肆无忌惮，僭越礼法，违背律令，终致走向危险之境地，而君子则时时保持中庸，灵活多变地执两用中，往往取得最佳的效果，故中庸非智者所不能为也。

蔡元培明确指出："古圣先贤尧舜、禹和皋陶都具有中庸精神，而孔子更

---

[1] 蔡元培：《中国人道德修养读本》，北京：北京联合出版公司，2014年，第218页。

[2] （战国）子思：《中庸》，北京：北京时代华文书局，2014年，第11页。

是标举中庸之主义，约以身作则者也。"[1]对于蔡元培本人来讲也是秉承儒家中庸之道，其著作《中华民族与中庸之道》《三民主义的中和性》之中有迹可循，他认为："我等所生活的世界，是相对的，而我人恒取其平衡点为立足点。"[2]此处之平衡点即为中间点，不偏不倚，不走极端。故而在当时特殊的历史环境中，他仿世界各大学通例，"循'思想自由'原则、取兼容并包主义"来主持北大校务，认为大学是"囊括大典，网罗众家"之学府，应该"容纳各种学术和思想流派，让其互相争鸣，自由发展；墨守成规，抱残守阙，持一孔之见，守一家之言，实行思想专制，是不可能使学术得到真正发展的"[3]。对于不同的学术观点与理论应平等待之，虽同一学科教员主张不同，但若"言之有理、持之有故"皆可并存，从而使得校园之中白话文与文言文并行，改革派与复辟论者同在。自由竞争，无人为强加干涉，使得学生拥有更多自由选择之机会，但自由选择并非毫无原则的拼凑，而是支持革新进步的思想，反对腐朽守旧的思想，他指出"聘用刘师培、辜鸿铭等人，是因为他们的学问可为人师，是尊重讲学自由和正当学术讨论的自由，但绝不是容许他们假借学术名义做任何违背真理和反动政治的宣传"[4]。从而培育了北大校园一派欣欣向上的学术繁荣气象，这些都与蔡元培融古今、贯中西的中庸之道密不可分。在中西文化观的审视上，蔡元培既不同于"中体西用，保存国粹"的保守主义者，又不同于"打倒中学，全盘西化"的西化论者，独自在中西文化的矛盾对立中，寻求两者的同一性，孜孜以求悟得西洋科学之精神，用之整理中国的旧学说，使之发生一种新义。

蔡元培明确指出："一民族之文化，能常有所贡献于世界者，必具有两个条件：第一，以固有之文化为基础；第二，能吸收他族之文化以为滋养

---

[1] 蔡元培：《蔡元培哲学论著》，石家庄：河北人民出版社，1985年，第16页。

[2] 中国蔡元培研究会编：《蔡元培全集·中华民族与中庸之道》（第6卷），杭州：浙江教育出版社，1997年，第574页。

[3] 周天度：《蔡元培传》，北京：人民出版社，2016年，第99页。

[4] 周天度：《蔡元培传》，北京：人民出版社，2016年，第102页。

料。"[1]无论是传统的中学还是现代的西学，他自始至终持理性的开放态度，既非抱残守缺，亦非否定批判，而是以中庸之态度对待两种文化在交流碰撞中的融贯调和，取精华、弃糟粕，不断进行创造性的文化建设。

三、修身行仁　铸修己之德

考据蔡元培文献全集，先生虽未对"仁"展开大篇章的直接论述，但其"仁"思想间接地通过对《论语》中"仁"的论述与阐发而表现得淋漓尽致，如：引"泛爱众，而亲仁"表明仁的出发点为爱亲，行仁之道在于"忠、恕"，要求君子一切处境而不违仁，一切时而无不安于仁，尚可谓之君子。

1.仁心仁道以孝悌为本

《论语·学而篇》把孝悌作为仁之根本，认为仁心始于孝悌，始有孝悌之心，方能有仁心仁道，曰："君子务本，本立而道生，孝弟也者，其为仁之本与。"[2]蔡元培指出："人之令德为仁，仁之基本为爱，爱之源泉在亲子之间，而尤以爱亲之情发于孩提者为早，故孔子以孝统摄诸行。"[3]他继承并发扬了孔子"孝为本"的价值准则，认为凡事皆推孝亲之心以行之，则道德由是而完成，孝乃是一切伦理道德之根本。"事父母之道，一言以蔽之，则曰孝。"[4]子之孝亲，是人之为人的根本，既是天性使然，亦是为人之德性要求，若无子之奉养，父母难以终老，这也是对父母悉心养育自己的回馈。不同于动物的亲之沐恩于子时日短，人受其亲养护最久，所以劳亲之身心者亦最大，故

[1] 高平叔编：《蔡元培全集·旅法〈中国美术展览会目录〉序》（第4卷），北京：中华书局，1984年，第464页。

[2] 臧知非注：《论语》，开封：河南大学出版社，2008年版，第106页。

[3] 高平叔编：《蔡元培全集·中国伦理学史》（第2卷），北京：中华书局，1984年，第15页。

[4] 蔡元培：《中国人道德修养读本》，北京：北京联合出版公司，2014年，第227页。

对于其亲之本务，亦因而重大焉。[1]而且，自然的孝悌之情会逐渐延伸，形成
朋友之间的信、下属对领导的忠，由最初对父母、兄弟的孝悌之情而终至行
仁德于天下也。蔡元培对于社会之孝行大加褒扬之时，自身亦行孝以报母亲
之德，其父生病而早逝，他年纪尚幼，是母亲以孱弱身躯承担起家庭的重担，
终因积劳成疾而病于榻上。蔡元培信奉先人之说法，刲臂和药亲自侍奉母亲，
希望她可以延年益寿，但无奈其母最终仍辞离人世。蔡元培在悲痛之余不忘
躬行寝苦枕块的古制，日夜守护棺木之侧，以尽身为人子之孝道。虽然他严
遵古礼之制的行为于今人看来似为拘迂，但其本质实为践行儒家孝悌仁爱之
思想。怀孝悌之心，行孝悌之道，行道而有得于心养其品德。正是他这份对
母亲孝与爱感情的不断凝练升华，促其成年后形成力倡女权、呼吁人格平等、
主张男女平等的理智观念，为女性解放及妇女社会地位的提高扫清了思想障
碍。以上思想之根源，若缺乏对其孝悌思想的考证，脱离其生活之中母亲因
素的影响，无疑会是一个极大的疏漏之处。

2.立身行道以礼约己

礼是儒家伦理道德的重要范畴之一，作为社会的道德规范和生活准则，
与仁相协而生，规范制约着人们的行为，乃人立身行德之本，荀子说："不学
礼无以立，人无礼则不生。"[2]礼外化于物的表现形式为伦理规范、行为规则、
礼仪、礼节等，它根源于内心真实感情。若无心意所在，不以爱敬为本，仅
仅拘泥于缛节之间，则如刍狗焉，"礼之本始，由人人有互相爱敬之诚，而自
发于容貌。"[3]礼的关键在于不伤害彼此感情的基础之上，能够相互表达相爱
相敬的诚意。就蔡元培而言，他虽贵为北大一校之长，在待人接物上却总是

---

[1] 蔡元培:《中国人道德修养读本》，北京：北京联合出版公司，2014年，第 227 页。

[2] 张觉校注:《荀子校注》，长沙：岳麓书社，2006年，第 11 页。

[3] 高平叔编:《蔡元培全集·中学修身教科书》(第 2 卷)，北京：中华书局，1984年，第
221 页。

彬彬有礼，丝毫没有官架子。即使面对门卫、杂役人员也同样以礼相待，一视同仁，绝无贵贱高低之分。日常人际交往他讲究温良恭俭，薄责于人，对于下属，总是给予充分的信任与支持，每委人一事，便付之以全权，不予过问，但碰到困难时，便挺身而出负起全责，几近无为，却做到尽人之才。新文化运动期间，面对反对派林纾的公开挑衅，他依据事实，运用中庸的逻辑公开回击，理直气壮为新派教员辩护，并公开申明自己的办学方针，言辞之间毫无粗野傲慢和以暴制暴的对骂。对事情的处理上掌握适度，方法既无欠缺，又无过分之处，取得良好成效。蔡元培好友任鸿隽说："蔡先生对人、接物，似乎有两个原则，一个是尊重他人的人格，决不愿意以自己的语言和行动使他人感到一点不快和不便。一个是他承认他人的理性，以为天下事无不可以和平自由的方式互相了解或处理。"[1]

正是由于蔡元培的懂礼知礼，为人以礼约己，行事于仁道，善于协调处理矛盾，使之保持一种平和稳定的状态，故而能够在北大校园里施展兼容并包的办学方针，使得主张不同的人才都乐为之用，各展专长。

3.为仁由己，终至和谐

"仁"是个体自身修为所至的最高道德境界，是道德修养活动的终极目标。蔡元培对道德持义务论的立场，行道德需有方法，方法之中急先务者，在于修己，认为要成为有仁德之人，关键在于个人能够自觉修养。这反映了蔡元培以为仁由己的儒学眼光来处理人与人、人与外界之间关系的根本态度，强调了主体的主动自觉性。道德修养过程中追求返身而诚，不假于外物，走君子求诸己的内圣外王之道，终至齐家、治国、平天下，万物和谐共生的理想状态。其修身行仁"以孝为百行之本"，小至个人之私德，大至国民之公义，行有余力，则博爱于众，勉进公益。

蔡元培历经多年儒家传统文化的浸润，使得儒家先哲圣贤的修身为本思

---

[1] 任鸿隽：《蔡先生人格的回忆》，《中央日报》（重庆），1940 年 3 月 24 日。

想，逐步演变为他内在的精神信仰与生命体验，成为他深厚的思想根基和理论来源。个人的主观努力是实现人格完善的主要途径，自觉的道德实践促使身心的和谐发展，这是实现国家长治久安，人、自然、社会三者和谐统一的思想根源。为仁由己思想的理论价值对于现今和谐社会的构建仍具有现实借鉴意义，当前物质文明的高度繁荣发展唤起更多的物欲诱惑，使人易于丧失修身正己的进取精神。高科技的发展带来的科技异化忽视了人的意义，使人在不知不觉中失去了主体性的存在，如何唤起人的主体性道德自觉，在成败荣辱、善恶是非面前由己自取，在道德品质的提高和完善上不假外求，是摆在思想政治工作者面前的一项重要课题。

第三节　公德与私德兼修

在《中学修身教科书》中，蔡元培明确提出"公德"与"私德"兼修的修德内涵，他博众所长，借鉴吸纳西方道德优质养分的同时又保留中国传统道德的精华要义，促使中国道德完成近代的转化。

一、公德以利群　私德以修身

梁启超在汲取日本福泽谕吉理论的基础上，提出了"公德""私德"概念，目的是使我国的国民素质提升到更高水平。公德体现的是个人与社会群体的关系，是一个团体中每个人都具备的公共德行；而私德关注的是个人的修养。梁启超将它阐释为"人人独善其身者谓之私德，人人相善其群者谓之公德"[1]。西方文化之中，受民主、自由、平等价值观的影响，更为关注公德

---

[1]　梁启超：《饮冰室文集点校·论公德》（第 1 集），昆明：云南教育出版社，2001 年，第 553 页。

意识、公益观念和国家意识的培养，道德伦理多建于国家与社会层面；而中国传统文化中，儒家思想是主流意识，以人伦为本位，重视家庭伦理教育，社会公德教育相对弱化，尤其重视个体的正己和修身，道德伦理多建于个人层面。梁启超在对道德形成公、私二重划分的同时，明确使用"新伦理"和"旧伦理"的概念指代西方和东方的道德，因其研究是在中西横向比较的背景下展开的，不可否认的是其中蕴含着相当的价值评判意味。"今试以中国旧伦理，与泰西新伦理相比较：旧伦理之分类，曰君臣，曰父子，曰兄弟，曰夫妇，曰朋友；新伦理之分类，曰家族伦理，曰社会（即人群）伦理，曰国家伦理。""若中国之五伦，则惟于家族伦理稍为完整，至社会、国家伦理，不备滋多。此缺憾之必当补者也，皆由重私德轻公德所生之结果。"[1] 一时之间，以"公德""新伦理"见长的西方，成为中国追捧效仿的榜样，而以"私德""旧伦理"见长的中国，则成为被唾弃和反衬的对象。

蔡元培明确反对把"公德"与"私德"相互割裂对立，认为"公德"与"私德"是相互联系的，都属于道德，处于一个统一体中，如同家国之关系，有家才有国，家乃国之基，有国才有家，国乃家之魂。国民个体需要"公德""私德"两方面兼修并重，言"私德"不应离开其公共效应，论"公德"则应落脚在个人。国民修身的意义在于促进其涵养整体大于个体的情怀，坚持国家、社会整体利益至上，通常情况下公德与私德并不相冲突，如果在特殊情况下发生冲突，个人利益须服从整体利益和国家利益。蔡元培在《北京大学日刊》公告中讲道："今人恒言：西方尚公德，而东方尚私德；又以为能尽公德，则私德之出入，曾不足措意，是误会也。吾人既为社会之一分子，分子之腐败，不能无影响于全体，如疾疫然。其传染之广，往往出人意

[1] 梁启超：《饮冰室文集点校·论公德》（第1集），昆明：云南教育出版社，2001年，第554页。

表。"[1]他充分意识到道德教育过程需要公德与私德并重，兼顾发展，主张合群利群，舍己为群，养成学生合群之精神，而不互相倾轧，"孤立而自营，则冻馁且或难免；合众人之力而营之，而幸福之生涯，文明之事业，始有可言"[2]。倡导借助体育锻炼身体的方式，"于运动中养成公德"[3]，使培养出的青年绅士不仅具备强健的身体，而且集德行、智慧、礼仪和学问四项特质于一身。其中良好的道德品质被视作绅士人格的灵魂，针对社会上触目皆是的败德毁行之事，号召学生"抱定宗旨，砥砺德行"，"束身自爱"而"不为流俗所染"，从而呈现出公德与私德兼顾的修德内涵。

在私德方面，蔡元培可谓做到极致，堪称完美之典范。其一生之中担任了诸多要职，地位显赫，却毫无权位欲，总是在艰苦没落之时，身先士卒；平常之环境，退至学术界，永葆其卓越的见解和正气的精神，体现出一位传统儒者的翩翩风度。在蔡元培的眼中，知识分子就应以天下为己任，权力不应成为个人谋取私利的工具。他抱定为国家而服务、为大众谋福利的原则做事，不掺杂个人好恶，不计较个人得失，北大校园之所以能焕然一新，拥有活跃的学术氛围，与他海纳百川的气度、虚怀若谷的德行是分不开的。蔡先生为政从无咄咄逼人之势，总是以"春风化雨"之力量，来感染人、影响人，使得各色人物环绕于他，"譬如北辰，居其所而众星共之"。人或甘心情愿跟着他走，或随着他，有一段鼓舞于中而不自知，达至"不言而众服"，大家各得其所，各自发挥不同功用，把北大办成研究高深学问之学府。梁漱溟将蔡元培能网罗人才来培育北大新风，从而影响全国大局的种种成功归结于先生内心的真好恶，真好恶属于人之天然本性，而非人为做作的好恶，契合于儒家所倡"如好好色，如恶恶臭"。他这样评价蔡元培："任何一人的工作，蔡

---

[1] 高平叔编：《蔡元培全集·北京大学之进德会旨趣书》（第 3 卷），北京：中华书局，1984 年，第 124 页。

[2] 蔡元培：《中国人道德修养读本》，北京：北京联合出版公司，2014 年，第 55 页。

[3] 高平叔编：《蔡元培教育论著选》，北京：人民教育出版社，1991 年，第 604 页。

先生皆未必能做，然他们诸位若没有蔡先生却不得聚拢在北大，更不得机会发抒。聚拢起来，而且使其各得发抒，这毕竟是蔡先生独有的伟大。"大家从内心深处对蔡元培可谓是心悦诚服，新派人物对其尊崇之情自不必言说，就连志不同、道不合的封建顽固派黄侃言辞之间对蔡先生也是充满敬佩之意；轻易不会赞许别人的吴稚晖称蔡先生为"周公型之人物"，表达出对蔡元培的高度推崇，并于蔡元培逝世后挽以"生平无缺德，举世失完人"，以此表达对先生的敬仰之情。

二、"自由　平等　博爱"为纲

"自由、平等、博爱"是18世纪法国资产阶级革命时期的政治口号，"法国自革命时代，既根本自由、平等、博爱三大义，以为道德教育之中心点"[1]。自由指"个性自由""保障人权""贸易自由""按照自己意志进行活动的权利"；平等反映的是"法律面前人人平等"；博爱提倡"人类普遍的爱"。蔡元培留学西欧，除德国之外，法国是他居住时间最长、了解最多的国家，颇为认同法国资产阶级所宣扬的"自由、平等、博爱"，对"灌输法国学术于中国教育界"抱无限之希望。在《对教育方针之意见》中明确指出："法兰西之革命也，所标揭者，曰自由、平等、亲爱。道德之要旨，尽于是矣""是以鄙人言人事，则必以道德为根本；言道德，则又必以是三者为根本"[2]。他不仅推崇"自由、平等、博爱"之精神，用传统儒学中的"义""恕""仁"诠释把握"自由、平等、博爱"的道德要旨，以挖掘适合于本土化的执教思想，而且在具体的教育实践、学术研究中亦是极力贯彻这一思想。

---

[1]　高平叔编：《蔡元培全集·华法教育会之意趣》（第2卷），北京：中华书局，1984年，第415页。

[2]　高平叔编：《蔡元培全集·对于新教育之意见》（第2卷），北京：中华书局，1984年，第131页。

1.统一的自由思想

自由作为资产阶级道德的德目，在西方资产阶级国家含有特殊的要求和内容，其道义的自由是要求保护财产及贸易权利的绝对自由，要求个性解放的绝对自由。蔡元培基于公民道德建设，使之应用于教育事业中，将"自由"看作公民道德的最高原则，"自由，美德也"[1]。自由是平等、博爱的首要条件，在思想和行动上缺乏自由，就无从谈平等，在交往上缺乏自由，博爱亦无法实现。中国历史上，知识分子从未放弃对思想自由的追寻，因受封建思想的钳制，仅仅获得了话语权的自由，而在政治权利上依然是不自由的。蔡元培认为，自由作为公民道德重要因素，无论是何种情况，人都应该拥有思想上、信仰上，以及言行上的自由。如果自由受到外在的压制，没有达到其应有程度，就该奋力争取，即使流血牺牲也在所不惜，以"不自由毋宁死"的决心来保障公民的独立人格和人性尊严，恰与传统道德思想中的"义"不谋而合。蔡元培所倡的自由，真实地映照出知识分子在民族自由权利遭受压迫时对于自由的强烈呼吁与诉求。同时，他还强调自由绝不是恣意的放纵和随心所欲，有自我之限度，"人各自由，而以他人之自由为界"[2]。人们行使权利义务的自由不能建立在危害他人权利义务的基础之上，否则"有愧于己，有害于人"[3]，超越了界限，自由就是放纵了，而"放纵者，自由之敌也"[4]。真正的自由会以良心为准则，不受宗教之束缚，不为世俗力量所牵制，自由的本义乃是高度的道德节制。

蔡元培将自由之内涵付之于教育实践中，提倡学术自由。他执掌北大进

---

[1] 张汝伦编选：《蔡元培文选》，上海：上海远东出版社，2012 年，第 269 页。

[2] 高平叔编：《蔡元培全集·华工学校讲义》（第 2 卷），北京：中华书局，1984 年，第424 页。

[3] 高平叔编：《蔡元培全集·华工学校讲义》（第 2 卷），北京：中华书局，1984 年，第436 页。

[4] 高平叔编：《蔡元培全集·华工学校讲义》（第 2 卷），北京：中华书局，1984 年，第436 页。

行整顿改革时，为打破迂腐的学习风气，养成积极进步的校风，率先提出推行"思想自由，兼容并包"的办学方针，提倡大学是广纳人才、学术争鸣，自由发展的地方。虽然会出现老师之间唱对台戏的情况，却令学生有了自由选择的余地，有益于启发思路，增强探索真理的兴趣与能力。这里的"自由"并非各行其是、放任自流，"兼容"也不是无原则、无方向、无所不容，而是以"取其精华，去其糟粕"为标准，以发展学术、振兴民族文化为目的。此办学方针和实行可以充分发挥每个人的特长，以相互补充、相辅相成，促进人才培养质量的提升，对于国家教育及科学文化事业的发展进步起到促进作用，也为立足学生道德水平建设以促未来公民道德整体水平的进步提供了有效探索途径。

2.共和的平等思想

法兰西革命中，"自由"与"平等"被资产阶级视为天赋人权，宣称人生来自由，权利平等，是人与生俱来的权利。中国历来有"平等"一词，严复称古代"平等"为消极平等，而现代人信奉的为"积极"平等。蔡元培将平等视为形成公民道德的基本要素，"尚公德，尊人权，贵贱平等，而无所谓骄诒，意志自由，而无所谓徼幸，不以法律所不及而自恣，不以势所能达而妄行，是皆共和思想之要素，而人人所当自勉也"[1]。由此可见，平等是共和国体制之下的必备要素与道德标准，是需要落实为社会实践生活的观念。所谓平等，不是平均亦不是相等，"非均齐不相系属之谓"，而是恰如其分的给予，"乃谓如分而与"，也不应以片面之平等妨碍主体之平等，"易地皆然，不以片面方便害大公"。蔡元培倡导"平等"观念，除了对法兰西外来思想之接受，还努力从传统儒学思想特别是孔孟的"忠恕之道"去阐释平等之意，使得现代价值观念"平等"更具中国文化的植根。

蔡元培"平等"应该成为合理地解决认识论的"群己之辩"的前提，处

---

[1] 高平叔编：《蔡元培全集·社会改良会宣言》(第2卷)，北京：中华书局，1984年，第137页。

理群己关系时，强调群己并重，既重视个人主义，又不舍弃群体主义，"在生物进化史上，看出无群性则个性不能生存，无个体则群体不能进步"。他主张个性，当个人和群体利益冲突时，又主张舍己为群。同时他还将自己的平等理念深入教育的具体实践之中，提倡平民教育，使人获得精神上的自由，不会因贫困而无法接受教育。五四运动前，在北大创办校役夜班，支持学生成立平民教育讲演团；五四运动后，他的平民教育思想得到进一步发展，支持工读互助团，开设平民夜校。平民即人人都是平等的，并希望推而广之，使全国人均可享受到大学生受到的大学教育。其平等教育思想的另一个表现就是为妇女争得受教育权，反对男尊女卑，宣传男女平等思想，并在家庭婚姻上率先垂范；他发表演说，呼吁尊重妇女的人格和平等权利，主张男女同校，平等互助。任教育总长时就规定小学可以男女同校，这是冲破学校"女禁"的第一道关卡，并为大学开女禁进行合法斗争，率先在北大招收女生，为她们平等的受教育权做争取。蔡先生正是通过这些具体的实践举措，打破了根深蒂固的因性别差异而导致不公平的陈腐观念，体现其教育平等思想支撑公民道德建设的本意，也为争取女性的解放开了先河。

3.舍己为群的博爱思想

首先，蔡元培认为"博爱者，人生最贵之道德"[1]。对于"博爱"，以孔子所讲的"己欲立而立人，己欲达而达人"中的"仁"相统一，仁爱之人想要立身进达，要端正其身，通过帮助别人立身进达，从而达到自我的发展。"博爱者，施而不望报，利物而不暇己谋者也。"[2]富有博爱之心，施恩并不图他人回报，帮助他人，却不谋求利益，这是相恤同胞、爱利他人的行为。动物

---

[1] 高平叔编：《蔡元培全集·中学修身教科书》（第2卷），北京：中华书局，1984年，第216页。

[2] 高平叔编：《蔡元培全集·中学修身教科书》（第2卷），北京：中华书局，1984年，第216页。

界中，凡是能历经漫长岁月繁衍生息的种群，都具有同类之间互相帮助的天性。作为万物之灵的人，如果不体恤同胞，斤斤计较于付出和回报之间，等于泯灭自己的天性，连动物都比不上。所以，人在自我发展进步的同时，要心存仁慈之心，亲近亲人才会仁爱百姓，仁爱百姓才会爱惜万物，心存爱心便是博爱的道理。

其次，蔡元培认为"自由、平等、博爱"三者之中，"自由、平等"属于消极道德范畴。现实世界中，人的能力、天赋生来不平等，家庭境遇不平等，造成了强弱贫富之差，故而面对现实世界，自由、平等难以真正实现，消极道德无法平衡社会的自然缺失。"博爱"属于积极道德范畴，充分发扬博爱，可弥补消极道德层面上产生的相对不足。博爱要求人具有同理心，推己及人，他人危难之时施以援手，他人穷困之时慷慨相助。他认为，人人都有博爱之心，观其家，则会父子亲，兄弟睦，夫妇和。观社会，则会无强取豪夺，无纷争欺凌，老幼废疾，皆有所养，社会井然有序，人们心情愉畅。

最后，博爱落实于实践即为行公益。发展社会事务，兴建公益事业，是我们对社会的根本义务，才能不同，职业有异，但各尽其才，有益于社会，取得的效果是一样的。公益不一定要以眼前功利为准，天才精英人士应超脱于功利之外，以专心发扬光大国家的荣誉为志向，有作为地规划事业，固然不能让每人都受益，但益处可以长久地维持，推动社会的进步，这就是人生最大的博爱。

蔡元培多次到国外留学考察，接受资产阶级的思想观念，主张道德教育应以法国革命时期所提出的"自由、平等、博爱"为纲领，并以儒家"义""恕""仁"来比附，其中自然存在牵强之处，然而自有深意孕育其中。蔡元培主张广泛吸收国外文化，又强调"必须以我食而化之，而毋为彼此所同化"，认为西方思想与中国传统文化并不矛盾，可以彼此相容、相通，并行不悖。这些新思想在当时中国的历史条件下，具有积极的进步意义。

三、传统伦理观念融入德行培养

在蔡元培看来，修德的途径就是培育和发展良知和良心的过程。关于品格和德行的培养，蔡元培在《中学修身教科书》的上篇和下篇，都有专门的一节论"修德"，虽然论述的侧重点不同，但均以良知或良心为主线，阐述德性、良知与信义三者之间内在的逻辑关系，其中贯穿着儒家传统的伦理观念。良知良能源于先秦儒家哲学思想，"人之所不学而能者，其良能也；所不虑而知者，其良知也"[1]。其中"良知"指的是天赋的明辨是非善恶的智慧；"良能"是天赋的为善去恶的能力，如恻隐之心、羞恶之心、恭敬之心、是非之心等。孟子又称其为"良心"，人有"良心"，就是人与禽兽的区别。蔡元培在摒除良心天赋说的基础上，提出良心是人生而有之的潜能，信义作为儒家"五常"体现出传统儒家思想的核心要义。

1.修德之道，先养良心

蔡元培曾言："人之所以异于禽兽者，以其有德性耳。"而"修德之道，先养良心"[2]"良心者，不特告人以善恶之别，且迫人以避恶而就善者也。行一善也，良心为之大快；行一不善也，则良心之呵责随之，盖其作用之见于行为者如此"[3]，反映良心对于人的行为意义非常重大，蔡元培认为良心有"体""用"之分，"体"是道德的内在准则，是人内心的道德责任感；"用"是准则在人实际行为中的展现。进而，他指出"良心者，不特发于己之行为，又有因他人之行为而起者，如见人行善，而有亲爱尊敬赞美之作用；见人行

[1] （宋）朱熹：《四书章句集注》，北京：中华书局，1983年，第353页。
[2] 高平叔编：《蔡元培全集·中学修身教科书》（第2卷），北京：中华书局，1984年，第253页。
[3] 高平叔编：《蔡元培全集·中学修身教科书》（第2卷），北京：中华书局，1984年，第241页。

恶，而有憎恶轻侮非斥之作用是也"[1]。别人的行为也能引起自己良心的反应，蔡元培全面解析了良心的内涵，将道德标准与人生目的、理想联系起来，从人生观的意义上来考察善恶问题，认为良心拥有无上之权力，以管辖人之感情，指导人做出避恶从善之选择，良心之命令，常使人不得不从，为其他意识所不能，如果没有道德良心，那么道德行为就无从谈起。

　　蔡元培直截了当地指出，"良心之能力"是人生而有之的潜能，并非天赋之，"天赋之说，最为茫然而不可信"[2]，也就是说良心是人区别于动物的特性，虽人人具有，但需要不断地培育。蔡元培试图以教育经验来发达个人良心，正式提出良心的作用是智、情、意三者相统一的新观点，"人心之作用，蓄变无方，而得括之以智、情、意三者。然则良心之作用，将何属乎？"[3]若认为良心专属于"智"或"情"或"意"其中之一，皆为偏颇局限的看法，强调良心同时兼备智慧、情感、意志。人想要做一件事，会预先判定它的是非对错，这种决断是良心在智慧范畴发挥的作用；辨明是非后，遂有应不应该去做的决定，这种决定又是良心在意志范畴的因素；而在行为之前喜欢其中好的一面，讨厌不好的一面，行为之后是愉悦还是后悔，则是良心在情感方面的体现。因此，良心之作用以智、情、意三者为范围。一个人做道德决定时，需以良心为准绳，思想才可达真正的自由，但良心往往被妄念所阻，因而行事之际，会出现良心与邪念在人内心交战，且常会因幼年无知或个体教育经历不足，良心终究被妄念所压制，使得良心作用无法施展发挥。基于此，蔡元培提出"以教育发达青少年良心，智、情、意三者并养"的方略，不可有所偏重，而舍其余。具备识别善恶之智力而未兼备"遂善避恶"之意志，则

---

[1] 高平叔编：《蔡元培全集·中学修身教科书》（第2卷），北京：中华书局，1984年，第243页。

[2] 高平叔编：《蔡元培全集·中学修身教科书》（第2卷），北京：中华书局，1984年，第244页。

[3] 高平叔编：《蔡元培全集·中学修身教科书》（第2卷），北京：中华书局，1984年，第243页。

无法达修身之目的；有从善如流之情感，而未能遵循良心之道，就会缺乏道德敏感性，无法产生道德行为。因此，需要智、情、意三者并养，不能有所偏重。

2.良心之道，莫如为善

蔡元培认为："涵养良心之道，莫如为善。"[1]事无大小，见到善事就去做，日积月累，就会在思想上养成行善的固定习惯，良心的作用就得以彰显。蔡元培认为事无问巨细，见善必为，若今日因事小而不去行善，那么明日有机会行大善却因良知不发达而错失机会，立志行善就不可不以此为戒。他还提出修德行善应有去恶之勇，善恶不可并存，去恶为行善之本。我们可以在《易经》中找到蔡元培行善去恶的思想及其理论渊源："善不积，不足以成名；恶不积，不足以灭身"[2]"小人以小善为无益而弗为也，以小恶为无伤而弗去也，故恶积而不可掩，罪大而不可解"[3]。旨在劝诫人们进德修业，有所作为，好事从小做起，积小成大，可成大事；坏事应从小处防范，不然容易积水成渊，最终影响了大事。因此，不要因为好事太小而不做，更不能因为坏事太小而去做，小善积多了可成为利天下的大善，而小恶积多了则足以使国家大乱。

即使以行善去恶作为行事标准，但"人非圣贤，孰能无过？"所以"知错能改，善莫大焉"，若知错不改，就会一而再、再而三地重蹈覆辙，最终成为性格之恶癖。故而修德应当"慎于始"，"外物之足以诱惑我者，避之若浼，一有过失，则幡然悔改，如去垢衣"[4]。蔡元培还强调善恶的可转换性，恶人洗心革面，及时改过可变为善人，而善人执迷不悟，不知悔改的话可变为恶人，

---

[1]　蔡元培：《中国人道德修养读本》，北京：北京联合出版公司，2014年，第283页。

[2]　《周易·系辞下》。

[3]　《周易·系辞上》。

[4]　蔡元培：《中国人道德修养读本》，北京：北京联合出版公司，2014年，第283页。

修德应时时以去恶行善为处事之本，才可使良心焕发光彩。

3.以信义接人，以恭俭交际

蔡元培对儒家传统文化怀有深厚的感情，多次强调信义、恭俭等传统伦理，提出最普遍的德性乃"信义"之命题，认为信义是"德性之中，最普及于行为者"[1]，是做人应当遵循的基本道德要求。讲信义就是要诚实守信，"不以利害生死之关系枉其道也"[2]。信义关乎社会建设，关乎国家精神风貌，如若一国之中到处充斥着不讲信用之人，则道德秩序、社会风气就会败坏到极点。讲信义并非一时的行为，而应作为持之以恒的原则标准。若以信义坦诚待人，中间不掺杂个人私利，那么，即便性格暴戾的人也不会冒犯他。

行信义的基本要求是"不妄语而无爽约"[3]。不妄语即讲话诚实守信，不行欺诈之举。无爽约就是行事守信用，要遵守约定。人和人之间的关系，之所以能预见未来而不丧失秩序，是靠事先做好约定。有约定而不践行，既浪费别人的时间，又耽误事务的时机，秩序因此而混乱，猜疑之心产生，就无人敢与其共事了。若真有急事无法赴约，也应提前与所约者通音信。爽约之过常因立约之时未考虑清楚，所以，立约前应做到"言顾行，行顾言"，审慎考察才是。

蔡元培还提出"交际之道，莫要于恭俭"[4]。恭俭是人际交往重要的原则之一，与人交往应恭敬谦逊，有礼有节，不卑不亢，无"傲慢之容色"，无"轻

---

[1] 高平叔编:《蔡元培全集·中学修身教科书》(第 2 卷)，北京:中华书局，1984 年，第187 页。

[2] 高平叔编:《蔡元培全集·中学修身教科书》(第 2 卷)，北京:中华书局，1984 年，第186 页。

[3] 高平叔编:《蔡元培全集·中学修身教科书》(第 2 卷)，北京:中华书局，1984 年，第186 页。

[4] 高平叔编:《蔡元培全集·中学修身教科书》(第 2 卷)，北京:中华书局，1984 年，第187 页。

薄之辞气"[1]。恭俭的关键还在于能虚心接受他人的意见，宽以待人，不会因他人的不满而心生怨恨，也不会因他人未善待自己而拒绝承担自己应承担的道德义务。

第四节　美育促德育完成

什么是美育？"美育者，应用美学之理论于教育，以陶养感情为目的也。"[2]如何陶养感情？不仅需要有美学的理论，还需要有美的对象。蔡元培美育思想在融合西方古典美学和中国传统美学的基础之上，注重美学与美感教育的结合，打破抽象的理论思维层次，提升到全民教育、终身教育、人格教育的层面上，以陶养情感，涵养受教育者的高尚情操为己任，是一般道德进入高尚道德境界的必由之路，它不仅关注个人道德的实现，更关注整个社会道德的实现。从这个意义上来说，蔡元培美育思想的最终落脚点便是对人的教育，通过美育激发、净化人的道德情感，提升人的道德认识，改进人的道德行为，塑造人的心灵，以实现道德教育目标为最终目标。

一、美的特性有利于陶养道德情感

中国古代最早的美育思想是由孔子提出的，早在先秦时期，孔子就提出"兴于诗，立于礼，成于乐"的思想，提出"兴观群怨"，教授诗、书、礼、易、乐、春秋，建立了早期的美育思想体系，培养了三千弟子、七十二贤人。

---

[1] 高平叔编：《蔡元培全集·中学修身教科书》（第2卷），北京：中华书局，1984年，第187页。

[2] 聂振斌选编：《中国现代美学名家文丛·蔡元培卷》，杭州：浙江大学出版社，2009年，第104页。

孔子的美育思想始终贯穿着"仁"与"礼"，通过"诗"与"乐"的方式将美育传于弟子，儒家首倡修身养性，注重个人品德的修炼与提升，美育最直接的影响就是对个人自我发展情感的培养。孔子提出"里仁为美"，美以仁为核心，以礼乐相济与之呼应，将善看作美的重要方面，提出"尽善尽美"的思想。蔡元培对儒家之仁礼理解甚深，潜移默化地受到孔子教育以及美育思想之影响，可以说儒家的美育思想奠定了他美育思想的基础。蔡元培认为，道德是个体的根本，是政治和社会的根本。政治和社会进步的根本点在于道德改造，而道德改造的关键在于如何育人。道德有积极道德与消极道德之分，积极道德是超越一己利害得失，是人格的完善与人性的升华；消极道德是独善其身的道德，若要使"道德之超越功利者，伴乎情感，恃有美术之作用"[1]，"故欲养成高尚、勇敢与舍己为群之思想者，非艺术不可为功"[2]。通过以上论述，我们可以看出要形成积极之道德，美育之功效必不可少，对受教育者传授道德知识，强调自我教育，对形成高尚的道德情操具有重要作用，但其中之关键则须借助美育的作用来完成。美育作用于道德教育的过程，事实上是借助美感对于道德感的熏染作用，促使人们养成高尚的道德情操，以帮助人们形成高尚的道德行为。从实际来讲，其实现的根本原因在于美的"普遍性"与"超越性"，美正是通过普遍性与超越性这两个基本特性，展现其价值意义所在。

关于美的普遍性，首先，表现在美的对象的普遍性。它不会因人的不同而转移，对于美的普遍性的认识，人人都可以通过培养和训练而发现美、感受美，从对物的单纯美的追求而逐步过渡到对精神世界的领悟。蔡元培从对人体感官不同功能分析切入对美的普遍性论述，"食物之入我口者，不能兼果

---

[1]　高平叔编：《蔡元培全集·我之欧战观》（第 3 卷），北京：中华书局，1984 年，第 3 页。

[2]　高平叔编：《蔡元培全集·〈大学院公报〉发刊词》（第 5 卷），北京：中华书局，1988 年，第 195 页。

他人之腹；衣服之在我身者，不能兼供他人之温，以其非普遍性也"[1]。在人的五种感官中，味觉、嗅觉和触觉属于生理功能，是作为个体的人对物质需求所表现出的生理反应；而听觉、视觉属于心理功能，会对外界不同的刺激产生不同的心理反应，其中也包括艺术以及自然的美。正如蔡元培所说："名山大川，人人得而游览；夕阳明月，人人得而赏玩；公园的造像、美术馆的图画，人人得而畅观。"[2]美的普遍性有客体和受体两方面，客体是自然的与艺术的美，受体则普遍到每个人。美是公共资源，不可独占，人人皆可欣赏、感悟、咏叹，并且共赏时还可倍增美好体验，即所谓的"独乐乐不如众乐乐，与寡乐乐不如与众乐乐"[3]。其次，体现在对美的评价方面。"美之批评，虽间亦因人而异，然不曰是于我为美，而曰是为美，是亦以普遍性为标准之一证也。"[4]对于自然美的评价，人们大体是一致的，而社会美、艺术美的评价则与人们的道德观念密切相关。蔡元培认为《小雅》之怨悱，屈子之离忧，均令人深受感动。文学作品的美，除语言文字美之外，更主要的是文字所表达的情感能引起读者共鸣，使之对作品产生美的判断。此时道德心理对审美心理起到了决定性作用，以是否符合道德善恶为标准来界定美丑，凡符合道德判断为善的，会认为它是美的；反之则被视为是丑的。例如：戏台上包公的美感并非来自他的外观"黑脸"，而是源于对他清正无私品行的道德态度和高度的道德评价，此时的道德心理已直接渗入对包公的审美心理之中。艺术家在创作时，其审美心理同样也受到道德心理的影响，理智与道德参与其中，好的艺术作品不仅是美的，还包含着创作者的思想、见解与情感。

---

[1] 高平叔编：《蔡元培教育论集》，长沙：湖南教育出版社，1987年，第171页。

[2] 聂振斌选编：《中国现代美学名家文丛·蔡元培卷》，北京：中国文联出版社，2017年，第152页。

[3] 聂振斌选编：《中国现代美学名家文丛·蔡元培卷》，北京：中国文联出版社，2017年，第115页。

[4] 高平叔编：《蔡元培全集·以美育代宗教说》（第3卷），北京：中华书局，1984年，第33页。

　　关于美的超脱性，蔡元培亦有相应解释："马、牛，人之所利用者，而戴嵩所画之牛，韩干所画之马，绝无对之而作服乘之想者。狮、虎，人之所畏也，而卢沟桥之石狮，神虎桥之石虎，绝无对之而生搏噬之恐者。植物之花，所以成实也，而吾人赏花，绝非作果实可食之想。善歌之鸟，恒非食品。灿烂之蛇，多含毒液。而以审美之观念对之，其价值自若。美色，人之所好也，对希腊之裸像，绝不敢做龙阳之想；对拉斐尔若鲁滨司之裸体画，绝不至有周昉秘戏图之想。盖美之超绝实际也如是。"[1]通过以上论述，我们可以看出，当现实世界中的物质对象以艺术的形式纳入人们审美视野后，主体与客体之间的关系就发生了质的变化。从过去的物质层面飞跃到精神层面，带给人们的不是物欲的满足，而是纯粹精神上美的享受，这便是蔡元培认为的美所具有的超越特性。美的超脱性摆脱现实世界中关于利害的纠葛，不受到欲念或利害计较的强迫，对事物美的评价是从事物的本身出发，并非于我的有用性。在这里，蔡元培积极吸纳康德学说中美育思想的合理性，其倡导的在审美活动中陶养感情，就是摆脱了物质束缚的超越性情感，这正是审美活动的价值所在。在他看来，正是因为美感具有的超越世俗愉悦情感的品质，才能够发挥净化人心灵的作用，使人的精神"达于现象世界与本体世界相交之点上"，"在一瞬间超轶现象世界种种差别之关系，而完全成立为本体世界之大成"[2]。所以，蔡元培说："既有普遍性以打破人我的成见，又有超脱性以透出利害的关系；所以当着重要关头，有'富贵不能淫，贫贱不能移，威武不能屈'的气概，甚至有'杀身以成仁'而不'求生以害仁'的勇敢。"[3]蔡元培目睹众多仁人志士为救国救民而屡次失败后，寄希望于美育来改造国民之性情，拯救国家与民族于水火之中，使民众忘却一己生死之利害，养成团结一致、舍

[1]　高平叔编：《蔡元培美育论集·以美育代宗教说》，长沙：湖南教育出版社，1987年，
　　　第 46 页。

[2]　高平叔编：《蔡元培美育论集·美育人生》，长沙：湖南教育出版社，1987年，第 267 页。

[3]　高平叔编：《蔡元培美育论集·美育人生》，长沙：湖南教育出版社，1987年，第 267 页。

生忘死的高尚纯洁人格，很显然这样的美育思想，是以审美活动兼具普遍性和超脱性作为依据的。

二、美感促进道德情感的激发和净化

蔡元培说："我提倡的美育，便是使人类能在音乐、雕塑、图画、文学里又找见他们遗失了的情感。"[1]美育非单纯的美感教育，更为重要的是借助美的对象，使之对道德情感产生作用。情感为道德教育奠定深厚基础，引导人们追求美好的事物，厌恶丑陋的事物，从而产生趋于向上的道德风尚，在儒家传统文化中多采用以情动人的方式对弟子进行道德教育，在道德认识中赋予深厚的道德情感，促成崇高道德理念的形成。

首先，美感对于道德情感的激发作用，在艺术作品里有着明显的呈现。例如，悲剧之美就在于，以主人公不幸遭遇的感人形象来激起人们内心的悲壮之情，同时也以其贬恶颂善、伸张正义激发人们的道德情感。道德情感从其表现形式来看，大致可以分为三类：第一类是基于情境的感知而引起的直觉情绪体验；第二类是清楚意识到道德理论与道德要求前提下的情绪体验；第三类是通过人的想象发生作用，与具体的道德形象相联系的情绪体验。形象本身作为道德规范的体现者而存在，通过此形象人们可以更好认识到道德要求及社会意义，扩充道德经验。另外，生动的形象往往容易给人留下深刻的印象，成为引发道德情感的有效途径之一。艺术即是通过塑造道德形象激发人的道德情感，如屈原、岳飞的人物形象使人产生敬仰之情，人民好干部焦裕禄的人物形象则唤起人们强烈的社会责任感和勇于奉献的精神。情感的培养，并非仅仅通过说理教育就能够实现，而是一种经历体验。美的事物常常以具体生动的形象、鲜明独特的表现手法，将不可言状的情感予以呈现，使人产生身临其境的感觉，能够在审美想象中体会到情感。例如，当读到

[1]　蔡元培：《蔡元培美学文选》，北京：北京大学出版社，1983年，第220页。

"春风得意马蹄疾,一日看尽长安花"时,我们仿佛看到春风得意的新科进士打马游街,风光无限的情景,凭借想象就可以深切地体会到主人翁放飞自我、轻松无限的快乐心情。通过审美而培养起来的丰富想象力,使人恍若置身其中,有利于道德情感的培养,使之急人所急,忧人所忧。不同于道德规范的说理性教育,从美感的角度去形成审美认识,获得审美体验,激发道德情感,往往会起到更好的教育效果,使道德变为一种自觉的行为,具备震撼人心的力量。

其次,美感对于道德情感的净化作用。人们常常陶醉于美的事物中,并为之所动。美的事物让人在享受美的同时,也会加深对美好事物的追求和热爱,让人在潜移默化、耳濡目染的过程中清除情感中的杂质,使情感得到净化和升华,充分发扬正面、积极和肯定的力量,摒弃丑恶。无论是自然美、社会美还是艺术美都具备美的净化功能,自然美作为现实世界最基本、最生动的美,相较于艺术美,更偏重于形式,以形状、色彩等感性特征直接陶冶人的心灵、培养人的情操,自然美中富含的哲理,亦引人深思,令人深省。雄伟高大的景象,可以使人树立高尚而远大的抱负;质朴宁静的景象,可以洗涤人的心灵,使人摆脱名利的羁绊,返璞归真。社会美的净化功能主要体现在先锋模范人物身上,他们身上的光辉事迹时常扣动人们的心弦,使之得到真善美的洗涤,让消极和邪恶的情感得到抑制,使人们的内心情感变得更加纯洁高尚。

三、美育与智育相辅而行促德育

蔡元培认为人生在世当有所为,"而为当其所以为者,是谓道德"[1]。德育之目的是使人人具有适当的行为,适当行为的实现一方面有赖于智育相助,

---

[1] 高平叔编:《蔡元培全集·中学修身教科书》(第2卷),北京:中华书局,1984年,第171页。

另一方面依赖美育的助力。在《教育大辞书·美育》中，蔡元培明确阐述了这种关系。"人生不外乎意志，人与人互相关系，莫大乎行为，故教育之目的，在使人人有适当之行为，即以德育为中心是也。顾欲求行为之适当，必有两方面之准备：一方面，计较利害，考察因果，以冷静之头脑判定之；凡保身卫国之德，属于此类，赖智育之助者也。又一方面，不顾祸福，不计生死，以热烈之感情奔赴之。凡与人同乐，舍己为群之德，属于此类，赖美育之助也。所以美育者，与智育相辅而行，以图德育之完成者也。"[1]它们三者之间相互联系、相互依存、相互作用，美育不仅可通过陶养情感的方式促进德育，还可以与智育之间相互影响以促德育。

第一，智育、美育相互渗透，互为补充。

蔡元培反复强调智育与美育之间的辩证统一关系，并且撰写论文《美术与科学的关系》指出："常常看见专治科学，不兼涉美术的人，难免有萧索无聊的状态。无聊不过，于生存上强迫职务以外，俗的是借低劣的娱乐作消遣；高的是渐渐成了厌世的神经病。因为专治科学，太偏于概念，太偏于分析，太偏于机械的作用了……抱着这种机械的人生观与世界观，不但对于自己竟无生趣，对于社会也毫无感情；就是对所治科学，也不过依样画葫芦，绝没有创造精神。防这种流弊，就要求知识以外兼养感情，就是治科学以外，兼治美术。有了美术的兴趣，不但觉得人生很有意义，很有价值；就是治科学的时候，也一定添了勇敢活泼的精神。"[2]这些观点是符合哲学心理学知识的。蔡元培也非常重视美育促进智育发展，美育的目的是提高人们的创造精神，如无这一目的要求的话，审美仅仅是单纯的享乐，于人生来讲没有太大意义。因此，美育的实质应是通过促进人们创造精神的提升，从而有利于物质财富的创造。只有真正意识这一点，才能正确理解好两者之间的辩证关系。

---

[1]　高平叔编:《蔡元培全集·中国伦理学史》(第2卷)，北京：中华书局，1984年，第8页。

[2]　高平叔编:《蔡元培全集·美术与科学的关系》(第4卷)，北京：中华书局，1984年，第33-34页。

　　而在培养智育的过程中，教师所传授科学知识的内容与理论，无不含有美育之原素，以陶养学生之感情。美育的范围随着智育课程的增加变得日益广泛，智育之中融会了美感的培养。科学的进步可以促进艺术之发展，科学知识越丰富，智力越发达，对美的感受理解也越深刻。所以，真正的审美情感，会使个体在感性中联系群体，并包含着普遍性与理性，因而具有超越具体情景、超越现实因果关系的力量，从而与德育形成心理结构的互补关系，在培养健全心理结构中发挥重要作用，特别是创新精神的培养。除此之外，美育还能通过陶冶健康情感来驾驭科学知识，抑制人性中的占有欲，"人人充满占有欲，社会必战争不已，紊乱不堪，故必有创作欲，艺术以为调剂，才能和平"[1]，科学知识才能更好地造福人类。

　　第二，加深道德认识，促进高尚道德行为。

　　认识是行动的先导，改造世界是建立在正确认识世界的基础之上的。道德认识使人们从诸多道德现象中去伪存真，由表及里地把握道德和道德行为的实质，进而认识掌握道德规范并确立行为原则，以做出适当行为。

　　艺术是对现实美的表现，比现实美更集中，感染力更强烈，因而艺术在美育中更能发挥其育德的功能。美育主要采用优美感人的艺术形式，帮助人们加深道德认识。艺术源于社会生活，将道德生活、伦理关系予以选择、提炼，经过加工改造后，借助生动而丰富的艺术形象，展示社会中多样的伦理道德生活，且就伦理道德行为做出审美评价，使人明辨是非黑白、分清善恶美丑，吸引感染、鼓舞和启迪人。这就是艺术的道德认识功能。同时也可以引导人们创作艺术作品，反映自身对世界和人生的感悟，宣泄美好情感，以"强化"育德功能。

　　美育促德育还在于美育能改变社会风气，使人们从愚昧习惯中摆脱出来，形成高尚的道德行为。自从柏拉图提出美育主义后，许多教育家都认为美术

---

[1]　中国蔡元培研究会编:《蔡元培全集·在审计院长于右任就职式的训词》(第 6 卷), 杭州:浙江教育出版社, 1997 年, 第 215 页。

是改进社会的工具，美育促进社会进步的途径就在于美育能陶冶人们的性灵，使人们形成高尚的道德情操。因而，在蔡元培看来，美育除了能改变人们的陋习，还能改变社会的风气，以美育来抵制、扭转不良的社会风气。美育对于社会风气的影响主要有两个方面：一方面，改变人们的陋习。每个人都能改掉陋习，那么不良的社会风气就会消失，整个社会的道德水平也会提高。另一方面，美育在全社会形成良好的审美情感，人们就会不自觉地对所生活的环境进行改变，比如说，对自然风景的保护，对人文景观的营造等，这些都会潜移默化地影响人们的道德，促进人们高尚行为的产生。蔡元培认为，人是感情的动物，感情要好好涵养之，使活泼而得生趣。

在《对于学生的希望》中，他讲到"学生在学习文化知识之余，应注重美的享乐"。若"社会及学校无正当之消遣"[1]，学生求学之余仅以打牌、搓麻将、阅读恶劣小说作为消遣方式，长期发展下去会使人感觉生活索然无味，了无生趣，有甚者会产生自杀行为。人之所以会产生不好的行为，虽与学生自身不喜欢学习有关，但更为重要的是，学校和社会上并未存在正当的消遣，导致大家无法找寻到正确的消遣途径，致使感情无所依托，"生趣索然""意兴无聊"[2]，此种情形之下"急应提倡美育，使人生美化，使人的性灵寄托于美，而将忧患忘却"[3]。美育使人们的情感有所归依，寄托于美好的事物，在生活中体验到美的享受，从而忘却消极不好的方面，主动自觉选择高雅的生活方式，避免不好的消遣，远离不道德的行为。

---

[1] 蔡元培：《中国人的修养》，上海：上海教育出版社，2018 年，第 195 页。

[2] 蔡元培：《中国人的修养》，上海：上海教育出版社，2018 年，第 195 页。

[3] 中国蔡元培研究会编：《蔡元培全集·在爱丁堡中国学生会及学术研究会欢迎会演说词》（第 4 卷），杭州：浙江教育出版社，1997 年，第 336 页。

第五节　育国民健全人格

面对民族积贫积弱、国家遭受列强凌辱的社会现实，蔡元培深刻认识到近代中国的危机，并非仅源自制度的弊病，更深层次的因素在于人的素质。他不同于其他思想家将注意力过多停留于国民性的批判，而是致力于探寻如何提高国民素质。他主张"要有良好的社会，必定先有良好的个人，要有良好的个人，就要先有良好的教育"[1]。他的观念里，国家的根本是国民，民族要独立解放，国家要富强振兴，关键是"造成理想的国民"[2]，而国民素质的提高、理想国民的培养要依靠教育来完成。所以，蔡元培强调兴教育以培育国家良民，使其具备良好的政治素质和道德素质，拥有健全之人格。

一、兼采欧美之长与孔墨教授之精神

在民国初期的历史条件下，推进大学教育的"现代化"是最为迫切的任务。郭齐家先生谈道："蔡元培先生考察欧美后得出的结论是，理想的教育应包括中国传统的孔墨精神，加之英之人格教育，德法之专深研究，美之服务社会等，大学教育应采欧美之长，孔墨教授之精神。"[3]蔡元培认为大学教育并非"仅仅为灌注知识，练习技能之作用"，而是赋予其"养成学生全面人格"的神圣使命。

---

[1] 高平叔编:《蔡元培全集·何谓文化》(第 4 卷)，北京：中华书局，1984 年，第 12 页。

[2] 蔡建国:《蔡元培与近代中国》，上海：上海社会科学院出版社，1997 年，第 56 页。

[3] 郭齐家:《中国传统教育思想精华与当今素质教育》,《江南大学学报》2002 年第 1 期，第 82 页。

欧美之长主要指以德、法、英、美等西方先进国家为代表的大学教育，对于促进欧美社会进步和经济发展起到积极作用，是人类历史发展阶段优秀教育的代表。1921年，蔡元培在《卜技利中国学生会演说词》中指出，德国注重精细分析的研究，法国注重发明新法的研究，英国大学大抵采用设立规条来规范约束学生人格，同时提倡合群运动。美国大学研究学问方式类似于欧洲大学，亦同于英国以提倡合群运动，还有两项特色之处：一是凡有用学问都可收入；二是设立夏科与校外教育，使无机会进大学者，亦可来习。蔡元培考察欧美教育归国后，借胡适"提高"与"普及"两词形容欧美大学学风特色，倡导中国大学应仿而效之，以贡献世界科学。

蔡元培在《卜技利中国学生会演说词》中略讲中国古代孔墨之教育，将其归纳为三种性质：一是专门教育，二是陶养德性，三是社会教育。孔墨教授之法均在以自己做模范，而非专恃口授。《韩非子·显学》曰："世之显学，儒墨也。"孔墨教授之精神已然是传统教育精神的代表。长期的教育实践活动，两者均已形成较为系统的教育思想。孔墨教授之精神首先蕴含对教育性质、目的和社会意义等多方面的思考；其次涵盖对门人弟子的指导教诲与未来期望；再次呈现出在教育实践活动中所凸显的教育精神。换而言之，即"为什么教？要教什么？怎样去教？"三个层面的问题组成一个有机整体。只有教育的目的、内容、方法均得以改进，达至和谐统一的程度，才算得上是成功的教育。就教育目的来讲，因历史之故，孔墨均强调道德教育，重在养成人格，孔子主张陶养性情，发达个性，培养治国安民的君子，强调"仁"与"礼"思想的统一性，有助于国家繁荣昌盛，摆脱礼崩乐坏的局面。墨子认为教育是培养"兼士"的为义活动，通过教育可以培育有德之人，使人认识到义的重要性。他以教育和耕种互比，推论用先王之道进行上说下教的教育之功远胜于个人的自耕自织，教育可以通过培养和造就人才以作用于社会统治，给整个社会带来公义，推动社会进步。另外，墨子的"染丝论"阐明人的品性是可以通过后天习染改变，"染于苍则苍，染于黄则黄"，主张对"农与工肆之人"传授实用的知识技能，分工合作，各尽其能，以实现为人民谋福利，效力国家。在这里，蔡元培特别推崇墨家的科学精神，对其逻辑思想予以充分的肯定。

受德国大学理念的影响，蔡元培明确指出大学的任务在于"研究学理"。大学既是"研究高深学问之机关"[1]，又是"养成硕学闳材"[2]之学府，故而大学应广泛吸收各种人才，"延聘纯粹之学问家"[3]，学者"有研究学问之兴趣"[4]，一边教授，一边与学生共同研究，学生在教员指导下切实用功，培养研究能力。此外，他还注重通过体育锻炼的方式培养学生的合群精神，"于运动中养成公德"[5]，使培养的青年绅士不仅具备强健的身体，而且集德行、智慧、礼仪和学问于一身，其中良好的道德品质被视为绅士人格的灵魂。蔡元培强调，育人应提倡合群运动，养成学生合群之精神，而不互相倾轧，主张合群利群、舍己为群的人生观，教导学生具备"杀身以成仁"的高尚精神追求。

二、陶铸健全之人格　改造国民道德

"人格，是每个人自立精神、自主品格、自由气质的内化结晶，是精神、心灵、道德与实践的完美统一。"[6]作为人之为人的品格，它并非人先天固有的自然属性，而是作为一个社会人所应当具备的属性，体现出社会对人的思想、道德、心理、精神等方面的要求，而这些社会属性的日趋完备是需要通过后天的教育来完成的。教育旨在立人，人立则国立，而立人的关键在

[1] 高平叔编：《蔡元培全集·〈北京大学月刊〉发刊词》（第 3 卷），北京：中华书局，1984年，第 210 页。
[2] 高平叔编：《蔡元培全集·大学令》（第 2 卷），北京：中华书局，1984 年，第 283 页。
[3] 高平叔编：《蔡元培全集·复吴敬恒函》（第 3 卷），北京：中华书局，1984 年，第 11 页。
[4] 蔡元培：《我们的政治主张》，北京：光明日报出版社，2013 年，第 25 页。
[5] 高平叔编：《蔡元培教育论著选》，北京：人民教育出版社，2011 年，第 635 页。
[6] 江峰：《蔡元培的完全人格教育思想刍议》，《中国德育》2019 年第 19 期，第 35–39 页。

于立人格。传统道德教育培养的忠臣顺民是造成封建中国民弱国穷的重要原因，封建专制统治之下，等级尊卑与奴性思想植根于国人意识之中，使其丧失自由之思想、独立之人格，这种残缺的意识形态及人格特质与共和时代的发展需求显然是格格不入的。故欲建立理想的国家，必先发展公民的道德教育，蔡元培在《对于新教育之意见》中指出："国可富也，然或不免知欺愚，强欺弱，而演贫富悬绝，资本家与劳动家血战之惨剧，则奈何？曰教之以公民道德。"[1]实利主义虽可实现国家富强，但社会上仍然会存在智慧的人欺负愚笨的人，强大的人欺负弱小的人，贫富悬殊，资本家与劳动者之间矛盾尖锐等现象。养成国民放纵之习而缺乏自立，问题若要得到真正解决，须依赖公民道德的提升，养成国民完全之人格。在其论著中，他多次提及教育旨在"养成健全人格"的思想，并且有一个逐步发展、完善的过程。他在《师范学会章程》中开门见山地提出："使被教育者传布普通之知识，陶铸文明之人格。"[2]认为道德教育应该是在保持我国固有之文明的基础上，吸收世界新出之理论，形成本土化的教育模式。随后，就任教育总长时，在《向参议院宣布政见之演说》中谈道："教育方针应分为二，其中普通教育务顺应时势，养成共和国民健全人格。"[3]1912年5月，他在《中学生修身教科书》中阐述了"修己之道，体育、知育、德育三者，不可以偏废也"[4]，阐述了从人性到德性再到知性的修养，最后是人格的完成，强调人格养成的过程性及其重要性。7月，他又在《全国临时教育会议开幕词》中提出"五育并举说"，五育以公

---

[1] 高平叔编：《蔡元培全集·对于新教育之意见》（第 2 卷），北京：中华书局，1984 年，第 131 页。

[2] 高平叔编：《蔡元培全集·师范学会章程》（第 1 卷），北京：中华书局，1984 年，第 161 页。

[3] 高平叔编：《蔡元培全集·向参议院宣布政见之演说》（第 2 卷），北京：中华书局，1984 年，第 164 页。

[4] 高平叔编：《蔡元培全集·中学修身教科书》（第 2 卷），北京：中华书局，1984 年，第 171 页。

民道德教育为中坚的思想揭示教育一定要"以道德为根本",展现其完全人格教育思想不仅面向近代中国的实际,符合当时历史发展要求;而且是面向将来,符合人的全面发展的教育规律。1917年,《在爱国女学校演说》中讲道:"盖国民而无完全人格,欲国家之隆盛,非但不可得,且有衰亡之虑焉。造成完全人格,使国家隆盛而不衰亡,其所谓爱国矣。"[1]将国民个性的发展与国家整体的发展相联系,只有具备完全人格的国民,国家的兴隆才有希望。教育的任务就是要顺应时势,养成共和国民健全之人格,在蔡元培看来,健全人格的培养有两大作用:第一,使国人能思、能言、能行、能担重大之责任,创造进化的社会。[2]即国人能够独立自主,自觉担当建设国家的重任,以促进中国社会的进步。第二,使国人能发达自由之精神,享受平等之机会。[3]即养成国人自由、平等的精神,以促进思想的解放和平民主义的盛行。这是蔡元培在兼容中外道德教育思想的基础之上,对教育本质与伦理学使命的新阐述。概括起来蔡元培所倡的健全人格教育思想主要蕴含以下四层内涵。

1.受教育者德智体美和谐发展

蔡元培认为,"教育是帮助被教育的人,给他能发展自己的能力,完成他的人格,于人类文化上能尽一分子的责任"[4]。他既批判了旧教育中对人思想的禁锢与科学精神的阻碍,也吸取了传统教育中重视道德修养的积极因素,同时对西方教育中的科学与美育"食而化之",以形成其完全人格教育思想。目

---

[1] 高平叔编:《蔡元培全集·在爱国女学校之演说》(第3卷),北京:中华书局,1984年,第7-8页。

[2] 中国蔡元培研究会编:《蔡元培全集·新教育共进社缘起》(第3卷),杭州:浙江教育出版社,1997年版,第550页。

[3] 中国蔡元培研究会编:《蔡元培全集·新教育共进社缘起》(第3卷),杭州:浙江教育出版社,1997年版,第550页。

[4] 高平叔编:《蔡元培全集·对于新教育之意见》(第4卷),北京:中华书局,1984年,第177页。

的是使人在德育、智育、体育、美育多方面统筹兼顾地得到发展，发展国民之完全人格，"五育，皆今日之教育所不可偏废者也。军国民主义，实利主义，德育主义三者，为隶属于政治之教育。世界观，美育主义二者，为超轶政治之教育"[1]。他还从道德教育的本质出发，提出"德育实为完全人格之本"。为充实完善"完全人格"思想体系，蔡元培又对"五育"内容给予新的解释，把健全人格教育分为体育、智育、德育和美育这四育，从四育出发，养成国民健全人格，发展其共和精神，以培育出改造近代中国和发展未来社会的健全人才。

四育之中，蔡元培首先强调的是体育。认为健全的精神"宿于健全的身体"，提倡多举办活动来吸引大家的体育兴趣，积极参与体育运动，既锻炼了身体又可以磨炼意志。同时，他也强调发展体育运动要符合人的生理机制，若不考虑身体状况的差异，一味地以竞技比赛、奖励刺激等形式去发展体育，就会失去体育的真正价值和意义，也不利于健全人格的培养。其次，中国早期的智育总是和封建伦理教育紧密联系，非常注重个人修养的培养，而忽视科学方面的教育。蔡元培重视科学教育，提出了许多颇有价值的见解，比如注重实验研究、重视学生主动性与创造性的培养、科学选择教科书、对学生因材施教等，并且将智育的提高和国家的富强振兴相联系，"自人文进化，而国家之贫富强弱，与其国民学问深浅成比例。是故文明国所恃以竞争者，非武力而在智力也"[2]。智育的目的在于传授科学知识，培养学生学习兴趣，形成逻辑思维能力和学以致用的能力，以造就"国家有用之才"。再次，蔡元培认为完全人格教育是以道德教育为核心的，"若无德，则虽体魄智力发达，适足

---

[1]　高平叔编：《蔡元培全集·对于新教育之意见》（第 2 卷），北京：中华书局，1984 年，第 134 页。

[2]　高平叔编：《蔡元培全集·中学修身教科书》（第 2 卷），北京：中华书局，1984 年，第 184 页。

助其为恶，无益也"[1]。符合时代需求的道德教育应该以"自由、平等、亲爱"为道德纲领，根据受教育者身心发展规律，充分发挥受教育者的自主精神，引导他们养成良好的行为习惯，逐步内化为高尚道德品质。这些完全区别于旧教育模式中预设一定的教育目的，而强迫受教育者就之的传统方式。最后，蔡元培把美育作为一项重要内容，"有了美术的兴趣，不但觉得人生很有意义，很有价值，就是治科学的时候，也一定添了勇敢活泼的精神"[2]。彻底的美育应是始于家庭美育，以学校美育为基，延伸于社会美育，家庭美育重视公立胎教院与育婴院作用的发挥；学校教育中"凡是学校所有的课程，都没有与美育无关的"[3]，并非仅仅限于专属的美育课程，只要是能够培养人认识美、感受美、鉴赏美、创造美的能力的教育都属于美育；社会美育是给离开学校的人的美育机会，自然人文景观潜移默化地陶冶，社会道德风尚的教育灌输，文学艺术作品的情感感染，同样也是促进人才成长的有力手段。蔡元培美育思想"既保留了传统美学中的悦乐精神和道德理性，又吸收了西方美学中自我解放和个性张扬的精神，是其完全人格教育思想的重要组成和显著特点"[4]。

2.个性与群性协调发展

在蔡元培健全人格教育思想的架构体系中，以德为主，把真、善、美作为培养人的全面发展纲领，依托于知、情、意的三分法和培养个性与群性协调发展的教育目标，是其健全人格的主要方面，在蔡元培看来，人的个性与

[1] 高平叔编:《蔡元培全集·在爱国女学校之演说》(第3卷)，北京：中华书局，1984年，第8页。

[2] 高平叔编:《蔡元培全集·美术与科学的关系》(第4卷)，北京：中华书局，1984年，第34页。

[3] 高平叔编:《蔡元培全集·美育实施的方法》(第4卷)，北京：中华书局，1984年，第213页。

[4] 徐永赞、潘立勇:《蔡元培完全人格教育思想》《河北学刊》2006年第3期，第229-230页。

群性的教育是健全人格的核心价值。蔡元培指出"无群性则个性不能生存；无个体则群体不能进步"，强调"此后国家之生存，必须全体国民同时具备此两面之资格而后可"，提出"盖群性与个性的发展，相反而适以相成，是今日完全之人格"。

人的社会性决定了人具有个性与群性的两个方面。个性是作为主体的个人所独有的、内包的、体现个性要求和特点的精神素质；群性是群体中的大家所共有的，体现社会国家需要的精神素质。我们通过对文献的梳理，可以发现蔡元培所谓的"个性的发达"既包含国民体、智、德、美、劳等各方面素养的全面发展，还包含"举智、情、意三者而悉达之"的内在追求，更包含身体与心理的相互协调。蔡元培强调此后之教育"于身、心两方面，决不可有偏废，而且不可不使为一致之调和"[1]。而"群性的发达"则指"本务观念"的涵养，蔡元培认为："人类所最需要者，即在克尽其种种责任之能力，盖无可疑。由是教育家之任务，即在为受教育者养成此种能力，使能尽完全责任。"[2]从我国社会伦理道德的发展来看，人与社会整体的关系多表现为过分注重群性的和谐而压抑个性的发展。蔡元培关于个性与群性问题的研究是结合传统文化和西方的自由思想而形成的，他明确提出人的个性与群性协调发展的观点。一方面"人生而有合群之性"，任何个人都生活在一定的社会关系中，在人的本性之中包含着适应社会的能力。另一方面，社会的进步亦离不开个人，个人是社会一分子，只要人人服务于社会，尽一分子责任，不顾个人利害而图社会幸福，就能形成良好社会。如果人人持自利主义，漠然于社会之利害，则社会必日趋腐败，卒至人人同被其害而无救。[3]良好的社会需

---

[1] 高平叔编：《蔡元培全集·一九〇〇年以来教育之进步》（第 2 卷），北京：中华书局，1984 年，第 412 页。

[2] 高平叔编：《蔡元培全集·全国临时教育会议开会词》（第 2 卷），北京：中华书局，1984 年，第 263 页。

[3] 高平叔编：《蔡元培全集·中学修身教科书》（第 2 卷），北京：中华书局，1984 年，第 228 页。

要良好的个人，良好的个人需要良好的教育，针对旧教育的弊病，强调人的个性发展是完成完全人格教育的主要方面之一。蔡元培"尚自然，展个性"的个性与群性关系，其直接指向是针对封建思想对人性的无视、对个性的消解以及教育中对人的个体差异的蔑视。但同时，他也把人的个性与群性看作对立统一的两个方面，尤其是关乎国家命运前途时，蔡元培认为应该"匹夫不可夺志"而舍生取义。所以，就教育到底是为了个人还是为了社会国家，他引用其友黄郛所著的《欧战之教训及中国之将来》一文，指出："如为个人也，宜助长个性之发达，是与共同组织有碍也；如为社会与国家也，宜奖励共同性之养成，是阻止个性之发达也。……此后国家之生存，必须全体国民同时具备此两面之资格而后可。故此后教育家之任务，在发现一种方法，能使国民内包的个性发达，同时使外延的社会与国家之共同性发达而已矣。盖唯此二性具备者，方得谓此后国家所需要之完全国民也。"[1]也就是说"教育是要个性与群性平均发达的""盖群性与个性的发展，相反而适以相成，是今日完全之人格，亦即新教育之标准也"[2]。教育从一般意义来讲，应该使人的个性与社会性协调发展。

由此可见，蔡元培倡导个性与群性协同发展的教育主张，充分尊重了人自身存在的价值，反映了民主、自由的时代特征，可以说，个性与群性的教育理念，是近代社会崇尚自由、民主以及人的个性解放的时代启蒙思想在教育领域的直接表现。

3.身体和精神平衡发展

马克思说："人的身体和精神的全面健康发展是人从事生产劳动和其他社

---

[1] 高平叔编：《蔡元培全集·教育之对待的发展》（第3卷），北京：中华书局，1984年，第261页。

[2] 高平叔编：《蔡元培全集·教育之对待的发展》（第3卷），北京：中华书局，1984年，第261页。

会实践活动的前提条件。"[1]在中国的古代教育中，过多地偏重于心理（精神）方面的教育，而往往忽视生理方面（身体）的思考。近代教育纠正变革旧封建教育制度中的不合理因素，但存在着矫枉过正的现象，从而偏重生理而忽视心理教育。蔡元培强调生理与心理的协调发展，"健全之精神，必宿于健全之身体，衣食足而后知荣辱，生理之影响于心理也有然；科学知识、美术思想为发达工艺之要素，利用后生之事业，非有合群之道德心，常不足以举之，心理之影响于生理，不亦有然乎！"[2]教育就是要使其平衡发展、协调一致，以养成完全人格为目的。蔡元培认为少壮之人损其身者，皆是因饮食无节制造成的，杂食果饵减损定时之餐、吸烟饮酒对身体害多利少，良好的饮食、作息习惯与身体康强、精力充足息息相关。他还特别论述了清洁、运动对身心健康的重要性，身体、衣服整洁，不仅可保身体之康强，还可以避免患传染病；运动可以"助肠胃之消化，促血液之循环，而爽朗其精神"[3]，并强调为人要心胸开阔，清明神志，使精神得以涵养，而无害于身体的康强。

故而，人格的养成是一项极为复杂的过程，不仅需要广博的知识，还需要健康的体魄、高尚的情操、良好的心理、创新的精神等。因此，健全的人格应该是自由之思想、独立之精神、善良之仁德、诚实之作风的综合体现。蔡元培不仅提出完全人格的思想，还把它运用于具体的实践中，尤其是执掌北大的十年教育改革，奠定了北大人才培养模式的基础，对近代社会人才培养的理念产生重大影响。当今时代，无论是家庭教育还是学校教育往往会把知识的学习当作第一要务，使智力教育居于个体发展的首要位置，而忽视了健全人格培养对个人成长成才及国家发展的重要作用。这种培养模式，往往会把知识变成争名夺利的工具，危及社会的和谐与稳定，故而人格教育显得

---

[1] 张同善：《马克思主义关于人的学说与教育》，北京：教育科学出版社，1992年，第63页。

[2] 高平叔编：《蔡元培教育论著选》，北京：人民教育出版社，2011年，第50页。

[3] 蔡元培：《中国人的修养》，北京：作家出版社，2016年，第6页。

尤为重要。综上，蔡元培的完全人格教育理念是值得当代人继承学习和应用发展的。

三、贯之理想教育　有事于实体世界

相较于同时代的其他教育家，蔡元培的一个突出价值诉求就是从人健全发展的角度去确定教育价值和功能，他深信"非有出世间之思想者，不能善处世间事"，教育只有站在人本立场上，谋划人和社会未来发展的趋势，"非为已往，非为现在，而专为将来"[1]，才能培育出社会发展所需要的良好公民，以实现"教育救国"之目的。就教育内容来讲，"教育者，养成人格之事业也。使仅仅灌注知识、练习技能之作用，而不贯之以理想，则是机械之教育，非所以施于人类也"[2]。教育的目标不仅仅是灌输知识、传授技能、加强道德规范，还应该贯之以理想教育，"有事于实体世界者"，教导人对未来人生的向往和深邃精神世界的探索与追求。有了这种超越的精神追求才能突破从现象世界到实体世界的障碍，将人们从现实生活中的人我之差别和幸福之营求的意识中解放出来，使人"自美感以外，一无杂念""人我之见，利己损人之私念，以渐消沮者也"[3]，以获得精神世界中的永恒与自由。

纵观人类发展史，人类的本性和目的并非为一己之生存，而是为实现社会群体之进步；并非为追逐生存的物质利益，而是为追求精神之愉快。故而，人生最大幸福不在主观的生存感受，而在于追求最大目的过程中，为达到本体之幸福而感受到的生命愉悦。蔡元培从四个方面对理想教育进行了具体阐述。

---

[1]　高平叔编：《蔡元培教育论著选》，北京：人民教育出版社，1991年，第16页。

[2]　高平叔编：《蔡元培教育论著选》，北京：人民教育出版社，1991年，第43页。

[3]　高平叔编：《蔡元培全集·以美育代宗教说》（第3卷），北京：中华书局，1984年，第33页。

第一，世界观与人生观之调和。每个人都需要有自己的世界观以及与之相适应的人生观，这是教育的通则。世界观为人生观提供了理论基础；人生观是世界观的一部分，是如何对待人生问题的体现，若以"人生为本位，而忘有所谓世界观者"，仅为自己而活，而忘却了整个人类世界的博大，那么其人的心胸见地一定狭窄；若"持宇宙论而不认有人生之价值者，亦空漠主义者也"，仅有世界观看不到人生之价值，也是空想主义者。所以，真正科学的人生理想，一定是世界观与人生观的结合，促使人成为德、智、体、美身心全面协调发展的人。在《世界观与人生观》一文中，蔡元培指出："世界无涯涘也，而吾人乃于其中占有数尺之地位；世界无终始也，而吾人乃于其中占有数十年之寿命；世界之迁流，如是其繁变也，而吾人乃于其中占有少许之历史。以吾人之一生较之世界，其大小久暂之相去，既不可以数量计；而吾人一生，又决不能有几微遁出于世界以外。则吾人非先有一世界观，决无所容喙于人生观。"[1]既然世界无限而人生有限，那么在其短暂的一生中，人不应过度去追求一己之私利，应该为推动人类共同进步、实现社会长远发展贡献自己的力量。

第二，担负将来之文化。教育不以保存固有文化为目的，而是强调文化的推陈出新。

一方面，蔡元培提倡以科学精神整理中国旧学，既发扬民族国粹文化的精华，又以西方先进思想武装头脑，会通中西文化优秀成果，使其产生新意，过程之中需要避免非理性排外或"浑沦吞之"。他认为当今的时代是东西文化融合的时代，指出："今之时代，其全世界大交通之时代。"我们要"与一切人类各立于世界一分子之地位，通力合作，增进世界之文化"[2]。同时，"人类

---

[1]　蔡元培：《中国人道德修养读本》，北京：北京联合出版公司，2014 年，第 287 页。

[2]　高平叔编：《蔡元培全集·学风杂志发刊词》（第 2 卷），北京：中华书局，1984 年，第 335 页。

进化，一切事业、学问、道德，无不与全世界有关系"[1]。各民族间的文化交流不仅必要，而且不限于某一领域，而中国"此时所处地位，决不能不与世界各国交通，亦决不能不求知于世界"[2]。他指出，虽然中华民族有辉煌的古代文化，并且这种文化也传播到西方，曾经对世界学术和人类文明做出有益贡献，但进入近代，西方文化获得了长足的进步，中国则远远落后了。我们现在不能像欧洲人"能扩其学术势力于生活地盘之外"[3]，中国要取得国家的繁荣，首要的就是吸收西方文化的优秀成果。因而，蔡元培"为集思广益起见，对于各友邦之文化，无不欢迎；以国体相同，而对于共和先进国之文化，尤所欢迎；以思想之自由，文学美术之优秀，彼此互相接近，而对于共和先进国中之法兰西，更绝对的欢迎"[4]。学习国外文化，最为重要的应该是学习先进的科学知识，掌握运用科学的方法，不断整理总结中国文化中的精髓，促使其提升到新的境界，"研究也者，非徒输入欧化，而必于欧化之中为更进之发明；非徒保存国粹，而必以科学方法，揭国粹之真相"[5]。的确如此，学习西方文化应该是基于本国文明、本国传统基础之上，决不能是割断历史、全盘西化。与此同时，蔡元培也反对因循守旧的保守思想，批评仅指责别人缺点而看不到优点，从而拒绝接受学习的狂妄自大态度。

另一方面，蔡元培也重视扩大中华传统文化的影响力，强调中华文化的对外输出。文化的合作与交流是双向互动的，绝非单单一个方面，且中国文

[1] 高平叔编：《蔡元培全集·在世界语学会欢迎会上的演说词》（第2卷），北京：中华书局，1984年，第274页。

[2] 高平叔编：《蔡元培全集·东西文化结合》（第4卷），北京：中华书局，1984年，第50页。

[3] 高平叔编：《蔡元培全集·学风杂志发刊词》（第2卷），北京：中华书局，1984年，第336页。

[4] 高平叔编：《蔡元培全集·读周春嶽君〈大学改制之商榷〉》（第3卷），北京：中华书局，1984年，第149页。

[5] 高平叔编：《蔡元培全集·〈北京大学学月刊〉发刊词》（第3卷），北京：中华书局，1984年，第210页。

化对西方国家而言同样具有一定的价值，应"以西方文化输入东方；以东方文化传布西方"[1]。因中国离欧洲太远，且中国的语言文字对欧洲人而言确实不易弄懂，导致中国的思想文化难以传入欧洲。所以，西方人对中国的了解和认识，大多数是从游历者记述、著作者文章和短小新闻中获得的，所见多是皮毛，而无精深观察，因此"中国的真面目，往往被他们说错"，致使"欧洲的群众，多以为中国是一个很秘密的、不可知的地方"[2]。所以，"我们一方面注意西方文明的输入，一方面也应该注意将我固有文明输出"[3]，以进一步促进西方人对中国文明的深入了解。蔡元培在出国留学期间，也自觉担当中国文化的代言人，将中国情况做出公正而真实的介绍，有力促进世界文化的互通与交流。

第三，独立不惧之精神。蔡元培积极倡导教育独立的主张，认为理想的教育事业当交由教育家办理，摆脱军阀政府对教育的控制，超越于政党斗争。当时的北京，仍处在北洋军阀独裁统治下，晚清政府的各种腐败陋习并未扫除，政治环境污浊不清明。然而北大在蔡元培主持之下，开始一连串重大的改革，使暮气沉沉的旧北大焕然一新，为北大重塑了一股长存的理念与精神，展现出一派生机勃勃的新景象。北大内兼容并包各家学派，使保守派、维新派和激进派有机会同席并坐讨论，自由发展，百家争鸣，成就"大学所以为大也"，使一所思想自由、兼容并包、学术本位的新北大，在污浊的社会环境中孕育诞生。

五四前后的北大，成为守旧派和北洋政府攻击的对象，面对动荡不稳的局势，蔡元培公开为新文化进行辩护，保护陈独秀、胡适等新文化运动的领

[1] 高平叔编：《蔡元培全集·东西文化结合》（第 4 卷），北京：中华书局，1984 年，第50 页。

[2] 高平叔编：《蔡元培全集·中国的文艺中兴》（第 4 卷），北京：中华书局，1984 年，第340 页。

[3] 高平叔编：《蔡元培全集·北大一九二一年开学式演说词》（第 4 卷），北京：中华书局，1984 年，第 94 页。

袖人物，表示"北京大学一切的事，都在我蔡元培一人身上，与这些人毫不相干"[1]。据傅斯年回忆当时的情形说："北洋政府觉得不安，对蔡先生大施压力与恫吓，至于侦探之跟随，是极小的事了。"不仅如此，面对反动势力对新文化运动的围剿，蔡元培毅然决然地在《新青年》上发表了《洪水与猛兽》，主张以新思潮的洪水冲卷北洋军阀那样的猛兽。正是因为蔡元培无惧各方压力，在威胁和恫吓面前决不妥协退缩，勇于担当，才使得北大和新文化在最危急的关口未被摧毁，使民主科学的精神得以延续。在国民党法西斯统治笼罩全国，进步人士不断惨遭迫害的恐怖岁月里，蔡元培又挺身而出，同宋庆龄、杨杏佛、黎照寰、林语堂等发起成立中国民权保障同盟，公开站在政府的对立面，反对国民党政府压制民主，蹂躏人权。在白色恐怖的岁月里，和宋庆龄等民主人士一起冒着生命危险，营救被迫害的民主进步人士。蔡元培作为一位国民党元老，公开站在对立面，反对国民党对进步人士的迫害，在社会上造成巨大影响。国民党当局为此非常不安，不断用各种方式威胁他。杨杏佛暗杀案，实际上也是对宋庆龄、蔡元培和其他同盟参加者发出的警告，但蔡元培没有退缩，不顾个人安危，主持杨杏佛的公祭。在杨杏佛被暗杀后，民权保障同盟活动被迫停止，但蔡元培维护和保障民权的立场没有改变，他以个人的力量继续为保障人权进行坚持不懈的斗争。正如王世杰所说，蔡元培敢为人先、无所畏惧的勇气，表现出他的崇高与伟大。

第四，安贫乐道之情怀。"安贫乐道"是中国自古以来的理想精神，"安贫乐道"的人文情怀要求教育者秉持安贫之心，拥有乐道的情怀。蔡元培认为，教育服务社会，对社会的发展具有深远意义。如小学教员的薪水收入有时不足以养家糊口，日子非常清贫，他们却甘愿舍弃高官厚禄，委身教育，在淡泊宁静中寻求无穷之乐趣。

就蔡元培本人而言，当属安贫乐道之典范。蒋梦麟说："蔡先生安贫乐道，

---

[1] 中国蔡元培研究会编:《蔡元培纪念集》,杭州: 浙江教育出版社, 1998 年, 第 190 页。

自奉俭而遇人厚，律己严而待人宽。"[1]沈迈士说："这种一尘不染、一清如水的作风在那个人欲横流的黑暗时代简直是暗夜明星。"[2]尽管蔡元培担任过诸多重要职位，地位显赫，他却从无权位欲，身上保留着中国传统士大夫的安贫乐道情怀。对此，段锡朋深为敬佩，说："先生对于政治的热诚与努力，在极艰苦最没落的时候，是站在前头领导，但在平常的政治或行政环境里，他仍然退到学术界，可见他卓越的见解和正气的精神，仍是经常的保持着，其进也以进的方式来表现，其退也以退的方式来表现，这或许亦是中国国士传统的精神。"[3]在蔡元培看来，知识分子当以天下为己任，不能把公职作为个人谋取私利的工具。1912年，他在全国临时教育会议中指出，君主时代之教育，不外利己主义，其目的是使受教育者都具有服从心、保守心，便于政府控制。共和时代的教育则不同，它必须立于国民之地位，而体验其在世界、在社会有何等责任，应受何种教育。因此，教育家的任务，"即在为受教育者养成此种能力，使能尽完全责任"[4]。存着这一公心，抱着这一远见，在讨论民国教育宗旨时，蔡元培强调世界观教育和美感教育，人不能只为眼前的物质利益而活，还应有一种超越现象世界的追求。如果人仅以追求现实幸福为目的，那么就不会追求"杀身成仁""舍生取义"的崇高境界，如此人生又有什么意义呢？一个民族、一个国家也就不会为了争取民族的自由而"沥全民族最后之一滴血"。蔡元培认为人需要有理想或信仰，需要终极价值关怀，这是人追求生命意义的存在方式，"非有出世间之思想者，不能善处世间事，吾人即仅仅以现世幸福为鹄的，犹不可无超轶现世之观念，况鹄的不止于此者乎?"[5]教育对人生终极目的与意义的追求是不可缺少的，教育以培养健全人格

[1] 中国蔡元培研究会编：《蔡元培纪念集》，杭州：浙江教育出版社，1998年，第617页。

[2] 中国蔡元培研究会编：《蔡元培纪念集》，杭州：浙江教育出版社，1998年，第216页。

[3] 段锡朋：《回忆》，《中央日报》(重庆)1940年3月24日。

[4] 高平叔编：《蔡元培全集·全国临时教育会议开会词》(第2卷)，北京：中华书局，1984年，第263页。

[5] 高平叔编：《蔡元培教育论著选》，北京：人民教育出版社，1991年，第3页。

为目的，故不能不关注理想和信仰。因此，"教育者，非为已往，非为现在，而专为将来"[1]。教师和学生的职责在研究学问，而学问在于对宇宙人生的根本探寻，不应汲汲于功利的回报。他提出文人从政要与一般的政客从政区别开来，不应以升官发财为目的。蔡元培一生虽官居高位，但都抱着为国家服务，谋大众福利的信念，不论个人好恶，不计个人得失。只要有益于国家民族，需要他的时候，他都全力去做。许寿裳将其称为伟大的服务精神，合乎"人人应该以服务为目的，不当以夺取为目的"[2]。

蔡元培一生致力于革命和教育事业，想的都是为国为公服务，从来不为自己和家人打算，甚至到了"忘其家""忘其身"的境界。他私生活极为俭朴，深受世人钦佩。诚如王世杰在《追忆蔡先生》一文中所说："蔡先生的私生活，用不着多说。即就清廉一端而言，他已经是中国历史上的模范人格。"[3]执掌北大时，虽然月工资有600元，但常常因接济亲朋好友而导致自己入不敷出。晚年居港期间，每月收入折合成港币为数很少，用以应付种种开销，其生活窘迫可以想象，但他仍然利济为怀，一如既往周济寒士，家中除了一定数量藏书之外，毫无积蓄可言。在《蔡孑民先生的风骨》中，曹建对蔡元培的安贫乐道精神做了客观的描述："先生一生专力于革命和教育事业，素不知家产。一般人言家无积蓄为家徒四壁，先生在六十岁以前，连'徒四壁'的房子也没有。"[4]虽然蔡元培的学生和朋友决定赠送一幢房子，作为他70岁寿礼，以为他提供一个好的生活、工作环境，但终因全面抗战爆发而未能如愿。

---

[1] 高平叔编：《蔡元培全集·全国临时教育会议开会词》（第 2 卷），北京：中华书局，1984 年，第 264 页。

[2] 中国蔡元培研究会编：《蔡元培纪念集》，杭州：浙江教育出版社，1998 年，第 391–392 页。

[3] 中国蔡元培研究会编：《蔡元培纪念集》，杭州：浙江教育出版社，1998 年，第 170 页。

[4] 陈平原、郑勇编：《追忆蔡元培》，北京：中国广播电视出版社，1997 年，第 20 页。

本章小结

本章介绍了蔡元培道德教育思想的主要内容，从道德教育的地位、根本、内容、方法、目的入手，勾勒出蔡元培道德教育思想的系统构成。首先，借助蔡元培五育并举思想的具体分析，明确五育之中公民道德教育的中坚地位，中坚地位的确立亦是历史发展的必然选择；其次，把"修己"作为道德教育的根本，将德性养成与人格完整纳入综合考量，明确指出需要在体育、智育、德育均不可偏废的情况下养成个人现实性品格；再次，在"重公德轻私德"的社会环境下，力倡公德与私德兼修，以"自由、平等、博爱"为纲，既保留中国传统道德的精华要义，又吸纳西方道德优质养分，促使中国道德完成了近代转化。从次，重视"以美育德"方法的运用，促进道德情感的激发和进化，改进人的道德行为，以实现道德教育的目标；最后，明晰道德教育是提高个体道德修养，形成国民健全人格的重要手段，目的是培养德、智、体、美全面发展的国家良民。

蔡元培道德教育思想体系的构建，不仅实现了道德教育由传统到现代的转化，而且真实地反映出近代进步知识分子为顺应历史发展潮流所做的努力和变革，对于当今中国社会的德育建设及实践同样具有重要的意义和启示。

第四章 蔡元培道德教育思想的实现路径

　　蔡元培作为中华民国首任教育总长，致力于改革旧的封建教育制度，建立资产阶级民主教育体制。在具体的教育实践中，他逐步推广实施其道德教育思想及理念，无论是在家庭教育、学校教育还是在社会教育中，蔡元培都能够自觉将自己的德育理念贯穿其中，以教育人民、提高民族素质、推动社会进步。本章主要从家庭教育、学校教育、社会教育三个方面，揭示蔡元培道德教育思想的实现路径，明确将家庭道德与社会国家道德有机结合，发挥家庭为社会国家隆盛之本的重要作用；把学校教育作为学生道德发展的重要保障，学术并行，以培养学生自由自觉的道德人格；在社会教育中以民为本，多渠道促进国民智德，增强责任意识，以达全面提升国民素质，推动社会进步之目的。

第一节 家庭教育

　　家庭作为社会的基本单位，已然存续数千年之久。家庭是满足人类日常生存需要的场所，更是联络血缘情感的坚强堡垒，它不仅是人们精神寄托的根底，而且是人类伦理道德生活的重要领域。中华民族向来重视家庭教育，在数千年中国文化发展的历史长河中，积累了丰富的有关家庭教育的文献资源。追本溯源，先秦时期周王室的家训文化作为传统家庭教育思想的发轫点，开启了家庭教育思想的先河。诸子百家的家训思想在春秋战国时代呈现出百家争鸣、百花齐放的繁荣气象，培育了古代先贤以德为尚、以礼为先的浩然正气，尽忠尽孝、勤劳不逸的优良作风。蔡元培在继承古代先贤优秀教育理念的基础上，充分肯定家庭教育的重要性，认为："家庭者，人生最初之学校也。"家庭是一个人思想启蒙和品格养成的最初场所，也是道德教育的关键起点，幼儿智德未具，但具备吸收智德之能力，受于家训，虽薄物细故，但终其生而不忘。

　　蔡元培主张以家庭道德培养为根本，将其与社会、国家道德有机结合起来，家庭是"小家"，国家是"大家"，"小家"是组成"大家"的基本单位。"家之于国，如细胞之于有机体"，无家庭的"小家"则谈不上国家的"大家"，国家道德乃以家庭道德为门径，"所谓求忠臣，必于孝子之门者"就是用来说明家庭道德乃是社会、国家道德之根基。若家庭道德有缺陷，那么国家道德亦无纯全之望，失去实现的可能。家庭中的道德规范推及社会，是"仁义"，延伸到国家即是"忠诚爱国"。所以，家庭的善恶关系到社会的祸福，关系到国家的兴盛。善良的家庭之中，充盈正直、敬爱等德教，遇到家庭矛盾时也会涵养德性，克己复礼，建立起良好的为人、待人的伦理关系，那么幼儿的内心何来玷污？定会促使孩子养成优良的品格，达到家庭整体的和谐统一；不善的家庭道德教育出现缺陷，子女的道德品质得不到良好的发展，将会无益于个人的成长成才。多行善举的家庭留给子孙的是德泽，反之则是祸害，而这种祸端对于国家的发展以及道德风貌的提升亦无任何益处。

一、教子当为父母第一本务

　　蔡元培主张"国之本在家，家之本在夫妇"[1]"夫唱妇随，为人伦自然之

---

[1]　高平叔编：《蔡元培全集·中学修身教科书》(第 2 卷)，北京：中华书局，1984 年，第201 页。

道德"[1]。夫妇生子即为父母，为父母者，当各守其分，主辅相得，刚柔相济，以尽教子之责。养子教子是父母第一之本务，不能妥善教育子女，是父母的失职。如果子女受到良好教育，成年后能独营生计，则是尽到了父母之职责。

教子之道始于胎教。早在先秦时期，一批具有较高文化素质和良好道德修养的贤母，她们熟悉文化典籍，关心国家大事，目光敏锐，见微知著，看人看事有自己独到的见解，认为胎儿可被母亲的言行所感化，孕妇的感知可对胎儿产生重大的影响，意识到胎教的重要性。比如：文王之母怀文王之时，"目不视恶色，耳不听淫声，口不出敖言"，故"文王生而明圣，太任教之，以一而识百"[2]。孟子之母同样是温慈贤良，知书明礼，训子之道，始于胎教，她怀孟轲时，"席不正不坐，割不正不食"[3]，认为这样才能教育胎儿出生后成为品行端正、胸怀大德之人。古代贤母之所以仪态端正、慎于所感，就是把胎教作为家教的第一步。蔡元培认为要做彻底的教育，就要着眼最早的一步，至少以胎教为起点，设想通过美育实现对胎儿的早期教育。他希望在"蒙养院与中小学以外"能建有一定数量的胎教院，胎教院应选址在风景佳胜的地方，以防沾染混浊的空气、纷扰的习惯；房屋建筑形式要匀称、玲珑，参考希腊或文艺中兴时代气息；庭园中栽种赏心悦目的雅丽之花叶，饲养毛羽秀丽、鸣声谐雅的动物，引水成泉、汇水成池；室中摆放自成系统，不可混乱，器具轻便雅致，雕刻、图画皆取优美一派；阅览的文字、听取的音乐，要乐观和平，无过激之色彩，无卑靡之作品。如此使孕妇身处平和活泼的环境里，有利于涵养她们的身心，胎儿初始即从母亲那里得到感化，为今后君子品格的养成打下良好的基础。

---

[1] 高平叔编：《蔡元培全集·中学修身教科书》（第2卷），北京：中华书局，1984年，第202页。

[2] （汉）刘向：《列女传》，沈阳：辽宁教育出版社，1998年，第20页。

[3] （汉）韩婴：《韩诗外传》（卷六至卷十），武汉：崇文书局，清光绪三年（1877年），卷九。

二、教子当以孝道为重要道德准则

蔡元培认为，人一生的品质性格，无论如何变化，不离其根本，而这最为根本不易改变的地方，基本源于家庭的影响。习惯虽然能造就人的性格，朋友亦可以感染人的品性，但相较家庭而言，感化力都差得多。

蔡元培继承并发扬了孔子"孝为本"的价值准则，认为孝乃一切伦理道德之根本，是传统家庭关系中最重要的道德准则。"事父母之道，一言以蔽之，则曰孝。"[1]子之孝亲，是人之根本，既是天性使然，亦是为人之德性要求。若无子之奉养，父母难以终老，这也是对父母悉心养育自己的回馈，不同于动物的亲之沐恩于子时日短，人受其亲养护最久，所以劳亲之身心者亦最大，故对于其亲之本务，亦因而重大焉。孝道多端，而其要有四，曰顺、爱、敬、报德。报父母之道有二，一是为父母提供物质上的供养，"调饮食""娱耳目""安寝处""养其体"，其他日用之需无可缺，若父母有疾，非万不得已必亲侍汤药；二是养父母之志以安其心而无忧虑，在这里蔡元培汲取儒家养志之道，孝者，不限于家族之中，"国之良民即家之孝子""立身行道，扬名于后世，以显父母，孝之终也"[2]。从而建立父慈子孝、兄友弟恭、长幼有序、夫义妇和的"纯全之家族"。而且，自然的孝悌之情会逐渐延伸，形成朋友之间的信、下属对领导的忠，由最初对父母、兄弟的孝悌之情而终至行仁德于天下也。

在生活中，蔡元培以身作则行孝道以报母亲之德。他年纪尚幼时父亲因病早逝，故受母亲教诲最多。她独自一人以羸弱身躯承担起家庭的重担，谢绝亲友的资助，教育孩子"只要自己有一双手，宁可省吃俭用，也不能依赖他人生活"，培养孩子独立坚强的品性。教子谨言慎行，"当讲则讲，不该讲的话，一句也不能多说"，并通过自身行动为孩子做表率。

---

[1]　蔡元培：《中国人道德修养读本》，北京：北京联合出版公司，2014 年，第 232–233 页。

[2]　汪受宽译注：《孝经译注》，上海：上海古籍出版社，2007 年，第 1 页。

三、教子当以身作则重榜样示范

家庭日常生活实践是培养个体道德品质的源泉，若道德教育与其脱离，也就成了空中楼阁。蔡元培认为幼儿离开襁褓后，如同离开暗室见到白日，对身体感官所接触的一切事物，都充满好奇和惊喜，而此时不具备自由之意志，指导其行为，仅是趋自然之势，效法模仿周围的人。父母以身作则、严于律己的行为，对孩子发挥着至关重要的潜移默化作用，他批评父母在家庭教育中对子女随意打骂，而不是发挥榜样示范的现象。蔡元培为人处世俨如周公风度，"一沐三捉发，一饭三吐哺"[1]，率先垂范，谦虚严谨，"君子和而不同"[2]，与之相处既有如沐春风之感，又不失严肃之气。这与他在年少时其母以身作则、榜样示范的家庭教育密不可分。

面对自己子女的教育，蔡元培身体力行，用言行影响教育孩子，引领他们在不同领域取得不凡成就。他除了大病或特殊原因，无一日不阅读，即使晚年病魔缠身，视力极衰的情况下，也会"选书之大字者备阅"，治旧学，求新知，好学不倦。阅读的内容包罗万象，无论是自然科学、社会科学著作，还是文学作品，他都会涉猎，而且做了诸多摘记，蔡元培孜孜以求的读书精神为子女树立了良好的榜样，在其潜移默化的影响之下，孩子们都爱上了"自由读"。尚处年幼的子女也一知半解地跟随父亲阅读起《浮士德》《神曲》，接受多元文化的熏陶，获取知识和能力。女儿蔡睟盎在上海交通大学求学期间就参加了中国共产党地下组织，这与她年少时受父亲影响，阅读进步书籍《西行漫记》《续西行漫记》有密切关系。

---

[1] （汉）司马迁:《史记·鲁周公世家第三》,天津:天津古籍出版社,1998年,第257页。

[2] （宋）朱熹集注:《论语·子路》,上海:上海古籍出版社,2007年,第131页。

四、教子当严慈相济养中正品格

蔡元培批评过严或过宽的"通病式"教育方式，他认为只有宽严适中、严慈相济才兼具大义和亲情。父母之间需要相互配合，既无过严之失，亦无过宽之过，约束与放任，适得其中，以养成子女中正之品性。他批评过严或过宽的"通病式"教育方式失去父母之道，过严无视孩子的天性和主体地位，使孩子缺乏自信和主见；过宽会放任自流，家长责任不到位。这些都不利于子女的教育和发展，贻害于家族、社会、国家而不自知。在子女成长的不同阶段，父母需适时进行训诫教诲，子女年少之时，提出疑问，须以真理答之，不可以荒诞无稽之言搪塞，人一生事业的功败垂成，多取决于婴孩时期，若此时受到不好的家庭教育，以后也难以改良；子女独立之始，阅历未深，仍处于危险时期，此时父母也应当做好监管，时而劝诫之。

蔡元培强调父母应"相其子之材器"，从实际出发，从子女的个别差异出发，有的放矢地进行差别教育，使子女获得成长。在实际的家庭教育中，蔡元培也切实遵循这一原则，日用常行之间，遵从孩子的个性，观子女所行之得失，考虑其中利害关系，"预计他日对社会、国家之本务"，而施之相应的教育。其大女儿蔡威廉，尤其钟爱于绘画，蔡元培就特地带她参观法国卢浮宫、德国德累斯顿画廊、意大利乌菲齐画廊等多个艺术场所。当威廉母亲不赞成女儿的选择时，蔡元培又主动说服妻子，使女儿可以一心一意追求心中的艺术，个性发展的自由得以充分彰显。因此，他的7个子女，除长子蔡阿根不幸夭折外，其余6人在艺术领域或农学、物理学领域，都各自做出了非凡成绩，成为国家栋梁之材。蔡睟盎在回忆自己的父亲时，使用六个字进行了概括，即"慈父、良师、益友"，这六个字真实地反映出蔡元培为子女营造了和谐、尊重的家庭氛围，采取了因材施教的家庭教育方式，也成就了子女。

第二节　学校教育

纵观蔡元培一生，他把大多数的精力与时间都投入到改革中国教育制度、推动学校教育事业发展的具体实践之中。教育是谋求国家富强和民族振兴的关键，道德教育在学校教育中居于重要地位。基于这一认识，他立足实际，积极吸纳借鉴国外教育精华，以构筑中国资产阶级教育体制。蔡元培从事新学始于1898年，出任绍兴中西学堂的总理，立志创新教育方法，培育新式人才。在培养学生关心时政、接受新知方面起到极大的促进作用，后因学堂教员新旧两派之争，愤而辞职后在剡山、二戴书院讲学。1900年，蔡元培到上海南洋公学担任特班教习，摒弃了学校对新式官员的培养要求。在课程设置、教育方法和教育引导上，注重灌输爱国思想知识，重视从中国传统道德文化中吸取营养；同时启发青年学习近代科学，教导学生放眼世界，关注快速发展的国内外形势潮流。授课过程中，蔡元培积极向学生灌输民主、共和、民权的新思想，后因学潮，毅然辞职离校。1902年4月，蔡元培当选为中国教育学会第一任会长，先后创办爱国女校、爱国学社，意在为革命培养人才，致力于把女校的高才生培养成反对封建专制制度的革命人才，后因《苏报》案发，爱国学社解散。蔡元培于民国初年担任教育总长，对清末的封建教育制度进行了资产阶级民主性的改革，在"临时教育会议"上首倡五育，"以公民道德为中坚"，强调要培养学生的自由意志和平等互助精神，努力用资产阶级民主主义的思想指导学校德育。1917年他赴任北大校长，开展系列改革实践，成功推动近代中国高等学校教育的发展。蔡元培道德教育思想在学校教育实践中的体现，主要可以总结为以下三方面。

一、学校是学生道德发展的重要保障

蔡元培认为，学校作为培养人的专门机构，对学生良好品行的培养发挥着重要作用，学校道德教育按照统一的内容、标准和方法对学生进行道德原则和观念的灌输。规范科学的体系，可以使学生得到系统的道德影响，因而对个体道德品质的生成和道德人格的发展具有极大作用。在培养学生的过程中，蔡元培特别重视教师道德言行所发挥的德育功能，认为"教员者，学生之模范也"，教员以身作则、给学生做榜样远胜于反复的口头说教，教师通过潜在的熏陶，引导学生接受待人处世的生活态度和行为方式，使道德教育效果更具说服力和感染力。

主持北大期间，为整饬校纪，去腐败之根株，蔡元培撰写《进德会旨趣书》，号召师生以道德规范约束自己的言行，谢绝别人的拉拢，不与世俗同流合污，以自身的模范行为，使外界之人无法诋毁学校，进而维护集体的名誉。"弭谤莫如自修，人讥我腐败，而我不腐败，问心无愧，于我何损？"[1]之后召开进德会成立大会，蔡元培致辞道："申明进德之名，非谓能守会规即为有德。德者，积极进行之事；而本会条件，皆消极之事，非即以是为德，乃谓入德者当有此戒律，即孟子人有不为而后可以有为之义。"[2]会员按戒律之不同划分为甲、乙、丙三个等级，条件逐级递升，甲种会员要求做到三戒即"不嫖、不赌、不纳妾"；乙种会员除三戒之外又加了"不做官吏、不做议员"两戒；五戒之外再加"不吸烟、不饮酒、不食肉"为丙种会员之要求。入会时每人只需填写一张申请表，写明愿为何种会员，在《北京大学日刊》上公示即算入会。他希望进德会可以起到"如东汉之党人、南宋之道学、明季之东林"的"清流"作用，达到同"敝俗奋斗"，入会的效用，既"可以绳己"，

---

[1] 高平叔编：《蔡元培全集·就任北京大学校长之演说》（第 3 卷），北京：中华书局，1984 年，第 5 页。

[2] 《进德会报告》，《北京大学日刊》1918 年 5 月 30 日。

亦"可以谢人",以期实现"苟人人能守会约,则谤因既灭,不弭谤而自弭。其或未灭,则造因之范围愈狭"之目的。[1]北大校风经过此番整顿后,师生找回了久违的道德归属感,发挥了超越现实的表率作用,日本东京的《日支时论》曾对此会宣言进行译载,并给予高度的认可和评价,称赞蔡元培为"一代硕学及德望家,素为人之所知,今观此趣意书,不特可知中国有识者阶级之社会道德观,及对于社会改良之意见,并亦可借以知中国之一面也"[2]。

学校教育在促进学生道德养成的同时,德育还需要与智育、体育和美育紧密结合,才能起到良好的教育效果。

二、重视道德实践促学生道德个性

教师要培养学生的"完全人格",在道德教育中应当重视学生的个性,鼓励学生积极从事道德实践,借助德育培养学生的完全人格,这样的做法是在"知道学生个性"的前提下,培养学生的"自治能力"和"自动的精神"。蔡元培强调"尚自然"是指尊重学生的自然天性,启发道德自觉精神;"展个性",是根据学生的不同特点,发展每个人独特的道德个性。道德教育不是强制学生接受一般无二的道德戒律,把学生培育成墨守成规、缺乏自觉意识的人,而是要通过道德熏养,使学生掌握道德真义,在道德实践中自觉履行,养成自由自觉的道德人格,做一个有独立道德判断力和选择能力的人。蔡元培认为,要发展道德个性,养成"完全人格",必须重视道德实践。只说而没有行动的落实,或者言不由衷、表里不一,都绝不可能培养出高尚的品性。在任北大校长期间,他积极倡导学生在具体实践中知行合一,支持学生参与反帝反封建的爱国主义运动。这种做法无疑对北大学子新型道德人格的养成,

[1] 高平叔编:《蔡元培全集·北京大学进德会旨趣书》(第3卷),北京:中华书局,1984年,第124页。

[2]《日支时论》,东京:第4卷第2号。

起到极大的促进作用，也使北大校园成为五四新文化运动的主阵地。

蔡元培指出，旧教育体制之下，教育目的在于养成科名仕宦之材，并将此单一的教育目的强行施加于受教育者身上，于是教育内容均以博得科举考试成功的诗文经籍为主。而诸如自然科学与社会科学等，对受教育者全面发展具有重要影响，却因与科举考试无关，很难进入教育内容的主体之中。教育方法也一味地迎合科举考试，过度强化对受教育者严明奖惩的自上而下的灌输式方法，严重忽视对受教育者的个性发展需求的满足。新教育在目的、内容与方法上与旧教育形成鲜明对比，其以促成受教育者的自然的、个性的、全面的发展为目的，不强行追求单调划一的发展结果。在顺应受教育者身心发展的自然规律的基础上，尊重受教育者的个性发展需求，注重多样化教育内容的施加以及因材施教。蔡元培反对注入式、填鸭式的教学，指出教书并非像注水入瓶那样注满完事，重在启发读书的兴趣，发挥自主精神去研究，等到学生实在无能为力时，再去帮助他。他注意运用教育实验的方法，根据教育过程中各种状况的即时变化，适应调整教育方案，以取得理想的教育效果。

在蔡元培的教育实践中，始终坚持"尚自然""展个性"的原则。在南洋公学时，他提倡学生自己读书。在主持爱国学社时，他给予学生充分的民主和自由。任北大校长期间，他遵循思想自由、学术自由的原则，强调个性自由发展，具体实践如下。

第一，选科制替代年级制。

以往北大实行年级制，学生一学年所学课程全为必修，往往"使锐进者无可见长"，而"留级者每因数种课程之不及格，须全部复习"，导致学生的个性与潜能得不到充分发挥，使他们失去学习兴趣。蔡元培对此学制持否定意见，认为其不利于学生自由地"专研其心向之学科"，进而召集会议商讨学制改革相关事宜。1919年暑假后，课程设置一改过去的"年级制"，仿照美国大学学制，采用选科制度，允许学生在必修一定限量课程之外，自由选修一定数量的其他课程，以发展其兴趣和爱好。学校规定本科生学满80个单位（每周一学时，学完全年为一单位）即可毕业，80个单位之中，一半为必修课，一半为选修课，选修课可以自由选择，不限于本系课程；预科生规定为40个单位，四分之三为必修课，四分之一为选修课。1921年修改为80个单位课程之中，三分之二是必修课，三分之一是选修课，选科制的制订为后来大学学分制的实施奠定了良好的前期基础。从学生的角度讲，有利于增强学习兴趣，促进学习的主动性，培养发展了学生的个性精神；从教师角度讲，为依照教师研究兴趣开设课程创造了条件，由于选修课的增多，教师可以根据自己的研究题目设置课程，供学生选择，使课表变得灵活。在蔡元培"尚自然，展个性"思想的指导下，选科制的改革既有利于因材施教，又有利于专门人才的培养，在反对封建教育对学生的摧残、解放学生个性方面，发挥着积极意义。

第二，学生自动研求学术。

学校中，学生不能单靠教科书和教师的讲习，"自动自习，随时注意，自己发现求学的门径和学问的兴趣，更为要紧"，只有"自动研究学问，才能够发达个性，个性发达，才有创造的能力"[1]。所以蔡元培主张教师在课堂上尽可能地少讲精讲，"不专叫学生在讲堂上听讲，要省出多少时间，让他自己去研究"[2]。学生只有在"日新不已的研究空气中，才能真的得到丰富的知识"[3]。大学期间，"授课与研究之时间，须有相当之分量"[4]。前两年传授一般课程，使学生预备专门研究之基本知识，后两年为专门研究，"以求专精一艺"。学生在研求的过程中，需要对自身的学问能力有切实了解，明白自己研究能力的长处与短处，同时需要配备专科的导师，以随时指导研究中出现的问题，除

[1] 中国蔡元培研究会编：《蔡元培全集·在北京大学全体学生欢迎蔡校长考察欧美教育回国大会上的演说》（第4卷），杭州：浙江教育出版社，1997年，第400页。
[2] 高平叔编：《蔡元培教育论集》，长沙：湖南教育出版社，1987年，第275页。
[3] 高平叔编：《蔡元培教育论集》，长沙：湖南教育出版社，1987年，第448页。
[4] 高平叔编：《蔡元培教育论集》，长沙：湖南教育出版社，1987年，第287页。

此之外，同学之间的相互切磋以及研究中的质疑精神同样是必不可少的。为了把学生的兴趣吸引到学术研究上来，蔡元培采取多种措施以辅之。一是鼓励和扶植各种学术团体。使史学会、教育研究会、哲学研究会、新闻学研究会、文学研究会、史学讲演会、孔子研究会等各种学会如雨后春笋般涌现。二是鼓励和支持创办学术刊物。除学校创办的《北京大学日刊》和《北京大学月刊》外，有教师积极主办的《新青年》《每周评论》《国故月刊》，还有学生主办的非常具有影响力的《国民杂志》《新潮》等。三是邀请中外著名的专家、学者做演讲。内容涉及人文、社会和自然科学等多个方面，既包含专题性学术报告，又覆盖普及性介绍。这些措施的主要意义是，开阔学生的知识面，"提起学理的研究心""引起研究的兴味"。

三、学术并行的育人之道

蔡元培讲道："诸君来此求学，必有一定宗旨，欲知宗旨之正大与否，必先知大学之性质。今人肄业专门学校，学成任事，此固势所必然。而在大学则不然，大学者，研究高深学问者也。"[1]其中所蕴含的思想深意在后来的《读周春嶽君〈大学改制之商榷〉》一文中进行了更为细致的阐释："学与术虽关系至为密切，而习之者旨趣不同。文、理，学也，虽亦有间接之应用，而治此者以研究真理为的，终身以之。所兼营者，不过教授著述之业，不出学理范围。法、商、医、工，术也。直接应用，治此者虽亦可有永久研究之兴趣，而及一程度，不可不服务于社会；转以服务时之所经验，促其术之进步，与治学者之极深研几，不相侔也。"从上述表述中，我们可以看出"学与术可分为两个名词，学为学理，术为应用。各国大学中所有的科目，如工商、如法律、如医学，非但研求学理，而且讲求适应，都是术。纯粹的科学与哲学，

---

[1] 中国蔡元培研究会编：《蔡元培全集·就任北京大学校长之演说》(第3卷)，杭州：浙江教育出版社，1997年，第8页。

就是学。学必借术以应用，术必以学为基本，两者并进始可"。他认为思想理论、学术"只从狭义做去，不问深的理由"，这是近视的做法，并认为凡是好的技师、医生，都必定是既有"熟练技能而又深通学理的人"。一国中，练习技术的人虽多，但研究科学的人很少，那技术也是无源之水，不能会通改进，发展终属有限。他把学与术两者的关系归纳为"学为基本，术为支干，不可不求其相应"的认识是极为明智的。此种思想指导之下，他首次把科学研究引入高等学校，将北大办成文理合设的综合性大学，建设各种研究会，支持出版《北京大学月刊》，为全校师生提供交流科研成果的平台，并且创设了各类研究所。不仅为教员提供科研条件，而且为学生提供了毕业后的深造机会，使得北大不仅成为五四新文化传播的阵地，也成为全国学术研究的中心。

蔡元培强调大学整顿的同时，也非常重视中小学的教育问题，特别强调要打好基础，就像盖房子一样，"必得先求地基坚实，若起初不留意，等到高屋将成，才发现地基不稳，才想方设法补救，已经来不及了"[1]。为了加强基础教育，他不同意在中学就把文理分科，认为这样会降低基础教育的程度，大学也不能把两者截然分开。虽然大学培养人才的基调是"专精"，但也要沟通文理，"习文科各门者，不可不兼习理科之某种（如习史学者，兼习地质学，习哲学者，兼习生物学之类）；习理科者，不可不兼习文科之某种（如哲学史、文明史之类）"，从而能够成为一定意义上的通才，而避免偏狭。[2]

---

[1]　胡国枢：《蔡元培评传》，开封：河南教育出版社，1990 年，第 182 页。

[2]　中国蔡元培研究会编：《蔡元培全集·在北京专门以上学校校长会议提出讨论之问题》（第 3 卷），杭州：浙江教育出版社，1997 年，第 421 页。

第三节　社会教育

社会教育一词，最早源于德国社会教育学家狄斯特威格《德国教师陶冶的引路者》一书。他以博爱为出发点，就当时公民教育、手工训练、为童工与不幸儿童创办社会教育机构（如实科学校）等一系列问题进行研究，希冀打破传统教育受众之局限，通过社会教育的方式，帮助未能接受教育的国民群体。甲午中日战争后，社会教育由日本传入中国，通过对日本的学习进而学习西方社会教育所倡导的"责任、道德、社会文化、终身教育"等理念。

1912年，时任南京临时政府教育部教育总长的蔡元培，眼见各国社会教育事业之发达，深信要提高全体国民的素质，教育之责任不仅在青年，还必须关注被排斥在正规教育之外的"年长的失学者"。于是，调整教育机构，设立社会教育司，以督促管理全国各省社会教育，并且提出"以为必有极广之社会教育，而后无人无时不可以受教育，乃可谓教育普及"[1]。这是"社会教育"一词首次正式出现在中国的官方文件中。从蔡元培主张设立社会教育司的初衷来看，是因为我国"年长的失学成年人太多"，若使全体国民素质得以提升，达到改良社会之目的，就需要有力发挥社会教育的功用，向社会民众普及知识，培养国民的公共道德观念，增强国民责任意识。1931年11月，由蔡元培主持的国民党第四次全国代表大会教育组审查委员会确定了社会教育的宗旨："必须使人民认识国际情况，了解民族意义，并具备近代都市及农村生活之常识，家庭经济改善之技能，公民自治必备之资格，保护公共事业及

---

[1]　蔡元培：《蔡孑民先生言行录》（上），济南：山东人民出版社，1998年，第11页。

森林园地之习惯，养老、恤贫、防灾、互助之美德。"[1]由此，可以看出社会教育具有明显的公益性，通过向社会民众开展通俗教育，以达到普及知识、提倡新道德之目的。

一、以民为本普及知识

蔡元培之所以重视发展社会教育，与当时国内教育背景和他的出国留学经历密切相关。清末民初的中国社会患有愚、贫、弱、私等痼疾，文盲约占全国人口总数的百分之七八十，此种情形之下，民主政治难以推进，国家的实业也难以得到振兴。国家若要发展富强，靠的是大众的普遍觉醒，而不仅仅是少数人的努力。蔡元培深感社会教育的必要性和重要性，主张"立于人民之地位以定标准"，人人都是平等的，都应该拥有受教育的权利和机会。他将社会教育的对象定义为广大的人民群众，特别是劳动人民，即"一般的工人、未受学校教育的人或粗通文义的人"[2]，他将社会产生贫富不均的原因归结为教育的不平等，尽管这一思想具有偏颇性，但认为社会教育能够促进教育的普及和平等的观点确实具备合理性。追本溯源蔡元培民本教育思想，一是源于儒家传统民本思想。如：孔子的"有教无类"，打破了奴隶主阶层对教育的垄断，把平民子弟纳入受教育的范围；孟子提倡的"民惟邦本，本固邦宁"重民思想，蔡元培坚信"民重君轻"的仁政学说思想，赞同儒家自由、公平的教育精神，认为"教育所讲授之学说，自孔子、孟子至黄梨洲氏，无不具有民政之精神"[3]。二是源于西方启蒙思想家反对封建传统思想和宗教学说的影

---

[1] 高平叔编：《蔡元培全集·国民党四全大会教育组审查报告》（第6卷），北京：中华书局，1988年，第145页。

[2] 盛家林：《蔡元培的社会教育思想》，《天津师范大学学报》（社会科学版）1985年第5期，第48页。

[3] 高平叔编：《蔡元培全集·华法教育会之意趣》（第2卷），北京：中华书局，1984年，第415页。

响。受法国思想家卢梭、孟德斯鸠和伏尔泰等自由、平等学说的影响，蔡元培民本思想的核心要义就是强调人民拥有自由、平等的民主权利。

在当时的社会条件下，蔡元培清楚意识到要提高整个国家的国民素质，单靠学校教育是不够的，必须大力发展社会教育，并加强社会教育与学校教育的联系。为更好地实施社会教育，以启发民智，培养社会所需人才，蔡元培提出并实行多种切实可行的渠道与方法。

第一，发起国语运动，促进民众识字教育。

在文盲占人口总数百分之七八十的中国社会里，"无论有何等完善的宪法，只不过是供少数知识阶级的工具，于全民是没有关系的"[1]，实现教育的普及与平等，急需改变这些没有受过教育的大多数人，从最基础的识字教育抓起。为推动识字教育顺畅开展，蔡元培发起国语运动，推行注音符号，"教导全国不识字的人从使用注音符号，进而认识文字，以达到全国人人识字的目的""要求民众学校首应教授注音符号，以便帮助识字；民众读物以及各项文告，应用国语文编辑，文字旁边酌量加注注音符号"[2]。一系列政策的实施，对人民的识字教育起到极大的促进作用。与此同时，他还建议向民众传授基础的科学文化知识与基本技能，增强人民的谋生手段。

第二，依托学校资源开办社会教育，密切双方联系。

蔡元培认为科举时代的教育不过是得一个便利的机会，养成一己的才具，废科举兴学校后的教育也未有太多改变，大多数人对于学校的观念依旧停留于此，故而难以培养出适应社会发展需要的人才。社会对他们存在不满，学生也难以适应社会环境，归根结底在于"学校与社会不能联络的结果"。故而，积极扭转这种僵化局面势在必行，这就需要变革学校教育制度，开放教育形式，利用社会教育的方式，密切学校与社会之间的联系与沟通。一是走

[1]　高平叔编：《蔡元培全集·吾国文化运动之过去与将来》（第6卷），北京：中华书局，1988年，第423页。

[2]　高平叔编：《蔡元培教育论著选》，北京：人民教育出版社，1991年，第636页。

出去。学校利用人才、设备等自身资源优势，采用组织会、讲演会的形式走到平民中去，实施社会教育。在他的积极扶持之下，成立了多个与社会联系紧密的学术演讲团体，聘请教员以公开的方式进行演讲，普通市民可以免费自由听讲。二是走进来。采用校役夜班、平民夜校的形式使平民走进学校接受教育。他非常赏识美国人在假期利用学校办特殊教育的方式，认为国内可以效仿，同时希望一切教育事业的举办都能以学校为中心，从而达到互为贯通的效果，而且使"经费与人才集中于学校，学校亦不至现在的枯窘"。他在《北京大学校役夜班开学时演说》中讲到"无人不当学，而亦无时不当学也"，人人都有受教育的权利，也应该不间断地学习。校园之内教员自励于学，学生由教员助之为学，唯有校役无就学机会，故开设校役夜课，提供学习机会，通过学习"既有益于现在之地位，又有益于他种职业之预备"[1]。后来，蔡元培以"养育健全人格之平民社会改良实效"为宗旨，支持学生创办平民夜校，使社会上更多的人有机会接受高等教育，从而使其成为充分发挥学校资源优势创办社会教育的重要形式。

蔡元培认为，社会教育具有弥补学校教育盲区的功能和效用。教育不仅是为年轻学生而准备，更是面向社会全体公民，贯穿人生的全过程，学校教育资源应当为社会共有，对社会开放，成为民众实现终身教育的重要场所。故而，学校教育在职能、途径、方法上需要有所变革，使受教育者在教育过程的每一个阶段都能积极参与其中，保障人的一生都有接受学校教育的机会。只有这样，学校和社会彼此之间才能形成良好互动，使社会的整体教育资源得到充分利用，真正实现教育的全民参与。

第三，重视传播媒介的宣传作用，推动社会教育。

晚清以来，不断有西方人或传教士在中国创办报纸，成为向中国传播宗教和新知的中间媒介。之后，洋务派、维新派开启了中国人办报的历史，使用报纸宣传政治主张、启迪民智，形成了中国近代知识分子借助新媒体参与

---

[1] 高平叔编：《蔡元培教育文选》，北京：人民教育出版社，1980年，第37页。

政治、社会实践的传统。蔡元培有着丰富的办报经验，非常重视报纸、杂志等传播媒介的社会教育作用，认为它既有利于普通民众获得知识启蒙，又有助于形成民族国家共同体观念。他参与创办《苏报》《俄事警闻》《警钟日报》等多种报刊，明白新闻对社会信息传播的重要影响作用，还与李大钊一起创办《每周评论》《北京大学日刊》等刊物，支持学生创办《国民》《新潮》等期刊，利用这些期刊宣传新思想、新文化，达到普及国民常识、提高国民思想之效果。1918年10月，北京大学正式成立新闻研究会，蔡元培担任会长，并主持制定研究会的八项章程，第五项中写道"本会隶属于北京大学，校内外人均得入会"，后改名为"北京大学新闻学研究会"，突出新闻理论研究和新闻实践的重要性，规定"校内外人均可入会为会员"，这就为校外进步青年提供了"输灌新闻智识，增长新闻经验"的机会。同时，蔡元培也指出，倘若报纸、杂志不注意，也会产生消极影响，造成"贻害于社会之罪"。

二、培养国民公共道德观念

蔡元培重视社会道德建设，认为知识与德性，并非生而有之，要使自己成为完善的人，"必经教育而始成定之品性"。社会教育中，他强调要把道德教育放于重要的位置，提出"恢复民族精神，提高国民道德"[1]。1912年，因痛感社会风气之败坏，他号召发起社会改良会，拟定章程，联络同仁，采用人道主义和科学知识作为依据标准，制定改良社会之条件，努力推动社会改革。

蔡元培也非常重视公共设施美育效用的发挥，为保障学生走出校门仍然能够接受教育，他特别强调了社会美育。"诸如美术馆、博物馆、展览会、科学器械陈列馆等，均足以增进普通人之智德，而所费亦不甚巨"，也可以使人

---

[1]　高平叔编：《蔡元培全集·在大学院拟定中华民国教育宗旨》(第5卷)，北京：中华书局，1988年，第276页。

的情感得以陶冶，心灵得以净化，精神境界得以提升，从而促进个人的全面发展。他说："社会教育本为灌输知识之一种良好的方法，……今后一切展览会的陈列，民众教育的布置，以及各种游艺场所的演唱，均须以贯注科学知识、指导生产技术为目标，以增加生产之效果。"[1]故而，为建设和充分发挥社会公共教育设施的美育作用，他赞助组建中国教育研究会、北京通俗教育会和历史博物馆，督办南京通俗教育馆等一系列社会教育机构，促使良好社会教育系统得以真正建立，使教育真正达到"和谐育人"的最高境界，以期培养国家发展所需要的各方面人才。

三、增强国民社会责任意识

自1907年来的20年间，蔡元培五次走出国门，在德国莱比锡大学学习并切实考察欧美国家的教育事业，从中汲取丰富的社会教育经验，为其归国后改革封建教育制度，从事具体的社会教育实践奠定思想理论基础。在担任中华民国教育总长期间，为提倡成人教育、补习教育而专设社会教育司，并在全国临时教育会的演说中提出"须立于民国之地位，而体验其在世界、在社会有何等责任，应受何等教育"[2]，对教育的性质进行了重新定位，一改过去的少数官吏教育为国民教育，"遍设小学于国中，养成国民应有之智识技能"。1927年7月起担任南京政府大学院院长，拟定教育宗旨时提出"恢复民族精神，发扬固有文化，提高国民道德""宣扬平等精义，增进服务社会之道德"[3]等。在大学院设社会教育处，规定各省社会教育经费应占到全部教育经费的

[1] 高平叔编:《蔡元培全集·谈今后的教育》(第6卷)，北京:中华书局，1988年，第71页。

[2] 高平叔编:《蔡元培全集·全国临时教育会议开会词》(第2卷)，北京:中华书局，1984年，第262页。

[3] 高平叔编:《蔡元培全集·在大学院拟定中华民国教育宗旨》(第5卷)，北京:中华书局，1988年，第276页。

20%～30%。

1931年，在蔡元培的努力之下，国民党第四次全国代表大会教育组审查委员会确立了社会教育宗旨，"必须使人民认识国际情况，了解民族意义，并具备近代都市及农村生活之常识，家庭经济改善之技能，公民自治必备之资格，保护公共事业及森林园地之习惯，养老、恤贫、防灾、互助之美德"[1]。社会教育是家庭教育的依托，对家庭教育和学校教育起着辅助作用。此宗旨之下，主张对国民施行资产阶级政治教育，以消除根深蒂固的封建专制思想，培养受教育者具有远大理想抱负和服务社会的责任感，为今日教育上训育之标准；将社会教育对象定义为广大人民群众，范围宽泛，意在倡导教育的普及和公平，而不论民族、年龄、性别之差别，人人有权接受教育；"对民众进行资产阶级道德观念教育，以人人平等的观念去取代封建等级观念，以男女平等、婚姻自主代替男尊女卑、买卖婚姻"[2]。在《社会改良章程》中，他还"提倡个人自立，不依赖亲朋""废跪拜之礼，以鞠躬、拱手代之"；提出"废缠足、穿耳、敷脂粉之习""养成清洁之习惯""日常行动，不得妨碍公共卫生""提倡以私财或遗产补助公益善举"。章程以人道主义及科学知识为标准，而定改良社会之条件，以保持共和国民之人格，在社会教育中认清国际情况，了解民族意义，增强社会责任意识，以渐达于大道为公之盛。

本章小结

蔡元培是中华民国首任教育总长，作为一名教育家，他将毕生精力投入中国教育事业，奠定了中国新式教育制度的基础，在具体的教育实践中逐步推广实施其教育思想及理念，以提高民族素质、推动社会进步。本章主要从

[1] 高平叔编：《蔡元培全集·国民党四全大会教育组审查报告》（第6卷），北京：中华书局，1988年，第145页。
[2] 金林祥：《蔡元培教育思想研究》，沈阳：辽宁教育出版社，1994年，第201页。

家庭教育、学校教育和社会教育入手，阐释了蔡元培道德教育思想的实现路径。家庭是道德教育的关键起点，教育子女亦为父母之本务。如何行教子之道，蔡元培从孝道为重要道德原则、以身作则重榜样示范、严慈相济养中正品格三方面提出了自己的观点；学校道德教育重在养成学生自由自觉的道德人格，做有独立道德判断力和选择能力的人；社会教育则是借助通俗教育活动的广泛开展，能够向社会民众普及知识，提倡新道德。总而言之，无论是在家庭教育、学校教育还是社会教育中，蔡元培都能够自觉将自己的思想理论巧妙贯穿其中，得到良好的教育效果和社会影响。

第五章　蔡元培道德教育思想的特征及评价

开展历史人物思想研究，对其进行客观而公允的评价是研究者的应有态度，研究过程中，学者也会因视角、方法的不一，对同一问题形成不同的观点与认识，关于蔡元培的研究同样也不例外。蔡元培致力于批判封建主义旧道德，发扬民主主义新道德，其道德教育思想对促进我国文化教育和科学事业的发展，做出了重大的历史功绩。与此同时，他的思想也不免受到特定的时代、阶级及认识的限制，有其自身的局限性与片面性。综合以上因素，展开全面而客观的评析，是本次研究工作非常必要的一个环节。

第一节　蔡元培道德教育思想的历史定位

蔡元培一生致力于推动国家教育、文化、科学事业的发展，传播新思想，研究新学术，积累了丰富的教育实践经验。其思想的涉及面十分宽泛，不仅包括教育，而且在哲学、政治、文化、科学等方面颇有研究。在其整体教育思想体系中，道德教育思想占有重要的一席之地，相关内容不仅在《中学修身教科书》《华工学校讲义》《伦理学原理》等多部著作中有所论述，更在日常的政治活动、教育活动、社会活动中一以贯之，使思想不只体现于理论层面的论述，更富于实践层面的践行，也为中国近现代德育关注学生全面人格的养成，起到了奠基作用。因此，蔡元培道德教育思想无论在蔡元培思想体系中，抑或在中国近代教育史上都占据着重要的地位，影响了中国几代人，时至今日仍不失其价值和意义。

一、开启了民国道德教育新历程

近代中国真正意义上开展国民道德教育始于严复，他通过翻译论著来介绍西方资产阶级的思想和科学理念，认识到科举制度下重智育轻德育的危害，提出"鼓民力、开民智、新民德"的"三育救国论"，试图以强健民族体魄、学习西学、加强公民道德建设来挽救民族国家危亡。蔡元培通过阅读严复译著，学习到达尔文"物竞天择，适者生存"的进化论，以及斯宾塞的社会进化论，并以此类推到对人类道德理论的思考，同时在借鉴"三育说"的基础上，形成独具特色的五育并举思想，倡导以"教育救国""道德救国"为途径，培养社会所需的大批革新人才。在《中学修身教科书》中专设《教育》《爱国》章节，他详细地阐述教育和国家、国运之间的关系，提出教育目的有两点，一是使国民有本领自立于社会，二是使其有贤能贡献于国家，这是国民对国家的义务。国民的智、愚、勤、惰关系国运的起伏，若要国运兴隆，一定要开展道德教育，养成国民健全之人格和服务社会的精神，从而更好地效力国家。

蔡元培所倡导的"以公民道德为中坚"的五育观具有极强的现实性和针对性。由于他的特殊地位身份，其中的大多数主张也得以转化为民国初期的教育方针，开启了民国道德教育新历程，深刻影响了近代教育的改革与发展。在"五育并举"的教育思想体系中，蔡元培一方面突出道德教育的中坚地位，强调只有注重道德教育，国家才能有正确的发展方向，避免种种社会弊端与矛盾，转变腐朽的社会风气；教育也能有正确的发展方向，促使国民摆脱封建落后的道德束缚，养成健全之人格，建立起人与人之间的平等关系。另一方面亦明确"五育"之间有机统一的重要性，尽管五育中每项教育都有各自不同的内涵与任务，但均为"养成共和国民健全之人格"所必需，五育之间彼此交融，是统一整体所缺一不可的部分。时至今日，蔡元培将道德教育视为教育"根本"，重视五育之间的联系性，促进人的全面发展等诸多理念也远未过时，这为我们如何正确认识德育与其他各育的关系，如何促进五者之间的有机结合提供了良好的解决思路和方法，具有重要的理论和现实意义。在教育过程中，蔡元培倡导主体性德育原则，尊重学生的主体地位，通过开展启发式教学，引发学生的学习兴趣，反对教育中的整齐划一，充分尊重学生个性基础，结合学生的能力与爱好有针对性地因材施教，同时也注重发挥学生的自主性和能动性，培养他们自我学习、自我陶冶的良好习惯，最终促使学生品德全面提升，实现全面发展，这对促进近代教育的现代性转型发挥着重要作用。

正是由于蔡元培为教育事业所做的不懈努力，我国才得以建立了比较完整的近代教育制度，促进了文化教育和科学事业的发展，当属一个重大的历史功绩。

二、开辟了大学育人新局面

北京大学自蔡元培执掌起，变封建残余之太学为研究高深学问之学府。是什么原因促使北京大学产生如此巨大的转型？正是源于蔡元培"思想自由、兼容并包"的办学思路。蔡元培明确指出大学是研究高深学问的机构，要为学术而学术，而不能以实用为目的。为此，他迎难而上，提倡学术民主，反对政治干涉，从而一改北大浓厚的陈旧封建官僚习气，开创了北大前所未有的学术自由、思想争鸣的新局面。从选聘教员来看，蔡元培不拘一格广纳人才，提倡思想自由，倡导不同学术观点的自由辩论，真正做到"取其精华，弃其糟粕"，对促进思想解放具有重要作用。

同时，在改革传统德育的基础上，蔡元培又将西方"自由、平等、博爱"的先进道德思想引进大学，以"爱"为核心，以修己为根本，重视学生的"自治"，充分发扬学生的主动、自觉精神，完成对学生的道德培养。蔡元培主张学生在学习上要力求长进，采取自学的方法进行自我帮助，勤于思考，勤于习作，去"发现求学的门径和学问的兴趣"[1]；对于学生的管理，他同样提出了"自治"的主张，"最好由学生自定规则，自己遵守"[2]，认为"自治"的效果要比"被治"好得多。在他看来，之所以学生会闹出许多不规则的事情和笑话，皆是他人代为管理的缘故。在北大具体学生管理实践中，他一改过去把学生看作被治者的偏见，以自治为先导，设立学生自治委员会，充分引导发挥学生的自治能力，使学生在品德修养方面互为勉励，成为学校管理和服务社会的重要力量。为使学生自治能力得到进一步锻炼，他还发起创办了多个社团组织，如：新闻学研究会、文学研究会、孔子研究会、画法研究会等。对于这些社团，蔡元培尽心指导，有的还亲自领导运行，从而有力地调动了北大师生的学习积极性，使学生在钻研业务上投入较多精力，克服以往不正常消遣的旧习，使自我管理、自我教育得以有效强化。其中广为人知的"进德会"，更是在提高师生道德修养方面发挥出积极的促进作用。在蔡元培的带领下，北京大学的精神面貌焕然一新，短短五六年时间内一改过去沉闷、腐败之风气，自由研究的学术氛围蔚然成风，从而使北大在新文化运动中发挥着核心作用，指引着新文化运动的发展方向；同样，在五四爱国运动中，北大学生之所以能够成为先导者，也与蔡元培注重发扬学生的"自治"精神有着密不可分的关系。

---

[1] 高平叔编：《蔡元培全集·对于学生的希望》（第 4 卷），北京：中华书局，1984 年，第 39 页。

[2] 高平叔编：《蔡元培全集·对于学生的希望》（第 4 卷），北京：中华书局，1984 年，第 39 页。

三、提供了美育育德新主张

在我国古代传统教育中，美育从属于德育，并在其影响下呈现出伦理化倾向，而自身的相对独立性始终处于被忽视的状态。民国初年，在美育受到冷落的现实条件下，蔡元培首创"五育并举"，第一次明确将美育列入教育方针，推动制度层面的落实，并在此后的演讲著述以及教育实践中大力倡导，美育在蔡元培教育思想体系中占据举足轻重的地位。对于美育的提倡，蔡元培略晚于王国维，王国维于1906年撰写并发表《论教育之宗旨》，提出体育、知育、德育、美育之间相辅相成，把受教育者培养成"完全之人物"[1]。受到康德、叔本华美学思想影响，王国维主要从哲学及美学原理的角度出发，阐释美的本质、特点及功能，思想中富有较浓厚的哲学思辨色彩，偏重于理论建设。而蔡元培更多的是关注美育实践层面上的可操作性，在《美育的实施方法》中，他从家庭美育、学校美育、社会美育出发，论述"美育使人我之见、利己损人之思念，以渐消沮者也"，以实现"以美育德"的可行性。蔡元培认为家庭美育应从胎教开始，提出设立胎教院及育婴院，对建筑的形式、陈列的家具、种植的花木都做出具体的规范与要求，要求婴幼儿生活环境优美整洁，坚决摒弃鄙陋的语言及粗暴的行为。学校美育中舞蹈、唱歌、图画、音乐、美术、文学等属于直接的美育课程，所学的数学、物理、化学、地理、历史中也包含诸多美的要素，大学中既有美术、音乐的专门学校，也可以组织相关的学生社团。社会美育包括专设机构（美术馆、剧院、博物馆等）和美化环境（完善道路、建筑、公园等基础设施）两个方面。希冀借助家庭美育、学校美育、社会美育三种途径，达到美育之目的——"陶冶活泼敏锐之性灵，养成高尚纯洁之人格"[2]，从而为实现救国救民的道德政治理想而服务。这在古今中外教育史上是前所未有的，也为美育的广泛普及奠定了丰厚的物质基础。

---

[1] 姚淦铭、王燕：《王国维文集》（第3卷），北京：中国文史出版社，1997年，第59页。

[2] 高平叔编：《蔡元培美育论集》，长沙：湖南教育出版社，1987年，第184页。

第二节　蔡元培道德教育思想的基本特征

关于蔡元培道德教育思想，我们从其诸多著作中可窥一斑：力倡"以公民道德教育为中坚"的五育并举，强调德育与其他四育之间并非对立之关系，而是重视各育之间的有机结合，以造就国民健全人格，实现"育国家之良民"的理想。内核之中既融合了儒家"修身、齐家、治国、平天下"的思想精髓，又贯通了西方"自由、平等、博爱"的价值内涵，在近代教育史上意义非凡。

一、自律修身与他律约束相协调

众所周知，西方社会多用权威性、强制性的法律规范来治理社会，是倡导"他律"的法制型社会；传统中国社会，虽然对不当行为也会采取制约和惩罚，但更为强调的是"自律"，是道德人格的自我修养与完善。蔡元培的道德教育思想体现了中西二者的融合。

首先，蔡元培强调修身必先修德。"人之所以异于禽兽者，以其有德性耳。"[1]蔡元培指出人之所以为人，区别于其他动物，关键在于人有德性，康健的身体、良好的知识储备都是实行道德的前提条件。他将精兵喻为好的身体，把良将比作好的德性，精兵只有在良将的指导之下才能发挥重要作用，修身首要的、根本性的要素是德性修养。其次，蔡元培强调法律的重要性。"法律者，维持国家之大纲，吾人必由此而始能保有其权利者也。"[2]他认为个

---

[1] 中国蔡元培研究会编：《蔡元培全集·中学修身教科书》(第2卷)，杭州：浙江教育出版社，1997年，第93页。

[2] 中国蔡元培研究会编：《蔡元培全集·中学修身教科书》(第2卷)，杭州：浙江教育出版社，1997年，第134页。

人以遵守法律为第一要义，每个人应该通过法律保障自身的权利。对于权利与义务的关系，他认为权利和义务相伴而生，无权利的义务与无义务的权利是不存在的，权利必有与之相当之义务，义务亦必有与之相当之权利，二者之间不可偏废任何一方。又提出"鄙人对于权利、义务之观念，并非相对的。盖人类上有究竟之义务，所以克尽义务者，是谓权利；或受外界之阻力，而使不克尽义务，是谓权利之丧失。是权利由义务而生，并非对待关系"[1]。两个观点已有微妙变化，后者更为强调权利由义务而生。究其原因是二者所处背景不同，前者将权利义务置于"国家"这个大范围内予以论述，而后者更强调个人对社会与国家应尽责任的能力，阐释人生的意义。在中西文化交融的近代社会，西方政治民主思想被引入国内，思想观念深受影响的蔡元培，试图运用法律意识之光，唤醒专制体制下国人的民权意识。

二、中国传统与西方精髓相兼容

作为晚清翰林，蔡元培对中国传统道德具有深切的了解；同时作为多次留学出访欧洲的留学生，他又对西方资本主义社会的政治、社会制度以及道德教育状况有很好的把握。在对比分析中，他正确体认到道德文化层面的差异，主张把继承传统道德文化同广泛学习西方先进道德文化紧密结合起来，通过吸收和消化，创建与时代相适应的道德文化。

1.继承与发扬儒家中庸之道

继承与发扬优秀传统文化的态度贯穿蔡元培道德教育思想及道德实践的全过程。蔡元培全面考察了中华民族先秦至清末的伦理思想发展史，认识到

---

[1]　中国蔡元培研究会编：《蔡元培全集·全国临时教育会议开会词》（第 2 卷），杭州：浙江教育出版社，1997 年，第 178 页。

"儒家言，足以代表吾民族之根本理想"[1]。在这种思想指引下，蔡元培对中国的传统伦理道德思想，大体持肯定态度，就儒家道德思想的哲学基础来讲，乃"中庸"之道。

儒家"中庸之道"这一把握世界的思维方式，不仅是蔡元培日常行事的基本准则，而且是他衡量事物的重要依据。从蔡元培道德教育思想兼容并包的逻辑起点来看，在对待中西文化上，他坚持中庸的方法论，认为"主张保存国粹的，说西洋科学破产；主张输入欧化的，说中国旧文明没有价值"[2]，这些都属于较为偏激的观点。蔡元培鼓励从自身特点出发，去吸收西方先进的思想精华。具体到道德问题上，他极力反对采取非此即彼的对立观点，主张将中国儒家传统道德观念同欧洲资产阶级道德观念相融合，既充分利用本民族固有的"仁爱、信义、诚朴"等伦理精华，又积极开拓西方"人权、科学、平等"等现代道德资源，融"旧德"于"新知"。从晚清"中西糅杂"发展为"中西兼容"，以培养国民健全人格；道德教育以"自由、平等、博爱"为纲，并以儒家"义""恕""仁"进行诠释，以论证其不悖于中国的传统道德。在道德教育内容的处理上也不乏中庸之道的运用，主张公德私德兼修，消极道德与积极道德并养，二者皆不可偏废。教育实践方面，中庸精神亦是蕴含其中，他不拘一格网罗各派学者，新旧各派兼收并蓄，既有守旧派，也有激进派，不同的学术观点之间展开自由辩说，营造出百花齐放、百家争鸣的学术氛围，学生自由选择，不再拘泥于一家之说，对促进思想解放具有重要作用。

2.汲取与融合西方文化精华

19世纪末20世纪初，面对内忧外患的社会境况，无数仁人志士开始了近代化的探索，决心学习西方的民主政治制度及先进的科学技术，以改造中国。

---

[1] 蔡元培：《中国伦理学史》，南昌：江西教育出版社，2018年，第6页。

[2] 高平叔编：《蔡元培全集·三民主义的中和性》（第5卷），北京：中华书局，1988年，第283页。

蔡元培多次赴欧美国家留学考察，留意西学，研究西方文化，逐步意识到中国伦理道德的落后与腐朽，封建旧道德对人性的压制与束缚。从而主张吸收消化西方先进文化精华，结合时代特征需求，建立新的社会道德，通过道德教育改变腐朽的社会风气，帮助国民从封建伦理道德的束缚中解放出来，培育出"国家之良民"。具体表现在：首先，吸取法国大革命"自由、平等、博爱"的思想，将其作为公民道德教育内容；其次，在接受古代礼乐教化和儒家思想熏陶的基础上，结合康德和席勒美学思想的影响，倡导美育，将"美育"纳入公民道德教育实施途径，认为"美育之目的，在陶冶活泼敏锐之性灵，养成高尚纯洁之人格"[1]；最后，西方的民主精神也是蔡元培欲以吸收借鉴之处，五育并举的国民教育方针以及他执掌北大的治校方针，都反映出他对西方民主精神的肯定与认同。

三、道德认识与道德实践相统一

认识与实践相统一是蔡元培道德教育思想的又一重要特征，他认为认识与实践的辩证关系也就是"知行合一"。"知行合一"源于明代思想家王阳明，阳明心学中的"知行合一"肯定了人的能动作用，强调知与行之间的相互联系、相互依存，反对道德教育的知而不行、知行脱节，突出把一切道德归结为个体的自觉行动，有其自身积极的意义与价值。蔡元培师从王懋修接受传统文化教育时，思想受到阳明心学的熏陶与影响，因此，对王阳明本人及阳明心学持高度肯定与推崇的态度，曾评价"明之中叶，王阳明出，中兴陆学，而思想界之气象又一新焉"[2]"希腊之苏格拉底，吾国之王阳明，皆以为即知即

---

[1]　高平叔编：《蔡元培全集·创立国立艺术大学之提案》（第 5 卷），北京：中华书局，1988年，第 180 页。

[2]　蔡元培：《中国伦理学史》，南昌：江西教育出版社，1996 年，第 114 页。

行"[1] "良非虚言也"[2]。蔡元培道德教育思想继承并发扬了阳明心学中的"知行合一",主张将学习和实践有机结合。一是善于在实践中学习积累,丰富自身知识体系;二是躬行实践,将所学知识用于实际工作,解决实际问题。他重视将知识应用于实践,学会活学活用,"譬如从书上学得菊花,看见梅花时,便知也是一种植物"[3]。对知识的学习和理解是进行道德教育的第一步,丰富的知识能够使人拥有辨别善恶与美丑之能力,形成思想道德方面的感性认识,进而号召人们努力学习,扩充知识。但仅有这些还不够,他认为道德贵在实践和行动,单纯停留于说教层面,而未践履于实践,那么道德教育就失去其存在的价值与意义,变成空洞的口号。只有经历实践,才能将感性认识上升到理性认识,增进对道德的体悟,将道德知识内化于心,达到影响学生个体道德之目的。

在蔡元培"修己""自省""自制"的自我教育方法中,他不断强调道德的实现是借助持续不断的实践来获得的,自身的主观努力是实现人格完善的主要途径,自觉的道德实践促进身心的和谐发展,通过点点滴滴实践经验的积累,完成从量变到质变的飞跃。蔡元培主张通过全方位的道德实践,促使受教育者道德结构得到充分而全面的发展,如:智育实践有助于提高受教育者在道德认知和道德行为中的判断评价能力;体育实践促使受教育者形成良好的道德意志;美育实践有助于完善道德情感,塑造高尚的道德品质,推动道德素质的提升。

---

[1] 高平叔编:《蔡元培全集·〈大学院公报〉发刊词》(第5卷),北京:中华书局,1988年,第195页。

[2] 蔡元培:《中国伦理学史》,南昌:江西教育出版社,1996年,第115页。

[3] 高平叔编:《蔡元培全集·普通教育和职业教育》(第3卷),北京:中华书局,1984年,第475页。

第三节　蔡元培道德教育思想的进步性

作为现代教育的主要开创者，蔡元培对公民道德教育高度重视，在教育理论中，他主张以德育为首。不仅如此，他在各类会议发言中也多次强调道德教育，提出实施道德教育的具体方法，建设各类社团，创办爱国女校，发起勤工俭学会等各项有利于国民道德教育发展的活动。也正是在蔡元培的积极促进下，社会对道德教育的关注度得以提升，"自由、平等、博爱"的观念得到广泛传播，促使国民思想觉醒程度大幅提升。因此，蔡元培道德教育思想的理念、内容和方法有其时代的进步性，对其进行系统的梳理归纳，可以为当代道德教育提供有益的启示。

一、高瞻远瞩的道德教育新理念

蔡元培道德教育思想具有立足传统，放眼世界的宽广视角，既有对传统道德教育的深刻反思，又有对西方公民道德教育思想的借鉴融汇，开创了符合时代发展需要的教育新理念。

1.五育并举　全面发展

蔡元培五育并举思想是以公民道德教育为中坚、以世界观教育为根本、以美感教育为重点的德智体美诸育和谐发展的思想。他把军国民主义划为体育，实利主义划为智育，公民道德与世界观教育划为德育，又首倡美感教育，组合起来就是德、智、体、美四育方针。该方针突出强调德育的"中坚"地位，规定智育与体育的正确发展方向，克服利己主义的不道德行为。军国民教育和实利主义教育必须以道德原则为依据，否则就会加深利害观念、人我之差；世界观教育与美育是最终完成道德教育的重要途径，培养人们超越利害观念以及人我偏见的高尚情操，养成共和国民完全人格所必需。"五育并举"是蔡元培整个教育思想的核心和行动指南，丰富了全面发展教育观的内涵与外延，这在中国近代教育史上属于首创。

同时，蔡元培也最先提出劳动教育。他认为要把自然人教育成真正的社会公民，应该从德智体美劳入手，去培养、去成就。五育之中虽未提及劳动，但重视劳动教育，培育国民的劳动习惯，是蔡元培教育思想的一贯主张。他认为劳动化有利于破除劳力与劳心的成见，"养成身体发达之平均"，并且将这一思想付诸实践，于1927年5月在上海创办劳动大学，以工读主义作为思想和理论基础，脑力与劳动齐头并进，"打破劳动阶级与知识阶级之界限"[1]。但不幸的是该校仅存五年，就被毁于"一·二八"的炮火中，所以鲜为人知，但不能不说它是中国近代教育改革与发展的重大探索，也是蔡元培教育劳动化思想的体现与反映。"欲救其弊，在使劳心者亦出其力，以分工农之劳；于是劳力者得减少其工作之时间，而亦有劳心之机会。"[2]教育劳动化方针的问世，标志着劳动教育思想的正式形成，促使蔡元培德、智、体、美、劳五育并举教育思想体系的完善。

令人遗憾的是，这些先进的教育方针在当时国内时局动荡、内忧外患的社会背景下并未得到切实的执行实施，但这一切都为新时代"五育并举"教育方针的制定与落实做好了前期积淀，为德智体美劳全面发展教育思想奠定了基础。

---

[1] 高平叔编：《蔡元培全集·在南京特别市教育局演说词》（第 5 卷），北京：中华书局，1988 年，第 168 页。

[2] 高平叔编：《蔡元培全集·大学院公报发刊词》（第 5 卷），北京：中华书局，1988 年，第 195 页。

2. 尚自然　展个性

蔡元培作为近代学习西方教育的先进代表，他强烈批判封建社会的道德教育从未尊重学生的身心发展，而是"教育者预定一目的，强迫受教育者以就之；故不问其性质之动静，资禀之锐钝，而教之止有一法，能者奖之，不能者罚之"[1]。千篇一律的专制教育方式严重违背了人类发展的自然规律，使人之个性得到严重摧残，只能培养出缺乏独立思考和创新能力不足的人。蔡元培强烈反对封建传统教育的"注水入瓶"式教育方法，提出教育方法绝非一成不变，而是要根据形势的变化发展不断探索改革。

在对旧教育批判的同时，蔡元培提出"尚自然，展个性"的教育理念，倡导"从受教育者本体上着想"，遵循其不同的心理特点，因材施教。教学内容不必拘泥于固定的程式，而是将人格养成寓于各门学科的教学之中，以促学生个性与群性的协调发展，培养出具有"健全人格"的高素质国民。为使学生个性与才能得到充分发展，他重视启发式的教学方法，以引起学生读书的兴趣，使其拥有"自动""自学""自助"的求知意识，学习当有一种活泼精神内蕴其中。

蔡元培"尚自然，展个性"的道德教育理念，在反对封建教育对学生的摧残，促进学生个性发展，以及繁荣学术思想方面具有积极意义，当属于进步的教育主张，于今日依然具有借鉴的价值。

二、积极创新的道德教育新内容

1. 从私德入手，公德私德兼修

公德和私德是作为独立的个体在不同领域里应遵循的道德原则和规范。公德是在社会交往和公共生活中人们应该遵守的行为准则，它是人类在长期的社会实践过程中积累而成的；私德以家庭美德为核心，是处理个人生活中

[1]　梁柱：《蔡元培教育思想论析》，北京：高等教育出版社，2006年，第98页。

所应遵循的道德规范。蔡元培认为流行的"西方尚公德,而东方尚私德,又以为能尽公德,则私德之出入,曾不足措意"[1]是一种误解。"吾人既为社会之一分子,分子之腐败,不能无影响于全体,如疾疫然。其传染之广,往往出人意表。"[2]并且以夏商亡国举例说明私德不修祸及社会,若要挽救革命、振兴民族,须"砥砺德行",培养人们严谨的品行。1912年初,蔡元培在上海与吴稚晖、李石曾等一起发起进德会,提倡社会各界人士讲伦理、促道德、改陋习,修身养性;后来又在北大组织进德会,号召师生在道德败坏的"昏浊之世"敢于"与敝俗奋斗",以"踽踽独行"的独立人格,"众浊独清"。私德是高尚人格之基础,要培养人的"完全人格",须从私德抓起,但国民仅仅具有私德还是不够的。修德需公德与私德兼顾,只讲私德,不讲公德,人民只知有家,不知有国,不利于国家公共福祉的实现。个人生活在群体、社会和国家中,应该有集体观念和国家意识,公德与私德的要求发生冲突时,个体应该"屈私从公",这是"国民所当服膺"的基本原则。

2. 千言万法,一归之爱国

蔡元培的"爱国主义"是在国家陷于危难情境下提出的,带有浓厚的时代气息,试图以教育唤醒国民爱国意识,提升国民素质,实现民族复兴大业,道德教育思想中带有浓郁的"爱国主义"色彩。他撰写《中学修身教科书》,专设"爱国"一节,强调个人不能脱离社会和国家而存在,从爱国心的起源、国运昌盛的角度强调爱国的重要性,教导青年学生把发扬爱国心、立志报效国家作为自己应尽的责任与义务。爱国心是一个国家的命脉,如果有,那么其他因素都可以在此基础上锻炼出来,如果没有,其他一切东西则是无用的东西。一个国家的生死存亡与这个国家的国民爱国具有直接的关系。蔡元培

---

[1] 高平叔编:《蔡元培教育论著选》,北京:人民教育出版社,2011 年,第 122 页。

[2] 高平叔编:《蔡元培全集·北大进德会旨趣书》(第 3 卷),北京:中华书局,1984 年,第 124 页。

还进一步指出，爱国之心会在"国运强盛"或"垂亡之时"较为发达，并提出国之将兴可引人人自奋，"思以其国力冠绝世界，其勇往之气，如日方升"[1]；而在国运衰败沦亡之际，则可"激厉忠义，挺身赴难，以挽狂澜于既倒，其悲壮沉痛亦有足伟者"[2]，认为在国家强邻交逼之际，培养国民特别是培养青年的爱国之心实为必要，强调"养成青年爱国精神，裨益至大"[3]。早年就读于上海南洋公学特班的黄炎培，深受蔡元培爱国主义和教育救国思想影响，很好地概括了蔡元培此时活动的特点："斯时吾师之教人，其主旨何在乎？盖在启发青年求知欲，使广其吸收，由小己观念进之于国家，而拓之为世界。又以邦本在民，而民犹蒙昧，使青年善自培其开发群众之才，一人自觉，而觉及人人。其所昭示，千言万法，一归之爱国。"[4]蔡元培向学生大量介绍西方民主革命图书和当时报刊上有进步思想的文章，对学生灌输爱国主义和民主主义思想，提倡民权、女权。蔡元培一向主张"读书不忘救国"。五四运动以后，北大一些学生无心求学，蔡元培洞察出不良苗头，提出"读书不忘救国，救国不忘读书"，警示青年学子，救国需增长本领，理性积淀爱国力量。

3. 个人于国家本务，遵法律为第一义

"法律中有道德的成分，道德中也有法律的成分"[5]，一为他律，一为自律，道德中公平、诚实、善良、正义之意，早已熔铸在法律条例中。蔡元培视国家为一个道德有机体，"以道德言之，一国犹一人也，唯大小不同耳。国有主

---

[1]　高平叔编：《蔡元培全集・中学修身教科书》（第2卷），北京：中华书局，1984年，第228页。

[2]　高平叔编：《蔡元培全集・中学修身教科书》（第2卷），北京：中华书局，1984年，第228页。

[3]　高平叔编：《蔡元培全集・致张钫函》（第6卷），北京：中华书局，1988年，第5页。

[4]　黄炎培：《吾师蔡子民先生哀悼辞》，《大公报》（重庆）1940年3月23日。

[5]　李达：《法理学大纲》，北京：法律出版社，1983年，第109页。

权，犹人之有心性。其有法律，犹人之有意志也"[1]。法律是国家意志的体现，是维护国家公共秩序的关键要素，是维持一国独立，保全一国利福的根本依据；个人要承认立法的道德价值，当人的意志受到私欲诱惑，而发生损人利己举动时，法律具有"矫其偏私而纳诸中正"之功用，使人得以保障"平等之权利"。正是鉴于法律对国家和公民的保障，蔡元培提出"吾人对于国家之本务，以遵法律为第一义"[2]。

从大的类别划分，法律可分为"政法、刑法、民法是也。政法者，所以规定政府之体裁，及政府与人民之关系者也。刑法者，所以预防政府及人民权利之障害，及罚其违反者也。民法者，所以规定人民与人民之关系，防将来之争端，而又判临时之曲直者也"[3]。若国家所订法律并非完善，则为弊法，政府需要尽早改革，但新法颁布之前仍要遵守旧法，因"其法虽弊，尚胜于无法"。只有国民严于遵守法律，才可使社会井然有序，人民生活安居乐业。

三、切实有效的道德教育新方法

"道德不是记熟几句格言，就可以了事的，要重在实行。"[4]蔡元培反对教育过程中千篇一律地采用前人的模式，而是主张要根据个体所处的不同阶段及实际情况，选择适当的教育方式和相应的教学方法，有效实施道德教育。

---

[1]　高平叔编：《蔡元培全集·中学修身教科书》(第2卷)，北京：中华书局，1984年，第229页。

[2]　蔡元培：《中国人道德修养读本》，北京：北京联合出版公司，2014年，第255页。

[3]　高平叔编：《蔡元培全集·中学修身教科书》(第2卷)，北京：中华书局，1984年，第225页。

[4]　高平叔编：《蔡元培全集·普通教育和职业教育》(第3卷)，北京：中华书局，1984年，第476页。

1. 修学促德法

蔡元培认为"知识与道德，有至密之关系"[1]，主张"凡道德之关系功利者，伴乎知识，恃有科学之作用"[2]。道德也无外乎教人去避恶而行善，假若没有知识作为底蕴，又如何能够去明辨善恶？世上的不忠不孝以及无礼无义的人，放纵欲望而失去生命的人，并非一定为大凶大恶之人，而往往是由于知识不够，不能辨别善恶。没有知识，只强调道德也不行，"彼知识不足者，目能睹日月，而不能见理义之光；有物质界之感触，而无精神界之欣合，有近忧而无远虑"[3]，虽看见事物表面现象，不能领会事物深层本质；虽能看见社会道德现象，却不能理解道德内涵意蕴。

蔡元培明确学生在修学过程中的主体性地位，指出学习不能单靠教科书和老师的课堂讲习，能够主动发现求学的路径和培养起研究学问的兴趣更为重要。学校道德教育重在培养学生的自治能力和自动精神，根据学生不同的个性特点，发展每个人特有的道德个性，把握道德真义，实现道德自治，然后在道德实践中自觉履行道德义务。五四运动前，由于政治的腐败，社会的醒瞶，上大学的目的是得到一纸文凭，全不了解自己要做一个怎样的人，自己和人类社会有何关系；五四新文化运动后，全国学生界风气为之一变，学生顿然了解自己在人类社会占何种位置，所应当承担的社会责任，一变之前荒废嬉戏、自暴自弃的习惯，"而发生一种向前进取、开拓自己运命的心"[4]。以此为出发点，道德教育的方式就是通过唤醒学生人性中固有的"善性"，激发其主体意识，使学生真切地感悟和体味生活，深入地思考社会和人生，赋予心灵以丰富和纯美，主动培养"自觉的精神"和"自治的能力"。

---

[1]　高平叔编：《蔡元培全集·中学修身教科书》(第2卷)，北京：中华书局，1984年，第183页。

[2]　高平叔编：《蔡元培全集·我之欧战观》(第3卷)，北京：中华书局，1984年，第3页。

[3]　高平叔编：《蔡元培全集·中学修身教科书》(第2卷)，北京：中华书局，1984年，第183页。

[4]　高平叔编：《蔡元培全集·对于学生的希望》(第4卷)，北京：中华书局，1984年，第37页。

2. 社会实践法

道德教育的最终目标是要把道德知识贯穿到学生的学习和生活中，经过实践的检验，才能实现其价值，蔡元培说："至于德育，并不是照前人预定的格言做去就算数。有些人心目中，以为孔子或孟子所讲的，总是不差，照他们圣人的话实行去，便是有道德了，其实这种见解，是不对的。什么叫道德，并不是由前人已造成的路走去的意义，乃是在不论何时何地、照此做法、大家都能适宜的一种举措标准。是以万事的条件不同，原理则一……故我们要一方考察现时的风俗情形，一方推求出旧道德所以酿成的缘故，拿来比较一下。若是某种旧道德成立的缘故，现在已经没有了，也不妨把他改去，不必去死守他。"[1]道德教育要重视实践，要随时随地根据形势的变化而灵活改变举措，不可墨守成规，一成不变。墨子强调要重视实践的作用，主张君子须"以身戴行"，通过艰苦的实践活动，磨炼意志，拥有豁然贯通的智慧，"多力而不伐功"，实现利人、爱人的"兼济天下"的道德之善，"此以名誉扬天下"。所以，要想培养学生优良的道德品质，不是强迫学生接受一模一样的道德戒律，成为墨守成规、缺乏自觉意识的人，而是通过道德熏养，掌握道德真义，培养学生良好的道德行为习惯，完成理想的人格塑造。所以，蔡元培和近代的教育家们纷纷投身教育实践，注重在实践中丰富他们的教育价值理念。他从实践角度强调道德教育重在"养成习惯"、"节制情欲"、践行"勇敢"；又号召师生"砥砺德行""力矫颓俗"，创建正当健康的活动替代不健康的娱乐，以修养身心，强健体质；后来又发起"进德会"，意在增进师生道德品质，号召学生在道德败坏的"昏浊之世"敢于"与敝俗奋斗"，以"踽踽独行"的独立人格，"众浊独清"。

就任北大校长期间，蔡元培参照德国大学模式改革北京大学，希冀以学术和道德来救国，促进"民族振兴"。他认为大学师生理应充当社会的道德楷

---

[1] 高平叔编：《蔡元培全集·普通教育和职业教育——在新加坡南洋华侨中学演说词》（第3卷），北京：中华书局，1984年，第475–476页。

模，为塑造良好的校风，整饬校园里的官僚习气和腐败的生活作风，组织发起进德会，明确强调"不嫖，不赌，不纳妾"是入会的必要条件，把关键点直接落实到个人道德的生活修养问题上，由此也反映出他对师生道德修养的高度关注。为抵制学生的"不正当消遣"，倡导成立各种协会组织培养学生的正当兴趣，鼓励学生参加学生互助组织和平民讲演团。在丰富的实践活动中，学生不仅砥砺了德行，而且充实了课余生活。蔡元培鼓励陈独秀办好《新青年》杂志，宣扬新思想新潮流，唤醒他们的爱国意识，促使广大青年学生冲破封建思想的牢笼，积极投身反帝反封建的爱国斗争。除此之外学生还创办了《新潮》和《国民》，这些刊物都发挥了积极的宣传作用，成为宣扬北大新文化理念的重要媒介，对学生新型道德人格的养成起到极大的促进作用。北京大学之所以能够成为我国五四新文化运动的重要基地，成为中国道德救国的先驱，与蔡元培的进步道德教育思想有着莫大的关系。

3.美育陶养法

道德教育的最高理想是人道主义。对于人道主义教育的开展，不能依靠武力，"行人道主义之教育者，必有资于科学及美术"。因为人道主义不仅是人类道德进化的最高层次，而且是道德的最高理想与最终归宿。人无法以理性和意志去实现人道主义的最高道德价值，故而"止能以情感迎合之"。在法国，科学、美术之发达，加以教育之功力，推动了人道主义道德教育的发展。蔡元培还提出："人道主义之最大阻力为专己性，美感之超脱而普遍，则专己性之良药也。"[1]若要达到人道主义的道德境界，需要选择美感教育这一途径，美感的超越性与普遍性，是蔡元培美育思想的立足点。他从"超逸""普遍""有则""必然"四方面中抽取两个方面，作为美育的核心部分，以破除人我之见，忘却一己之私利，培养群体道德心。

蔡元培的美育思想基于当时中国的实际状况，致力于扭转当时道德败坏

---

[1]　高平叔编:《蔡元培全集·哲学大纲》(第 2 卷)，1984 年，第 380 页。

的社会风气，实现"教育救国"的理想。他把美育列入教育方针的组成部分，倡导每科教学应当带给学生美的享受，对于美育作用的发挥，蔡元培肯定了席勒的功绩，"经席勒尔详论美育之作用，而美育之标识，始彰明较著矣"[1]。席勒区别于康德之观念，反对理性对感性的压制，强调了感性的独立性及意义。蔡元培基于当时中国实际，提出自己的看法，认为不存在理性压制感性的问题，眼下最为急迫的任务是启蒙国民的理性精神。故而，蔡元培的美育观念紧密联系中国现实，将感性作为出发点，注重人的情感，最终指向人的理性、道德，美育成为实现公民道德教育的一种有效方式。

第四节　蔡元培道德教育思想的局限性

蔡元培道德教育思想针对国民现实，但从根本上来讲隶属于资产阶级教育思想的范畴，受到其自身世界观和方法论的影响。因此，思想之中难免带有阶级的局限性，再加上当时内忧外患的时代条件，其思想又难以避免地带有时代烙印，具有一定的历史局限性。

一、阶级局限性

历史唯物主义认为"经济基础决定上层建筑"，道德教育是培养社会意识形态的实践活动，必然要受社会经济发展的客观条件的制约，是物质生活条件的反映。蔡元培受康德思想的影响，其道德教育思想是建立在唯心主义哲学基础之上的，他把教育划分为"隶属于政治"和"超轶于政治"两部分，认为道德教育是"隶属于政治"的教育，通过它使人们既能立足现实的"现

---

[1]　中国蔡元培研究会编：《蔡元培全集·美育》(第6卷)，杭州：浙江教育出版社，1998年，第600页。

象世界",又能追求超越现实的"实体世界"。这种划分显然是不科学的,具体阐释中也存在超现实、超阶级的弊病,导致蔡元培同其他资产阶级思想家一样,把道德教育当成包治百病的灵丹妙药。他们希望在不改变现有的经济基础和社会关系的情况下,通过道德教育的实施,陶冶人们的道德意志和道德情操,提升公民整体的道德素质水平。在具体实践过程中,蔡元培试图组织"好人政府"实现"制宪"的国家理想,又打算借助国民政府实现"教育救国"理想,结果均以失败而告终。

实践证明,不能看到资本主义制度本身固有的矛盾和弊端的根源所在,反对通过阶级斗争和暴力革命,仅希冀借助道德教育实现政治和制度的真正变革,这是不现实的,终归只是一种美好的愿望,不免掺杂了唯心主义的理想色彩。

二、时代的局限性

作为中国近代史上最为重要的教育家和思想家,蔡元培为推动包括道德教育在内的近代教育改革做出了突出贡献。他有感于西方自由、平等、博爱的价值观念在社会现代化进程中所发挥的重要作用,力求将其引进中国,促进中国社会的发展。

为了顺利实施西方的价值观念,蔡元培借用中国传统话语对道德之要旨进行了阐释,论证它们与本土传统文化之间的相容性。"对于公民道德的纲领,揭法国革命时代所标举的自由、平等、友爱三项,用古义证明说:自由者,'富贵不能淫,贫贱不能移,威武不能屈'是也;古者盖谓之义。平等者,'己所不欲,勿施于人'是也;古者盖谓之恕。友爱者,'己欲立而立人,己欲达而达人'是也;古者盖谓之仁。"以此证明西方资产阶级的伦理观念在我国同样具有生命力,借以增强国人对西方价值观念的理解接受程度,其中蕴含的良苦用心自是可以理解的,但过程之中不可避免地受近代中国社会历史条件的制约，使得比附之中自有穿凿附会的意味。"自由、平等、博爱"作为典型的资产阶级价值观，具有思想启蒙和基督教的文化背景，在社会转型过程中得以直接生成和传播，成为阐释资本主义社会现象及问题的主导价值。而"义、恕、仁"的道德要求尽管在近代社会仍然具有积极意义，但究其本质是传统社会的产物，部分内涵相左于近代国民所应有的素质，不鼓励主张自身权利，造就了消极保守的道德姿态。故二者之间虽有相似之处，但因时间序列上的不同，有着质的差异。因此，这种比附带有深深的时代烙印，从根本上不利于充分发挥蔡元培道德教育思想的功用。

三、人格教育的局限性

"人格，是每个人自立精神、自主品格、自由气质的内化结晶，是精神、心灵、道德与实践的完美统一。"[1]蔡元培基于中华传统文化的深厚理论功底，以及对西方科学文化理念的借鉴，从道德教育本质的高度来思索完全人格，明确提出"德育实为完全人格之本"。蔡元培关于完全人格教育的思想是建立在其抽象的人性论基础之上的，并论述道："人性何由而完成？曰：在发展人格。发展人格者，举智、情、意而统一之光明之谓也。……发展人格，不外乎改良其品格而已。"[2]蔡元培对教育、人性、人格与品格之间的内在关系进行了明确界定，教育的目标是为了完善人性，完善人性的方式在于发展人格，人格如何得以发展？是通过人智慧、情感和意志的统一并发扬光大，促使个体生理、心理、品格得以圆满发展，个人向善能力得以充分发挥。这正是人区别于非生物草木岩石及无智能动物的宝贵品格，即人格。最终，发展人格就是改良人的品格。蔡元培提倡完全人格教育，以用来改造旧教育，从而达

---

[1] 江峰：《蔡元培的完全人格教育思想刍议》，《中国德育》2019年第19期，第35–39页。
[2] 中国蔡元培研究会编：《蔡元培全集·中学修身教科书》（第2卷），杭州：浙江教育出版社，1997年，第160页。

到改造社会之目的。他说："从教育着手，去改造社会，改造之点，繁不胜举。但是简单说来，可以归到教育调查规定的两句话'养成健全人格，提倡共和精神'。"[1] 在蔡元培的观念里，仅仅借助教育就可以培养自由、平等、博爱之品德，实现"完全人格"的发展，而未对人性的特殊、善变以及复杂构想进行充分的分析与考虑，这显然是不现实的。

所以，蔡元培完全人格教育思想的逻辑体现为：实施完全人格教育，才能完善多层次内涵的人性；人性的完善使人具备完全人格；具备了完全人格，才能达到改造社会之目的。此种单一维度的线性思维逻辑，反映出蔡元培完全人格教育思想的又一局限性，导致他忽视国家独立、政治制度等尚未解决的根本性问题，出现选择救国存亡路径的偏狭，从而陷入"教育救国论""道德决定论"的观念误区。

小结

从逻辑关系来讲，本章内容是对第二至第四章蔡元培道德教育思想的总结，对蔡元培道德教育思想的历史地位及历史贡献展开综合评析。首先，立足自律修身与他律约束相协调、批判继承与融合创新相结合、道德认识与道德实践相统一三个角度，对蔡元培道德教育思想的总体特征分析归纳；其次，充分挖掘蔡元培道德教育思想体系中的进步性：高瞻远瞩的道德教育新理念、积极创新的道德教育新内容、切实有效的道德教育新方法，充分展现其思想理念在当时社会环境之下的先进性，以及促进社会发展过程中所发挥的积极意义；最后，基于求是原则，明确指出蔡元培道德教育体系之中的局限性，显示当时资产阶级的局限和不成熟。辩证审视与分析蔡元培道德教育思想的鲜明特点，是当代社会充分发挥其思想理论现代价值的前提条件。

---

[1]　高平叔编：《蔡元培全集·北京高等师范学校〈教育与社会〉社演说词》（第 3 卷），北京：中华书局，1984 年，第 395 页。

第六章　蔡元培道德教育思想的现代启示

　　我国历来重视道德教育，最早可追溯到孔子"仁、礼"之思想，在风雨飘摇的近代社会又涌现出一批又一批的有识之士，分别就国家教育方针、道德教育理念、人才培养方法等开展一系列有益探索。其中，蔡元培道德教育思想正是璀璨夺目的经典代表，他充分认识到道德教育对国家发展的重要性，认为"东西文明融合"是最好的形式，甚至从中西教育经典中找到共通的元素，"用西洋科学的精神"来整理"中国的旧学说"。从而，引发一些新义，推出"融贯中西，兼容并包"的新思想，提出"欲造成理想的国民，以建立理想的国家"[1]的崭新理念。道德教育构成了政治教育、思想教育的基石，良好的道德水平是促成个体形成优秀思想政治素质的基础，关注学生基础道德规范的养成，持续不断地实施道德教育，使思想政治教育最终达到"由近及远""推己及人"之功效。本章在研究蔡元培道德教育思想的基础上，探索其合理内蕴对新时代道德建设的启示价值。

第一节　蔡元培道德教育思想现代转化的可行性分析

　　蔡元培对于道德教育的重视，从其著作、文稿以及起草的文件中可窥一斑，在各类会议、演讲中，他也是一再强调道德教育的重要性，并提出促进

---

[1]　蔡建国：《蔡元培与近代中国》，上海：上海社会科学院出版社，1997年，第56页。

国民砥砺德行的具体方法。在本书前几章内容中，我们已经予以归纳概括，从中可以看出蔡元培所倡的道德教育对于个人及社会发展具有深远意义。那么，探讨蔡元培道德教育思想的当代启示，就需要对其向现代转化的可行性进行把握和分析。

一、党和国家对道德教育高度重视

道德教育作为教育事业科学发展的基础工程，是做好其他一切工作的"生命线"，一直以来受到党和国家的高度重视。毛泽东同志深刻地论述了"为人民服务"的道德观，多次开展整风运动，净化党风和政风，全党范围内倡导批评与自我批评，重视群众的监督作用。邓小平同志提出，社会主义道德建设要以为人民服务为核心，以集体主义为原则，以爱祖国、爱人民、爱劳动、爱科学、爱社会主义为基本要求，开展社会公德、职业道德、家庭美德教育，在全社会形成团结互助、平等友爱、共同前进的人际关系。

江泽民同志指出要建立与社会主义市场经济相适应、与社会主义法律规范相协调、与中华民族传统美德相承接的社会主义思想道德体系。胡锦涛同志在党的十七大报告中明确提出大力弘扬爱国主义、集体主义、社会主义思想，以增强诚信意识为重点，加强社会公德、职业道德、家庭美德、个人品德建设，发挥道德模范榜样作用，引导人们自觉履行法定义务、社会责任、家庭责任。党的十八大以来，以习近平同志为核心的党中央高度重视社会主义精神文明建设特别是思想道德建设，对加强立德树人、以文化人等各项工作作出一系列重要指示，对表彰道德模范、开展学习宣传道德模范活动等提出明确要求，推动社会主义思想道德建设在新时代展现新气象、取得新成就。党和国家对道德建设的高度重视，不仅为人民如何对待中华文化中优秀道德教育思想明确了方向，而且也为思想精华的现代转化提供了可能。

二、中华优秀传统文化是新时代道德建设的精神命脉

中华优秀传统文化是中华民族历史发展中所创造和传承下来的文化生命线和文明成果。它不仅凸显了华夏民族优秀传统道德中的精华所在，同样也是传承中华人文精神价值的重要载体。习近平总书记十分重视中华优秀传统文化中所蕴含的德育思想及其现代价值，指出，不忘本来才能开辟未来，善于继承才能更好创新，我们要努力用中华民族创造的一切精神财富来以文化人、以文育人。[1]

第一，中华传统文化中蕴含丰厚的道德资源。

中华民族拥有五千多年的文明史，在历史风云演变过程中经历了无数的艰难困苦，之所以能够顺利地挺过来，"其中一个很重要的原因就是世世代代的中华儿女培育和发展了独具特色、博大精深的中华文化，为中华民族克服困难、生生不息提供了强大精神支撑"[2]。中华文化作为民族的"根"与"魂"，孕育了中华民族的崇高品格，积淀着最深层次的价值追求，也是实现中华民族伟大复兴的坚实根基，绝对不能丢，丢就丧失了根本。中华传统文化一直视道德文化为精神命脉，设定人生追求的理想境界为道德至善，其中蕴含的丰富礼仪规范、道德准则、优良美德，意在引导人们过上有道德的生活。不仅对个体道德成长发挥着思想引领的作用，而且塑造了"礼仪之邦"的国际形象。中华民族之所以在国际社会有影响力，不是凭借穷兵黩武实现对外扩张，而是依托优秀传统文化的强大感召力，达到以德服人、以文化人之效果。具体分析中华传统文化内蕴的哲学思想、教化思想、伦理道德理念、治国理政智慧以及为人处世之道等，也可为当前道德建设提供有益的借鉴。

第二，中华优秀传统道德文化具有鲜明的时代价值。

优秀的传统道德文化作为中国传统文化的重要组成部分，传承和弘扬中

---

[1] 习近平：《习近平谈治国理政》（第一卷），北京：外文出版社，2014年，第164页。

[2] 习近平：《在文艺工作座谈会上的讲话》，《人民日报》2014年10月15日，第02版。

华优秀传统道德文化，对于坚定文化自信、提高国家文化软实力、践行社会主义核心价值观、实现伟大中国梦等具有突出的意义。习近平总书记指出优秀的传统文化是中华民族最深厚的文化软实力，而核心价值观则是文化软实力的灵魂，对文化的性质和方向起决定作用，反映个人、社会和国家的伦理道德标准。社会主义核心价值观与古代核心价值观有着颇深的历史文化渊源，古代核心价值观也有个人、社会和国家三个层面的要求，重视伦理道德的教化，以德服人；社会主义核心价值观将国家、社会、公民不同层次的价值要求融为一个整体，它在本质上是一种德，既是个人之德，也是国家、社会的大德，大多可以从中华传统美德中找到传统资源和文化基因。所以，提倡社会主义核心价值观，要善于从中华优秀传统文化中汲取精神养分和道德精髓，否则就会失去生命力和影响力。

新时期的道德建设和发展不能脱离对优秀传统文化的传承，社会主义现代化国家建设的征程中，年轻人尤其容易受到西方思想和价值观的影响，导致一些有违道德准则的社会现象发生，给社会的和谐稳定与健康发展带来隐患。所以"只有坚持从历史走向未来，从延续民族文化血脉中开拓前进，我们才能做好今天的事业"[1]。

三、立德树人是办学治校的根本使命

习近平总书记高度重视培养新时代社会主义建设者和接班人，强调教育的中心环节是立德树人，致力于把思想政治工作贯穿教育教学的全过程，有效发挥"思政课程"和"课程思政"的协同效应，努力实现全程育人、全方位育人。"立德"最早可追溯到《左传·襄公二十四年》，其中有言："太上有立德，其次有立功，其次有立言，虽久不废，此之谓不朽。"[2] "立德、立言、

---

[1] 韩业庭：《从延续民族文化血脉中开拓前进》，《光明日报》2014 年 8 月 31 日，第 04 版。
[2] 《左传·襄公二十四年》。

立言"三者之中，立德处于首位，在德行根基夯实的基础上，才能建功立业、著书立说、更好地影响后世；"树人"见《管子·权修》"一年之计，莫如树谷；十年之计，莫如树木；终身之计，莫如树人"[1]。要树人必先立德，立德是"立育人之德"，让学生坚持马克思主义的立场和观点，在社会主义核心价值观的指导下，树立良好的社会公德、职业道德、家庭美德及个人品德；立德的落脚点和归宿在于树人，树人是"树有德之人"，是培养大批高素质的劳动者和擅长专业知识的拔尖创新人才，立德与树人之间是相互联系、不可分割的辩证统一关系，最终目标是把人教育成为有道德、有灵魂之人。《新时代公民道德建设实施纲要》强调"学校是进行系统道德教育的重要阵地。各级各类学校必须认真贯彻党的教育方针，全面推进素质教育，把教书与育人紧密结合起来"[2]。"把立德树人的成效作为检验学校一切工作的根本标准，真正做到以文化人、以德育人，不断提高学生思想水平、政治觉悟、道德品质、文化素养，做到明大德、守公德、严私德。"[3]明大德、守公德、严私德是新时代大学生的基本素质要求，也体现了对蔡元培"公德私德兼修"思想的发展与继承。高校要按照德才兼备、以德为先的标准将"三德"融入教育教学的各环节，营造良好的校园德育文化。

由上可知，蔡元培道德教育思想作为中华传统文化的一部分，尽管部分内容已不能适应社会发展的需要，但并不意味着它已经过时。这需要后人以前人研究积淀为基础，从思想政治教育的视角重新审视蔡元培道德教育思想，继续深入挖掘其理念、内容和方法的现代价值，为解决我国目前面临的道德问题提供借鉴，从而促进道德教育理论和实践的创新和发展，助力中国特色社会主义道德教育模式和道德教育范式的建设。

---

[1] 《管子·权修》。

[2] 中共中央宣传部宣传教育局：《〈新时代公民道德建设实施纲要〉学习读本》，北京：人民出版社，2020年，第10页。

[3] 习近平：《在北京大学师生座谈会上的讲话》，《人民日报》2018年5月3日，第02版。

第二节　道德教育理念的启示

所谓德育理念，是指德育工作者在长期德育实践活动中，通过亲身体验和理性思考而形成的关于德育本质、规律及其价值的根本性判断和思想观点。[1]整个德育体系中，从德育目标的制定，到德育内容、方法的变革，从根本上来讲都受制于德育理念，借鉴蔡元培教育理念，可有效进行道德教育的完善与改革。

一、"五育并举"培养德才兼备的时代新人

1912年2月，蔡元培为巩固资产阶级共和政体，结合中西教育，立足人性完善与完全人格发展，第一次明确地提出实施"公民道德教育为中坚"的五育并举教育观，以军国民教育、实利教育、公民道德教育、世界观教育和美感教育为核心内容，培养国民的健全人格，这是中国近代教育史上第一次充分体现社会价值与人的发展价值相统一，追求人自由、和谐发展的教育理念。蔡元培从宏观战略高度思考国家教育的指导方略，由小到大，由近及远，渐次提升到去解决世界观与人生观的大问题，以培养个体的独立人格，完成对封建专制教育观的革新。学习蔡元培"五育并举"的思想理念对于我们正确理解德育与素质教育的关系，解决好培养什么人、怎样培养人的问题具有重要启示意义。

第一，坚持道德教育的中坚地位，引领人才培养全过程。

1912年7月，蔡元培在全国教育临时会议讲话上，再次发表了有关五育并

[1]　张典兵：《德育学原理》，徐州：中国矿业大学出版社，2014年，第94页。

举的认识与见解，强调教育家在培育公民尽责任之能力时不外乎五种主义，而五者必以道德为根本，"若无德，则虽体魄、智力发达，适足以助其为恶，无益也"[1]。国家强化体育与智育，固然可能达到强兵富国之目的，但兵强而无德，则可能演为"私斗""侵略"，国富而无德，则会出现"智欺愚""强欺弱"。因此，教育必须以道德为根本，不仅有助于富国强兵，而且有利于摈弃不良的社会风气，促进社会精神文明水平的提升。

现实社会中，由于升学、就业的压力，分数往往成为衡量学校实力及学生素质的关键性指标，导致有些学校在人才培养过程中存在错误的思想认知，认为与其在道德教育上浪费时间和精力，不如利用节省下来的时间去学习知识，成绩提高了，学生自然会有一个好前程。因此，智育往往被摆在首要的位置，而放弃道德教育的中坚地位，导致"一心只读圣贤书"现象的发生。这种片面的教育会导致受教育者偏离健全人格的发展，出现自我意识强、集体观念差、责任感弱、道德水平低的情况，遇到困难或挑战时，容易情绪低落，无抗压能力。因此，人才培养过程中，坚持道德教育为中坚，实现以德育人，努力去提升学生的道德境界是迫在眉睫的事情。

蔡元培强调学校是培养学生良好德性的主阵地，培养他们对道德的批判及选择能力，对于学生的身心健康发展有很大的促进作用，主张把道德教育渗透到学校教育的一切形式中。在就职北大校长的演讲中，他提出"砥砺德行""敬师爱生"的希望与要求，呼吁广大学生要养成良好品德，把研究学问与"砥砺德行"相结合，个人理想与国家命运相联系。在课程设置及教学实践活动中考虑道德知识的传授，使德性培养与教学科目相融合，视学科性质不同以恰当方式来展开教学。当前，开展道德教育的途径主要是借助学校的课堂教学，通过"思政课程""课程思政"等教育引导学生。因此，打造知识结构完备、方法先进的教学体系，提升课堂教学效果，显得尤为必要，同时也要做好教材体系建设，突出价值引领，构建聚焦国际学术前沿、门类齐全

---

[1] 高平叔编:《蔡元培教育论著选》，北京：人民教育出版社，2011年，第78页。

的自然科学、社会科学和人文科学教材体系，为全面发展的时代新人提供最好的精神滋养。教师要善于把教学与实践结合起来，引导学生积极参与活动，做到知行统一，确保道德意识深入人心。当然，过程之中也要重视学生的主体地位的发挥，通过"修己""自省""自制"的方法，有序开展自我教育，达到陶冶自我之目的。

第二，重视五育并举，促进学生全面发展。

蔡元培"五育并举"的德育理念表明，尽管五育各自有着独立的内涵、功能及任务，但彼此之间并非机械分离，孤立进行。"军国民主义者，筋骨也，用以自卫；实利主义者，胃肠也，用以营养；公民道德者，呼吸机循环机也，周贯全体；美育者，神经系也，所以传导；世界观者，心理作用也，附丽于神经系，而无迹象之可求。此即五者不可偏废之理也。"[1]他借用人体不可或缺的生理结构比附五育之间的相互关联性、彼此之间的交融性，共同构成了有机整体，致力打造一幅完整的未来教育图景。

1999年，党中央提出全面推进素质教育，将德智体美有机地统一于教育活动各环节，推出"四育并举"；党的十九大报告强调贯彻党的教育方针，发展素质教育，培养德智体美全面发展的社会主义建设者和接班人；2018年全国教育大会上，为促进教育现代化发展，开展素质教育，习近平总书记将"四育并举"提升为"五育并举"[2]，并赋予全面发展新的思想内涵，致力于培养德智体美劳全面发展的社会主义建设者和接班人，有力推动了"五育并举，融合育人"教育理念的发展。2019年，中共中央、国务院提出要坚持"五育并举"，落实五项具有针对性的改革举措，即"突出德育实效""提升智育水

[1] 高平叔编：《蔡元培全集·对于新教育之意见》（第2卷），北京：中华书局，1984年，第135页。

[2]《习近平在全国教育大会上强调：坚持中国特色社会主义教育发展道路　培养德智体美劳全面发展的社会主义建设者和接班人》，《人民日报》2018年9月11日，第02版。

平""强化体育锻炼""增强美育熏陶""加强劳动教育"[1]，以促进素质教育的全面发展。

新时代"五育并举"教育理念，更为完美地契合于政治、科技新背景，有着更为丰富的内涵。德育即加强学生道德修养，引导学生树立和践行社会主义核心价值观；智育是在增长知识上下功夫，专心致志求知问学；体育要坚持"健康第一"的教育理念，助力学生在体育锻炼中健全人格；美育在全面提升学生审美能力和人文素养上下功夫；"弘扬劳动精神，教育引导学生崇尚劳动、尊重劳动"，具备满足全面发展所需要的劳动能力，形成热爱劳动的良好习惯。教育工作要把握新时代人才培养的具体要求，充分认识到五育之间的整体性与融合性，进行整合设计，促进同向发力。融立德树人于思想道德教育、文化知识教育、社会实践教育的各个环节，多途径强化科研育人、课程育人、实践育人、文化育人、管理育人的综合功能。将德智体美劳教育融入教育教学各环节，力争在立德树人实践中实现新突破，着力培养出拥有健全人格，德、智、体、美、劳全面发展的"完整"新人，努力为实现中华民族伟大复兴中国梦做出新的贡献。

二、"尚自然，展个性"促进人的主体性发挥

蔡元培作为传统与现代结合的典范，既有对传统儒家育人修德的继承，又有适应时代诉求的改造。他从道德教育的终极追求"育国家之良民"的高度出发，发表《新教育与旧教育之歧点》，提出"教育者，与其守成法，毋宁尚自然，与其求划一，毋宁展个性"[2]，创建了"尚自然，展个性"以人为本

[1] 《关于深化教育教学改革全面提高义务教育质量的意见》，《人民日报》2019年7月9日，第02版。

[2] 高平叔编：《蔡元培全集·新教育与旧教育之歧点》（第3卷），北京：中华书局，1984年，第174页。

的道德教育理念。他反对封建主义的旧式教育对学生个性的压抑，强调教育者在施教中，切不可把自己的意志强加于学生身上，要充分了解学生的个性，观察学生的不同，以受教育者个人发展为出发点，在了解和尊重学生身心发展规律的基础上，因材施教，以适当的方法对学生不同的成长阶段加以循序渐进的引导，使学生个性得以充分地发展；同时，学生亦有发展个性的自由，自然而然地寻求与自身个性相符合的道德教育。

蔡元培"尚自然，展个性"的提法给扼杀个性的封建教育传统以有力冲击，但在旧中国的历史背景下，民众难以拥有真正意义上的个性解放。新中国成立伊始，由于过分强调教育社会化，忽视了对个人发展的价值，漠视和压抑学生个性的现象较为普遍。改革开放后，随着社会主义市场经济的建立，社会面貌和经济秩序发生重大变革，人们的道德观念、价值意识也在不断发生变化，全面加强思想道德建设显得尤为必要，否则难以有效促进现代人和谐发展的目标。与此同时，当代青少年的发展又呈现了诸多新特点，他们的生理发育成熟更早，思维更加活跃，具有较强的自我意识，内心渴望被理解、被尊重，批判、质疑、逆反的心理都较为突出，渴望创造、探索并取得成功。在崇尚个性发展、思维创新的时代，如果单纯以社会标准做要求，势必会引起抵触与反感。所以，学习掌握蔡元培的"尚自然，展个性"的教育理念非常有必要，在原则的引领下实现培养学生良好个性，促进学生个性和谐发展，这不仅是学校教育的目的，也是道德教育的最终目标。

道德教育提倡教师与学生之间的交流互动，是教育者实施教育与受教育者修身过程的有机统一。要取得良好的道德教育效果，就要调动教师在人才培养过程中的积极性和主动性，不仅要教会学生知识，促进学生知性的发展，尤为重要的是关注学生德性的养成。在尊重不同学生个体兴趣、能力及经验差异的基础上，探寻多层次的人才培养模式，促使教育者与受教育者双方建立自由、平等、和谐的交流方式，使道德教育过程处于"教"与"受"协同互动、相互促进的状态。

第一，自主性与民主性。从教育者的角度来讲，蔡元培明确提出教师必须坚守高尚的道德情操，具备严谨的治学精神，拥有渊博的学识和广阔的知识视野。在实施教育的过程中，要尊重学生自身发展规律，赋予受教育者自由与尊严，提供必要的自由选择空间，并且要尊重受教育者之间存在的个性差异，因材施教。从受教育者的角度来讲，蔡元培认为学习知识并非死记硬背教员讲义，熬资格，而是在教师指导下充分发挥自身优势特长，开展主动自觉的学问研究，同时注重多方面能力的协调发展，培养自我教育的能力，提高自身的道德品性。新时代教育背景下，在尊重教育自主性的基础上，应充分发扬民主，营造融洽、和谐、轻松、活泼的教育氛围，使师生建立在相互尊重与信任的基础上，更助于理念的渗透和信息的传播。

第二，能动性与实践性。蔡元培认为，要以社会实践为基础，充分发挥师生的能动性，教师要通过调查，清楚学生的实际需求，才能采取有效措施；而学生只有参加社会实践，得到实际的锻炼提升，才能有助于自我修养的升华。蔡元培在北大积极组建和扶持各类社团，使学生能够在实践中提升道德素质，促进正确道德认知和道德行为的养成。新的时代背景下，落实立德树人根本任务不能停留在空洞说教的层面，学校在传授道德知识的基础上，应开展丰富多样的社会实践活动，例如志愿活动、社会公益活动、校园文化活动等。鼓励学生在参与的过程中，将实践体验中的感性认识转化为理性认识。同时，在实践中培育学生的理想信念、价值追求，引导学生积极践行社会主义核心价值观，培养拥护党的领导和立志为中国特色社会主义事业奋斗终身的有用人才。

第三，创造性与前瞻性。道德并非一成不变，它会随着社会的发展而不断发展，蔡元培就注意到环境因素对于人的主体性发挥的影响。他提出受教育者生存与发展的社会环境与其接受的教育内容是否相符合，受教育者内心是否与外界客观环境相适应，不同的回答会产生积极或消极两种不同的教育效果。此时，就需要发挥教育者的积极性和创造性，推动教育过程的顺利进行。"尚自然，展个性"理念的创造性主要体现在两个层面上：一是教育者在实施道德教育过程中，教育形式要有新思路、新方法，以受教育者喜闻乐见的方式实现对其的有效引导；二是深入培养受教育者善于思考、善于创新的能力，使其在错综复杂的环境中，以社会基本道德准则为指引，具体实践中做出相应的道德行为，教育者同时要有前瞻性，使受教育者道德的提升符合未来社会发展需求。

道德教育是以"人"为基础的实践活动，"人"既是道德教育活动的出发点，亦是落脚点，只有彻底地把关注点回归到人的问题上，才能实现道德教育功能的最大化。借鉴蔡元培"尚自然，展个性"的道德教育理念，以人为本，把思想道德的发展和人的发展结合起来，提升人的德性和道德人格，促进人自由而全面的发展，不仅有利于调动他们的积极性与创造性，而且对于整个社会的道德建设而言也将起到推动作用。

三、"择善而从" 传承与汲取间融贯中西

蔡元培道德教育思想致力于探寻古今中外文化的融会贯通，在深刻反思中国传统道德教育的基础上，汲取西方文化中的优秀思想作为滋养本民族文化的养料，将西方德育理论与传统德育理论精华相结合。

蔡元培凭借深厚的国学根底和对待传统文化的正确态度，用"科学的方法，揭国粹之真相"，指出由于时代变迁，孔子的语言及行为不能件件有价值，但"以智、仁、勇为范围，无宗教的迷信而有音乐的陶养，这是完全可以为师法的"[1]。对待传统文化应采取科学态度，以当前的道德教育现状为出发点，反思总结传统文化中有价值的道德资源，使之成为对新时代有用的东西。继承传统，是将传统道德作为道德教育的基奠；强调传统，是将传统道德作为本民族文化认同的核心与精髓。对待外来文化，蔡元培持科学且理性

[1]　桂勤：《蔡元培学术文化随笔》，北京：中国青年出版社，1996 年，第 122 页。

的态度，以"思想自由，兼容并包"的价值取向自觉吸收西方道德哲学的精华所在。受法国资产阶级道德观念影响，提出"自由、平等、博爱"思想，"不失为道德之重要纲领"，用中国的"义、恕、仁"去阐释，"言道德，则又必以是三者为根本"[1]。蔡元培认同克鲁泡特金的互助论，论证人人都有合群的天性，而进步则伴随着不同人合群时的思想交流而产生，无论何种民族，融入社会就会有"社会之道德"；接受包尔生良心论，认为良心就是追求全人类的"道德法律之保障"，把斯宾塞的社会进化论观点运用于思考道德理论，认为道德随人类社会变化而变化。蔡元培在汲取西方德育文化优良资源的同时，也"注意将我国固有文明输出"[2]，积极介绍中国传统文化输出国外，让世界了解中国，致力于中西文化的双向交流。因此，蔡元培"择善而从、中西兼容"地对待中西文化的思想和态度，既不同于胡适为代表的"全盘西化论"，也相异于以梁漱溟为代表的"儒学复兴论"，时至今日仍然具有跨越时代的价值和意义。

　　道德教育不仅对个人全面发展举足轻重，而且是社会发展进步不可或缺的条件。针对不同的国家，道德教育的内容、方法以及实际成效各有自身不同的特点，但其主旨强调的都是使人追求向上、向善的美德教育，是社会在物质发展的条件下人文精神素养的与时俱进。新时代背景下，实现传统向现代的转换，体现中西方道德因素融合，多元化与整体化并存，彰显社会主义核心价值观，是道德教育的发展走向。在这个过程中，学习借鉴蔡元培"择善而从"的德育理念，正确处理好两大关系：一是传统道德的继承与创新之间的关系，二是重视本土道德价值与汲取外来道德观念的关系。对当代中国人而言，中华优秀传统文化及其内蕴的思想道德资源是中华民族的"根"和"魂"，是进行社会主义道德建设的不竭源泉。从帝尧"允恭克让，光被四表，

---

[1]　高平叔编：《蔡元培教育论集》，长沙：湖南教育出版社，1987年，第195页。

[2]　高平叔编：《蔡元培全集·北大一九二一年开学式演说词》（第4卷），北京：中华书局，1984年，第94页。

格于上下"[1]，到儒家五常"仁、义、礼、智、信"，再到"孝悌忠信、礼义廉耻"的朱子八德，中华民族孕育出众多流芳于世的道德理念，社会主义道德必然要在传统美德的滋养中向前发展。但鉴于中国传统道德本身所具有的局限性，不可能为当代面临的所有矛盾提供有价值的方法论支撑，只有通过道德价值观念的革新，以更加合理的价值观念来教育广大公众，才能培养出符合时代发展和社会需求的时代新人。另外，在学习借鉴西方德育经验和成果时，不能仅仅进行简单的移植复制，而是应该适应新的历史发展情况，采取辩证的态度正确对待。既要充分汲取自由、平等、民主的人道主义价值理念，吸收培养"合格公民"的德育目标，又要敢于批判西方文明中心论，自觉抵制不适合现代道德教育发展的理念，只有这样，才能建立适合新时代发展需求的道德教育体系。

第三节　道德教育内容的启示

德育内容，也就是在道德教育过程中用什么样的内容来教育民众。蔡元培指出人类是非善恶的标准会因时、因地、因风俗习惯而不同，执着于传统形式的道德标准，泥古不化，是行不通的。所以道德内容的确定要以社会发展状况及国民道德素质水平为依据，同时批判地继承传统德育理论精华，借鉴吸收西方先进国家新型德育理论，兼收并蓄，从而使道德教育内容富有创新性，以改良青年大学生的道德水平。

一、"公德与私德兼修"提升青少年品德修养

公德和私德是公民道德建设的一体两面，公德重在强调公共生活中公民

---

[1] （春秋）孔子：《尚书》，长春：吉林文史出版社，2017年，第3页。

理应遵守的行为准则，对全社会成员有普适性，具有公共性、他律性的特点；私德则突出在个人交往过程中所展现出来的德性修养，具有自律性、私人性的特点。在近代中国时局动荡不安，挽救民族危亡刻不容缓的背景之下，对于如何培养社会发展急需的新国民，蔡元培主张要公德与私德兼修，若私德不修，祸及社会；若公德不振，则殃及国家。"公德"和"私德"两者之间不能割裂，言"私德"不应离开其公共效应，论"公德"则应落脚在个人。公德与私德兼修的思想符合马克思主义关于人的全面发展理论的要求，马克思认为人的本质在其现实性上是一切社会关系的总和，个人只有参与丰富的公共及私人交往活动，才能够拥有广泛的社会联系，占有全面的社会关系。因此，要实现人的本质由潜能转变为现实，得以自由而全面地发展，离不开和谐有序的人际交往，离不开公德和私德的同步涵养和提高。

蔡元培号召青年道德建设从严私德、守公德做起，个体的道德水准直接关系民族和国家的前途，"内以修己，外以及人，为社会道德至当之标准"[1]，只有重视个人德行，才能影响于全体，达到报效社会，服务公益事业之目的。公德的深浅可通过公共事务爱护程度来判断，"一木一石之微，于社会利害，虽若无大关系，而足以表见国民公德之浅深"[2]。新中国成立后，受到计划经济和集权政治的影响，我国在道德建设上侧重强调高标准的无产阶级革命道德，导致一定程度上青少年道德培养超越了历史发展，脱离了社会现实。改革开放后，道德建设取得了重大成就，制度伦理建设也成绩斐然，无论是核心价值导向还是道德要求都变得愈来愈具体，使道德建设更加务实、可行，但在处理公德与私德的关系上，较为显著的特点是更多地注重公德建设。大量的道德规范属于对个人的公德要求，比如培养青少年具有社会主义觉悟，立志做有理想、有道德、有文化、有纪律的"四有"新人；另外，在实践中对待

---

[1]　蔡元培：《中国伦理学史》，北京：人民出版社，2008 年，第 11 页。

[2]　高平叔编：《蔡元培全集·中学修身教科书》（第 2 卷），北京：中华书局，1984 年，第 220 页。

私德问题的处理也有公德化倾向，一定程度上忽视了私德在道德建设中的地位。

党的十八大以来，习近平总书记强调修德是青年成长成才必须具备的法宝，指出"只有明大德、守公德、严私德，其才方能用得其所"[1]。在道德建设中采取有效措施促使公德与私德共同发展，个人的公德与私德同步提高，从而逐渐提升青少年的道德水平，营造良好的社会道德风气。

公德与私德的养成可以借助家庭、学校、社会三位一体的道德教育手段，家庭既是培育私德的重要场所，对个人品行习惯的养成、世界观和价值观的培养发挥着基础性的作用，又肩负培养孩子公德之责任，父母应言传身教、为孩子创设良好家庭环境，以培育子女的公德精神；学校道德教育以公德为主，兼顾私德，在学生具备道德认知的基础上，养成他们在适当的环境下，践行道德要求的习惯；社会道德教育可以综合运用各种传播手段，对青少年开展道德教育。当然，私德的养成不单单依托教育来完成，更需要一个人独处时的自律性，即在没有他人监督的情况下，依然能够严格约束自己的操守，凭自身的修养规范自己的言行。所以，慎独慎行应当成为青年人的私德必修课，慎独以存志，志高方长远，长远方成事，其中内蕴的强烈自尊和自觉，凸显了青年修德养成的内在要求。一是要坚定理想信念，树立正确的价值追求，"扣好人生第一颗扣子"[2]；二是无人时、细微处，做到慎独慎微，守纪律、不放纵、不越轨、不逾矩；三是反躬自省，"见贤思齐焉，见不贤而内自省也"[3]，努力做到"心不动于微利之诱、目不眩于五色之惑"[4]。学会自省

[1] 《青少年要自觉践行社会主义核心价值观——习近平在北京师范大学座谈会上的讲话》，《人民日报》2014 年 5 月 5 日，第 02 版。

[2] 《青年要自觉践行社会主义核心价值观——习近平在北京大学师生座谈会上的讲话》，《人民日报》2014 年 5 月 5 日，第 02 版。

[3] 人民日报评论部：《习近平用典》，北京：人民日报出版社，2015 年，第 89 页。

[4] 中共中央文献研究室编：《十八大以来重要文献选编》（上），北京：中央文献出版社，2014 年，第 341–342 页。

和自律，青年人才能自觉按照道德规范的要求行事，形成正确的世界观、人生观和价值观。

二、"德性爱国"促社会主义核心价值观培育

"爱国与爱家一样，都是人必行的道德义务和责无旁贷的道德责任。"[1]爱国主义历来被视为最基本的道德要求，拿破仑认为人类最高的道德就是爱国之心。清末，在"救亡图存"的爱国主义主旋律下，蔡元培早在任南洋公学特班总教习时，就十分"注意向学生灌输爱国思想和提倡民权、女权，规定学生自由阅读，……使广其吸收，有小己观念进之于国家，而拓之为世界，又以邦本在民，而民犹蒙昧，使青年善自培其开发群众之才，一人自觉，而觉及人人"[2]。他积极投身挽救民族存亡的革命洪流中，直接领导了抗俄拒法运动，组织建立爱国女学、爱国学社等爱国团体，向学生灌输革命思想，此时的爱国主义以革命为主要特征。辛亥革命后，德性爱国主义逐步取代革命爱国主义，主张以德育来塑造完全人格。《在爱国女学校之演说》中，蔡元培讲道，"欲副爱国之名称，其精神不在提倡革命，而在养成完全之人格……造成完全人格，使国家隆盛而不衰亡，真所谓爱国矣"[3]，突出把培养青年的爱国心当作培养完全人格的重要内容。学校开展道德教育的重心在于向学生灌输爱国思想，号召发扬古人所讲的"摩顶放踵以利天下""不以天下之病而利一人""禹治洪水十年不窥其家"的精神。

蔡元培致力教育的初衷是救国，但他最终的目标是实现强国，完成民族的复兴，这与中国特色社会主义建设目标具有统一性。在实现伟大复兴中国

[1] 王燕文:《社会主义核心价值观研究丛书:总论》,南京:江苏人民出版社,2015年,第239页。

[2] 周天度:《蔡元培传》,北京:人民出版社,1984年,第11页。

[3] 高平叔编:《蔡元培全集·在爱国女学校之演说》(第3卷),北京:中华书局,1984年,第476页。

梦的道路上，爱国是一个永恒的主题，《公民道德建设实施纲要》基本道德规范中，"爱国"位居第一；党的十八大首倡社会主义核心价值观，"爱国、敬业、诚信、友善"是立足公民个人层面的理念倡导，体现对个体道德行为的规范与要求，其中"爱国"是个人层面的核心价值准则，既为新时代社会主义精神文明建设指明方向，同时也对青年学生社会主义核心价值观的培育发挥重要的指导意义，是个人的立身之本，也是成才之基；2018年的全国教育大会上，习近平总书记提出培养社会主义建设者和接班人，要在厚植爱国主义情怀上下功夫，自觉继承中华民族爱国主义的光荣传统，成为新时代的忠诚爱国者，把自身的爱国之情、报国之志融入国家建设的伟大事业中。

"爱国，不能停留在口号上，而是要把自己的理想同祖国的前途、把自己的人生同民族的命运紧密联系在一起，扎根人民，奉献国家。"[1]理想的实现离不开活动实践的检验，为此，蔡元培创办爱国学社、爱国女学，教授科学知识，传播革命思想，把学员输送到革命队伍参加武装斗争等。那么，在新时代背景下，如何将爱国主义精神内化于心、外化于行？具体举措如下。

第一，强化理论指引：发挥思政理论课教书育人的主阵地功能。

思政课是我们党落实立德树人根本任务的关键课程，课堂教学则是教书育人的主要阵地。我们坚持以习近平新时代中国特色社会主义思想为指导，理直气壮地将爱国主义精神融入课堂教学中，依据青少年学生的实际情况和年龄规划内容链条，武装学生头脑。当前，青少年在爱国主义认识上存在一定误区，比如把"世界主义"与爱国主义对立起来、把爱国主义等同于狭隘的民族主义、把爱国主义与爱社会主义割裂开来等。[2]对此，思政课教师要强化对学生基础理论的引领，将理论化、抽象化的爱国主义精神转化为通俗化、

---

[1]　《习近平在知识分子、劳动模范、青年代表座谈会上的讲话》，《人民日报》2016年4月30日，第02版。

[2]　唐青、熊文娟：《新时代青少年爱国主义教育的几个着力点》，《学校党建与思想教育》2021年第1期，第35–36、44页。

具象化、大众化的表述，坚持爱国主义和国际主义的有机统一，在爱国主义教育中培养他们的国际意识和国际胸怀，树立人类命运共同体的大局观；把青少年爱国主义教育的落脚点放在维护祖国统一和民族团结上，引领他们把自己理想、目标的设定同国家、民族联系起来，以实际行动维护国家和民族利益；引导广大青少年认识到国家、共产党与社会主义三者之间的命运息息相关，爱国就是爱党、爱社会主义。在教育过程中，要抓住重大节日等时间点，引导他们将自己所学的爱国主义知识融入日常生活，科学、理性地评价热点问题和事件，提升爱国主义教育认同感。

第二，创新教育载体：媒介融合，提高新闻舆论传播力。

党的十九大报告指出："要坚持正确舆论导向，高度重视传播手段建设和创新，提高新闻舆论传播力、引导力、影响力、公信力。"[1]首先，落实《新时代爱国主义实施纲要》的具体要求，针对不同年龄的需求，大力推出爱国主义题材的精品出版物，传播培育社会主义核心价值观，弘扬以爱国主义为核心的伟大民族精神，同时宣传以改革创新为核心的时代精神，促使青少年在潜移默化中接受爱国主义精神熏陶，并将爱国主义转化为自我实践。其次，利用全媒体技术，优化宣传效果。突飞猛进的互联网技术完成了对信息传播机制的重构，使信息变得无处不在、无人不用，有力地推动全媒体快速发展，呈现全程、全息、全员、全效媒体的新内涵。爱国主义教育要抓住发展机遇，依托全媒体生态，大胆运用新技术、新机制、新模式，积极主动占领网络阵地，营造浓厚的爱国主义氛围，增强爱国主义教育的效果。

第三，开展实践活动：扎根人民，奉献国家。

理想的实现离不开活动载体，各学校要深刻领会《新时代爱国主义实施纲要》精神，推动大中小学爱国主义教育一体化建设，坚持全员全过程全方位育人，精心设计切实可行的活动方案，广泛开展主题明确、形式多样的实

---

[1] 《决胜全面建成小康社会　夺取新时代中国特色社会主义伟大胜利——习近平在中国共产党第十九次全国代表大会上的报告》，北京：人民出版社，2017年，第42页。

践活动，在应用中深化爱国主义认知，在体验中促进爱国主义情感，将爱国主义教育和社会服务结合起来。比如，蔡元培在北大组织学生义务担任老师的校役夜班，组建北京大学平民教育演讲团，开办平民学校，组织平民事业调查，开展学术讲座和教育实践调查等活动，一系列的实践都反映出"教育救国论"。

三、"遵法律为第一义"　培育公民法治价值观

蔡元培谈到"吾人对于国家之本务，以遵法律为第一义。何则？法律者，维持国家之大纲，吾人必由此而始能保有其权利者也"[1]。于国家而言，法律能"保全一国之利福"[2]，是维护国家存在的重要前提，也是矫正社会不公正行为、实现人人平等、拥有相同权利的保障，法律所表达的价值取向，内蕴着统治阶级的道德要求。通过打击违法行为，保护合法行为，宣传和支持高尚行为，可以发挥道德教育之功效。公民最根本的义务就是要遵守法律，使自身的行为受到法律的规范与制约，不断重复守法行为，最终把一些含有道德内容的法律规范要求内化为自律行为，自然而然成为一种道德习惯。所以，蔡元培认为必须有明确的法律来治理国家，这样会使道德教育由软变硬、由虚变实，整个社会秩序才会变得有条不紊。

中国传统社会格外重视道德教化对政治统治的影响作用，极力推崇儒家"德治""仁政"思想，提倡为政者要修身正己，以德化人，行德政以治民。在处理"德治"与"法治"的关系时，主张德主刑辅，"德治"成为传统政治思想的精华。当前，我国无论是政治领域还是经济领域、文化领域，都发生了根本性变革，在转变的过程中，一些腐朽的、不适合时代发展需求的东西

[1]　蔡元培：《中国人道德修养读本》，北京：北京联合出版公司，2014 年，第 255 页。

[2]　高平叔编：《蔡元培全集·中学修身教科书》（第 2 卷），北京：中华书局，1984 年，第 224 页。

会乘机而起，比如，以权谋私、贪污腐化、地方保护主义等。在这样的特殊历史发展时期，仅仅依靠道德约束是远远不够的，法律的基础地位不容忽视。我们要充分利用法律的强制性合理规范公民行为，也要运用德治的说服力提升公民的思想觉悟，把法律知识与道德教化有机结合，从而将法律的强制性与道德的人本性充分释放出来。法律保障制度可以消除人们行善的后顾之忧，减少"扶不扶""帮不帮"的困扰，用完善的法律为道德撑腰，让好人放心地做好事，扭转当前部分不良的社会风气；同时，通过切实制裁，加强对失德行为的惩罚，促进道德行为内化为道德自律。所以，"法律是成文的道德，道德是内心的法律"[1]，两者之间存在水乳交融的关系，以法律去调整失德行为，用道德来支撑法律，使法律获得道义的尊严，使道德获得法律的认可，实现法治素养与道德素质的全面提升。

新时代道德教育应突出法治内涵，法治作为社会主义核心价值观中社会层面价值取向的构成要素，其中所宣扬的公平、正义、自由、人权等理念，既属于法律原则又是道德范畴，只有将法律知识不断内化，公民才会不断获得法律能力，提高自身的公民意识，最终外化成日常的行为，这也是道德自律生成的过程。"遵法律为第一义"，促使公民形成法治价值观，至少应做到两点：一是从自我认知到社会认同。人们对法律的认知基于法治宣传以及普法教育。宣传教育可以促进形成知法守法的良好社会风气，培养公民的民主自觉意识，依照法律有条不紊地参与社会生活，促使法治精神的日渐提升，从最初的自我认知逐步上升为民族自觉，转化为公民的习惯与信仰，从而获得普遍的社会认同。二是从价值理念到行为指引。法治精神绝非抽象的价值理念，而是法治实践过程所遵循的基本原则，既要将其转化为公民的实际行为，建立求真务实的制度基础；又要将其转化为公民的主体意识，营造法治社会的和谐氛围。

---

[1] 《习近平在中共中央政治局第三十七次集体学习时强调：坚持依法治国和以德治国相结合，推进国家治理体系和治理能力现代化》，《人民日报》2016年12月11日，第01版。

将培育公民法治价值观作为公民道德教育的重要组成部分，体现在公民道德教育的各个阶段和内容中；在知法、懂法、守法的基础上，形成维护社会公平正义的责任感，进而升华至道德层面，使法律道德化，推动全民道德素质和社会文明程度达到新高度。

第四节　道德教育方法的启示

道德教育方法是思想品德教育所采取的各种影响方式的总称，是为达到道德教育目标，使教育者和受教育者两方都参与道德教育活动而采取的方法。道德教育方法多种多样，每一种教育方法均有自己本身的特点与功能，都是道德教育工作中必不可少的组成部分。为达到最佳的道德教育效果，教育过程中往往采用多种方法配合使用。蔡元培在进行道德教育过程中，反对呆板单一的教育方式，主张思想自由、兼容并包，针对不同的教育对象，因材施教，以达到培养道德品质、发展道德人格的目的。

一、"知识道德相结合"以学促德

"修学"是个人践行道德的必要前提，是提高道德修养的重要手段。蔡元培提出涵养德性，须从修学入手，人只有具备丰富的知识，才能明辨是非、善恶、美丑、真假。促进思想的深刻变革，具备道德辨别力和理解力，知善当行而恶之不当为，知识当为道德教育之基础，其中尤为关注科学知识在形成道德观念、确立善恶标准中的决定性影响。修学之中，需克服学科、专业偏见，以开放的胸怀广泛涉猎各科知识，"治文学者"，不能"蔑视科学"；"治自然科学者"，需"稍涉哲学"。学生只有具备了广博而精深的知识，才会树立远大的志向，实现自我的价值追求。与此同时，我们也应该清楚知识与德性生成之间的关系既是一个复杂的理论问题，也属于一个具体的实践问题。现实社会中，我们常可以看到，道德认知与道德行为之间往往不能达成一致，一些人明知道自己的行为有违道德要求，却依然自行其是。故而，在复杂的道德实践中，道德教育不只涉及道德认知与行为的单向联系，还体现在以道德认知为基础，道德情感、道德意志和道德行为三者间的有机统一。因此，在道德教育的过程中，教育者既要重视道德知识的传授，更要注重激发受教育者的道德需求，培养道德情感，有意识地增加道德实践的机会，使受教育者在实践中切实领悟道德知识，做到知行合一、言行一致。

第一，"修学以促德"培养青年担当意识。

学术研究不能离开道德修养，它是学术研究的灵魂所在。关于修养，蔡元培认为学生在平时课程学习中皆可时时注意，因为课程是青少年接受教育的主要渠道。习近平总书记指出，青年"要勤于学习、敏于求知，注重把所学知识内化于心，形成自己的见解，既要专攻博览，又要学会担当社会责任"[1]。唯有勤于学业，掌握扎实专业技能，练就高强过硬本领，才能知德明德，把自身的成长成才与中华民族的复兴、国家的繁荣富强紧密相连，担负起现代化建设重任。学习内容方面，要在充分夯实专业知识的基础上，勤于学习马克思主义理论，坚定共产主义信念；同时，加强优秀传统文化学习，善于继承并实现创新性发展，以坚定文化自信；再者，对于世界文化也要持踊跃学习的态度，关心世界日新月异的变化，展现出海纳百川的宽阔胸怀，锲而不舍地把学习变成习惯。青年只有及时更新知识，练就过硬本领，才能厚积薄发，紧跟时代发展，在竞争中赢得主动。

第二，"修学以促德"锤炼党员干部党性修养。

蔡元培指出世上"不忠不孝、无礼无义、纵情而亡身者"[2]，并非都是恶逆

---

[1] 《青年要自觉践行社会主义核心价值观——习近平在北京大学师生座谈会上的讲话》，《人民日报》2014 年 5 月 5 日，第 02 版。

[2] 蔡元培：《中国人道德修养读本》，北京：北京联合出版公司，2014 年，第 217 页。

悖戾之人，其中大多是"由于知识不足，而不能辨别善恶故耳"[1]。修学意味着知识层面广度与深度的拓展，内心思想的深刻修炼与变革，从而促使自身在持续蜕变中树立起坚定的理想信念，增强分析问题、处理问题的能力，最终实现自我价值追求。近些年来，相关媒体所报道的贪腐案例令人震惊，他们都曾是党和国家的高级领导干部，从小贪到大贪，将党和人民赋予的权力作为谋取个人私利的手段，最终蜕化变质，受到法律严惩。大部分官员落马后在忏悔录中首先提到的就是自身放松了学习，思想松懈，给不良风气提供了可乘之机。由此看来，修学对于提升党员干部自身修养发挥至关重要的作用，只有修学才能补足精神之钙。当前正处于知识信息化时代，改革开放也到了攻坚阶段，已出现或将要出现的问题有许多，这又迫切需要党员干部具备解决实际问题的"真本领"。"真本领"的获得同样是建立在"知识含量"的基础之上的，只有通过扎实阅读经典、学习业务，方可增长才干。所以，无论是修身还是储能都离不开修学，这必然要求在全党范围内大兴学习之风，使党员干部自觉树立终身学习的意识，主动学习知识，修学以储能。这既是新时代党员干部提升自身境界的重要途径，又是处理新情况新问题的重要手段。习近平总书记强调："中国共产党人依靠学习走到今天，也必须要依靠学习走向未来。"[2]时代在不停发展变化，裹足不前只能被时代抛弃，"今日之世界，一日千里，不学无从适应，不思无以应对"[3]。由此可见，党员干部应加强对学习的重视，多读马克思主义经典，牢固树立"四个意识"，坚定"四个自信"，运用科学原理指导社会主义伟大斗争、伟大工程、伟大事业和伟大梦想的具体实践。

---

[1]　蔡元培：《中国人道德修养读本》，北京：北京联合出版公司，2014 年，第 217 页。

[2]　中共中央文献研究室编：《习近平总书记重要讲话文章选编》，北京：中央文献出版社、党建读物出版社，2016 年，第 37 页。

[3]　习近平：《之江新语》，杭州：浙江人民出版社，2007 年，第 244 页。

二、"修身以实践为要"扎根生活

道德教育不是强迫学生接受一模一样的道德戒律，培养墨守成规、缺乏自觉意识的人，而在于它是一种扎根生活的实践活动。对此，蔡元培说："道德不是记熟几句格言，就可以了事的，要重在实行。"[1]通过具体的"行"，学生才能发现"知"的缺陷及不足，促使其不断加强道德的学习和内化，再去指导"行"，以实现"知行合一"，最终养成良好的道德品质和行为习惯。扎根生活的道德教育实践，体现出生活与道德两者之间具有一体性，生活为道德提供了赖以成长的土壤，若离开了生活，道德也就变成了抽象的、脱离实际的、无实质意义的存在。当前的道德教育活动中，教育方式往往以外在的说教、灌输传授僵硬的道德规范知识为主，受教育者被物化，处于无条件地接受学习的状态。这些与真实生活情景相脱离的道德知识，无法让人的道德理想与可能生活有效对接，致使学生陷入道德迷失与困境之中。事实上，道德教育并非理念化的教育活动，而是一项操作性较强的教育实践，与生活实践紧密相连。道德教育需要树立"可能生活"教育理念，以生活实践为基，探寻贴近当前生活世界并且引领未来生活的教育新路径，使道德理想更易于融入人们生活期许之中，以生活实践推动教育实效。

在《中学修身教科书》一书中，蔡元培从实践角度强调道德教育重在"养成习惯""节制欲望"和践行"勇敢"。无论是"习惯"的养成、"欲望"的节制，还是"勇敢"的践行都体现出具体现实生活的道德要求，道德行为只有扎根生活世界，道德才能够真正成为人类和社会迈向文明的阶梯。

第一，道德之本重在养成习惯。

习惯是人性格之外的第二天性，与性格有密切关系，于不知不觉间浸润精神。所以，蔡元培认为道德教育的目的不仅仅在于使受教育者学习道德知

[1] 高平叔编：《蔡元培全集·普通教育和职业教育：在新加坡南洋华侨中学校的演说词》（第3卷），北京：中华书局，1984年，第476页。

识，更重要的是使其养成去恶从善的习惯，自觉地践行道德要求。

一是"道德之本不在高远而在卑近"。道德的根本不在于好高骛远，而在于能从日常生活的低下浅近小事做起。"自洒扫应对进退，以及其他一事一物一动一静之间，无非道德之所在。"[1]好习惯是日常依照道德规范处理细微之事积累而成的，若平时处理日常小事经常违背行为规范，就会养成不良习惯，就易于在关键时刻犯错。二是"礼仪有造就习惯之力"。礼仪是人际交往中，为表示尊重、敬意和友好而约定俗成的行为规范。蔡元培认为举止端庄，语气和顺，进退有礼，不但可以保持尊严，而且有利于个体道德在习惯的养成中实现知行合一。三是"勤勉为良习惯之一"。于品性危害最大的莫过于懒惰，"怠惰者，众恶之母"[2]。即便是好人，只知饱食终日，而无所事事的话，也会因悠闲安乐，变成游荡懒惰之人，就容易产生卑劣邪恶的念头，日益滋生而难以改变，故"德行才能功业名誉财产，及其他一切幸福，未有不勤勉而可坐致者"[3]。

一直以来，关于青少年道德教育的方式，往往过多侧重道德说教，而忽略良好道德行为习惯的培养。重"教"轻"养"的方式，导致流于空泛的说"教"，"养"亦收效甚微。借鉴蔡元培的道德教育方法，抓住青少年的心理、行为、思想等特点，坚持不懈地开展文明习惯养成教育。家庭中，父母、长辈要注意自己的言行举止对子女的影响，从细节处入手，培养孩子良好的道德习惯，这是家庭教育所具备的优势所在。学校可以进行五讲四美三热爱的教育，养成学生良好的生活习惯；开展诚信教育，培养青少年诚实守信的优良品质。良好的道德行为习惯，会凝结成优良的道德品质，促进社会文明成习，礼仪成俗，不断提高整个民族的道德素质。

---

[1] 蔡元培：《中国人道德修养读本》，北京：北京联合出版公司，2014年，第210页。
[2] 蔡元培：《中国人道德修养读本》，北京：北京联合出版公司，2014年，第210页。
[3] 蔡元培：《中国人道德修养读本》，北京：北京联合出版公司，2014年，第210页。

第二，道德实践重在节制欲望。

蔡元培认为欲望与生命相伴而生，本不是坏的，"高尚之志操，伟大之事业，亦多有发源于此者"[1]。从一定意义上讲，欲望是生命的动力，合理欲望的满足，使人的身体运行在生理上得以保障，在精神上得以愉悦。但是，欲望往往如同骏马一般，虽然具备奔跑的能力，却无法自主选择奔跑的方向，过度而无节制的欲望，更有可能把人引向毁灭。所以，蔡元培把"节制欲望"看作个体道德实践之中的一项重要内容，对此，蔡元培做出三个方面论述。

一是"节体欲"。"体欲"指生理欲望，于人的生命必不可少。若体欲过度却不知满足就非常有害，"况如沉湎于酒，荒淫于色，贻害尤大"[2]。不仅损害身体埋没灵性，也会使志气昏沉懒惰，酿成放纵奢侈的习性。二是"制欲望"。"欲望"体现了人们对名誉、财产、快乐的追逐。对于财产，蔡元培提出正确的用财之道，使之有利于自身和他人，养成"节俭"习惯，他认同儒家寡欲之说，寡欲则不为物役，达到道德养成之目的。重视名誉是自古以来的美德，然而，如果急于出名而不顾其他，则会引起骄傲自大或谄媚的弊端。"骄者，虚名终不可久假；谄者，不免为识者所窃笑。"[3]三是"抑热情"。能够善于控制突发而至的剧烈情绪，"养成忍耐之美德"，有效控制"忿怒"，力戒"傲慢"和"嫉妒"。对于情欲的节制，蔡元培提出"以情制情"的方法，不但有助于"节制情欲"，而且有助于德性养成。

第三，道德要义重在践行勇敢。

蔡元培引曾子所讲的"自反而缩，虽千万人，吾往矣"来揭示勇敢的本义，并非体力的强大，而是通过反躬自问，借助智慧和仁德去追寻正义的思想及行为。蔡元培倡导勇敢是"义勇"而非"血气之勇"，强调"义勇"行为中，以对国家有贡献为最大。当国家处于危难之时，能够做到舍弃个人生命

---

[1] 蔡元培:《中国人道德修养读本》，北京：北京联合出版公司，2014年，第211页。

[2] 蔡元培:《中国人道德修养读本》，北京：北京联合出版公司，2014年，第211页。

[3] 蔡元培:《中国人道德修养读本》，北京：北京联合出版公司，2014年，第211页。

财产而救之；当两者利益冲突之时，只要有利于国家就在所不惜，这是国民之义务。"平日必持炼意志，养成见义勇为之习惯，则能尽国民之责任，而无负于国家矣。"[1]无论是顺境，还是逆境，都可以践行"勇敢"。逆境之中，勇敢有助于转祸为福；顺境之时，勇敢有助于安于本分。"勇敢"之中，最显著的品质就是人格独立，表现在心中无任何成见，以"良知"作为衡量事情的标准，才会有自重，具备真勇敢。

现实生活中，当面临道德选择时，只有意志坚强、富有勇气的人能够挺身而出，战胜胆怯，主动地履行道德义务，承担道德责任；而众多的"看客"只会选择袖手旁观，表现出冷漠无情或者犹豫不决，缺乏践行道德行为的勇气，这是导致道德冷漠的重要原因之一。因此，学习蔡元培所倡"义勇"，对当下道德建设及人格培养具有重要意义。首先，个人层面坚定理想信念。它对道德主体的道德行为具有引导作用，可以明确方向、激发动力，使道德主体能够坚定履行道德义务，把"善"变成为一种坚定的信仰，从而培养清醒从容、执着且有担当、"立于天地之间"的道德人格。其次，道德勇气不只源于道德主体的自觉，更离不开社会层面的激励与保护。社会要发掘好人好事，肯定、褒奖道德行为；褒奖凡人善举，重视对见义勇为者的表扬与奖励；讴歌时代典型，加强对英雄人物事迹的报道与宣传；多角度促进正能量的传播与弘扬，鼓励人们勇于与恶势力做斗争。这不仅有助于推动社会主义精神文明建设，而且对个人行为也发挥着重要的引领作用。

三、"美育陶养感情"以美育德

作为中国近现代美育思想的开拓者，蔡元培一生倡导美育，并在美育理论和实践方面进行了大量的积极探索。其美育思想既根植中华优秀传统文化，又积极汲取西方美育思想的合理养分，这就决定了其思想内涵和实施范围的

---

[1]　蔡元培：《中国人道德修养读本》，北京：北京联合出版公司，2014年，第217页。

广泛性。在美育方法上"直以艺术为教育，培养美的创造及鉴赏的知识，而普及于社会"[1]，道德教育通过审美、艺术的情感感染，潜移默化地熏陶感染着受教育者，促使优秀家风、文明学风及良好社会风气的形成。他的"以美育德"思想实现了美与善的融会贯通，是感性与理性交融的结果。此外，其美育思想内涵对于当代德育所倡的课程渗透、全方位育人理念具有重要指导意义。

第一，依托家庭审美教育，塑造孩子美好心灵。

家庭是构建国家和社会的最基本单元。既是道德修养的起点，也是审美教育的开端，家庭教育要善于借助美育塑造孩子的美好心灵。在蔡元培的家庭美育观念中，虽然仅是对儿童学龄前的情形进行了具体描述，但在他"美育育德"的思想体系中，充分肯定了美育在家庭道德教育中的重要性，认为美育始于胎教，借助母亲对美的体验与感受予以传达，"人一生之品性，所谓百变不离其宗者，大抵胚胎于家庭之中"[2]。优美恬雅、活泼平和的环境熏陶为人生的初始阶段打下良好的美育基础，成长过程中，父母及家人的行止坐卧、言语表达、衣着饮食、价值观念都会给孩子的一生带来影响。

基于蔡元培家庭美育思想，分析其内涵要义为当代家庭道德教育带来的启迪，具有重要的现实价值。家长作为孩子的第一任老师，要及时更新教育观念，重视言传身教，使正确的道德观念从儿童时期就深深扎根于孩子心中。教育过程中，从传播中华优秀传统文化中的"善""信""仁""美"开始，到爱家爱国精神的培养，以生动活泼的审美、艺术形式倡导家庭文明观念，树立相亲相爱、向上向善的家庭风气。习近平总书记强调，广大家庭都要弘扬优良家风，以千千万万家庭的好家风支撑起全社会的好风气。尊重孩子不同的审美观念及性格养成，给予他们独立思考的空间，以增强自我意识、自我

---

[1] 宫承波:《蔡元培美育思想的基本内容》,《山东大学学报》(哲学社会科学版)2000年第1期, 第50-54页。

[2] 高平叔编:《蔡元培全集·中学修身教科书》(第2卷), 北京: 中华书局, 1984年, 第200页。

判断能力，使孩子从小就形成正确的世界观、人生观、价值观，长大后成为对国家和人民有用的人。

第二，夯实学校美育，培育时代新人。

学校美育是依据学校教育目的，有步骤、有计划地向学生实施审美教育的活动。蔡元培强调学校美育的目的绝不仅限于使学生掌握美学知识和美术技能，而是力图通过审美教育实现学生道德素养的提升，主要途径体现在充分发挥课程育人功能上。蔡元培遵循教育规律，主张在幼儿园开设唱歌、跳舞、剪纸、黏土等关于美的课程活动；中小学开设音乐、图画、手工等直接的美育课程，同时开设自然、历史、语言等一部分潜在的美育课程；大学阶段美育的学科变得更为专业化，设有美术、音乐、戏剧专科学校，学生亦可选择美育作用较强的专业，此外还可以组织与之相关的学生社团。蔡元培任北大校长后，把美育作为培育良好校风、陶养学生健全人格的重要措施，进行了大刀阔斧的教育改革：一是开设多门美学、音乐类理论课程，丰富课堂教学内容，并编写《美学的趋向》《美学的对象》等讲义；二是成立文学、书法、音乐等各类美育学术研究会，定期开展美育活动，聘请有深厚文化修养的知名艺术家和学者来北大讲学，创办艺术类刊物等。正是在蔡元培的不懈努力下，北大变成了一所艺术气氛浓厚的大学。

党的十八届三中全会对美育进行了针对性、准确性的定位，要求"改进美育教学，提高学生审美和人文素养"。2015年9月，《关于全面加强和改进学校美育工作的意见》将美育提升到前所未有的战略高度，具体从构建课程体系、改革教育教学、统筹社会美育资源等不同方面对美育工作提出明确要求，在学校美育发展历史上具有里程碑式的意义。2018年8月，习近平总书记在给中央美术学院老教授的回信中强调："做好美育工作，要坚持立德树人，扎根时代生活，遵循美育特点，弘扬中华美育精神，让祖国青年一代身心健康成长。"[1]

---

[1]《习近平给中央美术学院老教授回信强调：做好美育工作弘扬中华美育精神　让祖国青年一代身心都健康成长》，《人民日报》2018年8月31日，第01版。

教育工作者要在领会文件要求的基础上，学习蔡元培的美育教育方法，深刻认识美育的重要性和价值功能。不仅要在校园文化建设中注入传统美德元素，而且要开设专门的传统美德课程，使美育真正落在实处，而不是过去蜻蜓点水式的浅尝辄止。可以邀请道德模范走进校园、走进课堂，把生动鲜活的案例融入教学实践，发挥榜样的作用，陶冶教育对象的道德情操，提升学生的道德境界，为实现中华民族伟大复兴注入精神力量。

第三，立足社会美育，内化文化思想。

蔡元培说："学生不是常在学校的，又有许多已离学校的人，不能不给他们一种美育的机会，所以又要有社会的美育。"[1]蔡元培社会美育不仅反映出蔡元培对平等自由观念的践行，更进一步体现了他试图借助美育之途径达到改造社会精神面貌、提升国民整体素质的美好愿望。就内容来看，分为两个方面：一是设立专门的美育机关，如美术馆、美术展览会、音乐会、影戏馆等，定期进行展演，方便社会各阶层的人随时接受美的陶养。二是地方环境的美化，蔡元培把社会环境视为一个系统的整体，由各种自成体系的公共设施组成，提倡借鉴欧洲城市的布局及建设经验，创造整洁、优美的社会环境。蔡元培的社会美育思想，是在学习化社会背景和艺术大众化趋势下实现全民美育的重要途径，构建家庭、学校和社会"三位一体"的中国美育体系。2015年国务院提出"建立学校、家庭、社会多位一体的美育协同育人机制"[2]，保证社会各个层次的人能时时感受到浓厚的美育氛围，实现美育普及的全方位覆盖。

蔡元培"三位一体"的全面美育思想，虽然具有一定的历史局限性，带有乌托邦的理想色彩，但它所蕴含的思想精髓对我国现代美育思想具有积极的借鉴作用。通过社会美育的普及和实施，将具有美的社会文化有目的、有计划地传递给人，满足人和社会发展的需要。习近平总书记非常重视美育机

[1] 高平叔编:《蔡元培美育论集》，长沙：湖南教育出版社，1987 年，第 161 页。
[2] 国务院办公厅:《国务院办公厅关于全面加强和改进学校美育工作的意见》，国办发〔2015〕71 号。

构的建设工作，强调"图书馆、博物馆、科技馆、体育馆等，以及历史文化古迹和革命纪念馆，应当为受教育者接受教育提供便利"[1]。在美育机构的建设上既要打破区域限制，又要打破受众限制，不管是农村还是城市，不论文化层次的高与低，人们均可享有美育资源，接受美育洗礼。此外，美育机构还包括在国家方针政策指导下，自发建立的一些公益性团体和民间组织。对于人们生活的社会环境建设，习近平总书记将生态环境列入民生的优先领域，在2020年12月的中央农村工作会议上强调，加强农村生态文明建设，保持战略定力，以钉钉子精神推进农业面源污染防治，加强土壤污染、地下水超采、水土流失等治理和修复。优美和谐的自然、社会环境，使人们在潜移默化中陶冶情操，培养自身的人文情怀和道德素养，自觉地承担起社会责任，促进社会的发展和进步。

小结

本章基于道德教育理论，探讨蔡元培道德教育思想对现代道德建设的启示价值。在道德教育理念方面，借鉴五育并举，培育德才兼备全面发展的时代新人；坚持"尚自然，展个性"，以实现教育本质的理性回归；对待中西文化，采取"择善而从、中西兼容"的思想和态度。从道德教育内容来看，倡导公德与私德兼修，提升青少年品德修养；人人具有爱国心是青年学生责无旁贷的道德责任；同时，"遵法律为第一义"，培育公民法治价值观，也是公民道德教育的重要组成部分。在道德教育方法上，重在把修学与修德相结合，以学促德；修身以实践为要，实现道德教育向现实生活的回归；美育和德育相结合，以美辅德；等等。以上内容之间并非孤立的存在，而是存在相互联系和相互支撑的关系，共同致力于提高道德教育的针对性和实效性。

---

[1] 国务院法制办公室：《中华人民共和国新法规汇编（第1辑）》，北京：中国法治出版社，2016年，第36页。

结　论

　　蔡元培道德教育思想是我国近代教育史的宝贵遗产。蔡元培提出道德教育是"强兵富国"的根本大计，这对文化教育事业甚至国家建设都发挥着重要作用，主张国家的兴盛以道德为要素，公民要"牺私利以举公益"。他在继承中国传统道德思想、吸取西方伦理教育成果的基础上，提出符合时代需求的"公民道德观"，颁布"五育并举、德育为中坚"的教育方针，阐明体育、智育、美育与德育之间的关系；提出道德教育思想以"自由、平等、博爱"为纲，并论证"自由、平等、博爱"与中国古代"义""恕""仁"之间的一致性；明确培育具有健全人格的国家之良民的道德追求，以促进中国教育的现代转型。蔡元培卓有成效的道德教育实践和较为完善的道德教育理论体系，代表了一个时代的进步。本书通过对蔡元培道德教育思想的系统梳理，结合当前道德教育工作中面临的实际问题，得出如下结论。

　　1. "以公民道德教育为中坚"的五育并举是中国近代教育史的首创

　　蔡元培将中国教育置于中华传统与世界教育的大格局中考察，得出教育的最终目的是要造就具有完全人格的人，其"五育并举"的教育思想是促使受教育者德、智、体、美协调发展的具体方针，尽管五育的目的和作用各不相同，但都是养成完全人格所必需的。蔡元培指出教育应"以公民道德教育为中坚"，但并未割裂"五育"之间的联系性，而是强调通过"五育并举"形成教育合力。这一全面和谐发展的教育方针的提出，是中国近代教育史的一大创新，既否定了清末教育宗旨，又奠定了我国近代全面发展教育的理论基础，对后世产生重大影响。

2. 中西兼容是蔡元培道德教育思想的立足点

受中国儒家传统思想的影响，同时又受西方资产阶级思想的感染，蔡元培走上了独具特色的"中庸"之道。其所倡的"中庸"之道并非传统儒家哲学思想的简单重复，而是在结合西方哲学及现实实践基础上的创新性发展。他对待传统与现代、中西文化不抱偏见，持守中之论，东西采撷、古今印证，在系列复杂矛盾的跨越中建立独立持中的哲学体系，并赋予新意，创造新的文化内涵，运用于青少年的人生熏陶与人格教育中。道德教育思想方面，他亦秉持调和的中庸态度，以中国传统伦理为基础，融合西方民主科学的精神观念，体现传统的儒家伦理价值观与西方的伦理道德观之间的融会贯通，并借用儒家经典中"义""恕""仁"之古义，论证道德教育中自由、平等、博爱纲领的正确性，认为美育是完成道德教育的最好途径，二者相并统称德育，这明显是融贯中西之后的道德创新。自由、平等、博爱是贯穿蔡元培中西融合道德教育思想及实践的一根主线，并与"忠""诚""勤""勇"等具有中国传统意义的道德要目相结合，不失时机地对学生实施道德教育。除此之外，他广泛吸收近现代西方具有进步意义的伦理道德思想，如：引入康德"义务论"阐述道德产生的本源；学习赫胥黎《天演论》、斯宾塞《群学肄言》等著作，接受进化论伦理观，并从儒家典籍中寻找进化论的思想素材；宣传杜威实用主义教育思想，并以实验去验证是否适用于中国实际，采用举办演讲、支持创办刊物或研究会等多种创新教育形式，去影响教育学生，从而在具体道德实践中完成道德思想的中西兼容。

3. 道德教育思想中富含人道主义的精神要义

人道主义是为摆脱经院哲学的束缚而提出的，提倡关怀人、尊重人、以人为中心的一种思想体系。在法国资产阶级革命时期，它具体化为"自由、平等、博爱"的政治口号，用以联合平民，推翻封建制度，实现资产阶级革命的胜利。蔡元培对法国大革命时期的人道主义持推崇的态度，在对其精神要义的理解把握上，并非囫囵吞枣、全盘接受，而是根据资产阶级民主革命的实际需要，在消化的基础上加以改造，使之逐步成为自己的思想。

蔡元培积极宣传人道主义精神，将其作为培育国民公德意识的关键内容，有力推动了人道主义在中国的传播和弘扬。他认为儒家传统道德观念中所倡的"天下为公""民吾同胞"，与法国人所倡的"博爱"相符合。蔡元培重视人道主义，尊重人的价值与尊严，反对封建专制制度下尊卑贵贱的不平等关系。他把尊重人、同情人、关心人、帮助人的人道主义精神作为改造国民性，培养国民完全人格的重要内容，将人道主义提高到"天下为一家，中国为一人"的高度。这些对当时社会道德进步起到了良好的促进作用，也为我国道德教育思想的丰富做出了重要贡献。

综上所述，关于蔡元培道德教育思想的研究是一项具有重要理论和实践意义的课题。通过对其道德教育思想的系统研究，可以使我们更好地学习领会其深刻的思想内涵，并且能够对当前思想政治教育工作提供有益的借鉴。本书分别从道德教育理念、道德教育内容、道德教育方法三个方面，具体探讨了对当代的启示意义。囿于本人理论水平和知识素养的局限，对于蔡元培研究文本的梳理、道德教育思想现代启示的论述中，还存在诸多不足，有待于进一步的丰富与完善，敬请各位专家和学者予以批评指正。

参考文献

（一）经典文献

[1] 《马克思恩格斯选集》第一卷，北京：人民出版社，2012 年。

[2] 《马克思恩格斯选集》第二卷，北京：人民出版社，2012 年。

[3] 《马克思恩格斯选集》第三卷，北京：人民出版社，2012 年。

[4] 《马克思恩格斯文集》第 1 卷，北京：人民出版社，2009 年。

[5] 《马克思恩格斯文集》第 3 卷，北京：人民出版社，2009 年。

[6] 《马克思恩格斯全集》第四十二卷，北京：人民出版社，2016 年。

[7] 《毛泽东选集》第一卷，北京：人民出版社，1991 年。

[8] 《毛泽东选集》第二卷，北京：人民出版社，1991 年。

[9] 《毛泽东选集》第三卷，北京：人民出版社，1991 年。

[10] 《邓小平文选》第一卷，北京：人民出版社，1994 年。

[11] 《邓小平文选》第二卷，北京：人民出版社，1994 年。

[12] 《江泽民文选》第一卷，北京：人民出版社，2006 年。

[13] 《江泽民文选》第二卷，北京：人民出版社，2006 年。

[14] 《江泽民文选》第三卷，北京：人民出版社，2006 年。

[15] 《习近平谈治国理政》第一卷，北京：外文出版社，2018 年。

[16] 《习近平谈治国理政》第二卷，北京：外文出版社，2017 年。

[17] 《习近平谈治国理政》第三卷，北京：外文出版社，2020 年。

（二）重要文献

[18] 国务院办公厅：《国务院办公厅关于全面加强和改进学校美育工作的意见》，国办发〔2015〕71号。

[19] 国务院法制办公室：《中华人民共和国新法规汇编（第1辑）》，北京：中国法治出版社，2016年。

[20] 中共中央文献研究室编：《十八大以来重要文献选编》（上），北京：中央文献出版社，2019年。

[21] 中共中央文献研究室编：《十八大以来重要文献选编》（中），北京：中央文献出版社，2021年。

[22] 习近平：《之江新语》，杭州：浙江人民出版社，2007年。

[23] 习近平：《摆脱贫困》，福州：福建人民出版社，2014年。

[24] 习近平：《青年要自觉践行社会主义核心价值观——在北京大学师生座谈会上的讲话》，《人民日报》2014年5月5日，第02版。

[25] 习近平：《在知识分子、劳动模范、青年代表座谈会上的讲话》，《人民日报》2016年4月30日，第02版。

[26] 《习近平在中共中央政治局第三十七次集体学习时强调：坚持依法治国和以德治国相结合 推进国家治理体系和治理能力现代化》，《人民日报》2016年12月11日，第01版。

[27] 《习近平给中央美术学院老教授回信强调：做好美育工作弘扬中华美育精神 让祖国青年一代身心都健康成长》，《人民日报》2018年8月31日，第01版。

[28] 《习近平对全国道德模范表彰活动作出重要指示强调：深化群众性精神文明创建活动，着力培养担当民族复兴大任的时代新人》，《人民日报》2019年9月6日，第01版。

[29] 习近平：《在广大青少年中开展深入持久生动的爱国主义教育》，《中国青年报》2019年9月25日，第01版。

[30] 中共中央文献研究室编：《习近平总书记重要讲话文章选编》，中央文献出版

社、党建读物出版社，2016年。

[31] 中共中央宣传部宣传教育局：《〈新时代公民道德建设实施纲要〉学习读本》，北京：人民出版社，2020年。

（三）当代著作

[32] 陈永忠：《章太炎与近代学人》，天津：百花文艺出版社，2012年。

[33] 蔡建国：《蔡元培与近代中国》，上海：上海社会科学院出版社，1997年。

[34] 蔡建国编：《蔡元培先生纪念集》，北京：中华书局，1984年。

[35] 蔡尚思：《蔡元培》，南京：江苏人民出版社，1982年。

[36] 蔡元培：《蔡元培美学文选》，北京：北京大学出版社，1983年。

[37] 高平叔编：《蔡元培全集》（第1-4卷），北京：中华书局，1984年。

[38] 高平叔编：《蔡元培全集》（第5-6卷），北京：中华书局，1988年。

[39] 高平叔编：《蔡元培全集》（第7卷），北京：中华书局，1989年。

[40] 蔡元培：《蔡孑民先生言行录》（上），济南：山东人民出版社，1998年。

[41] 蔡元培：《中国伦理学史》，北京：商务印书馆，2004年。

[42] 蔡元培：《蔡元培讲伦理学》，南京：凤凰出版社，2011年。

[43] 蔡元培：《中国人道德修养读本》，北京：北京联合出版公司，2014年。

[44] 蔡元培：《蔡元培文录》，北京：商务印书馆，2019年。

[45] 高平叔编著：《蔡元培年谱》，北京：中华书局，1980年。

[46] 高平叔编：《蔡元培哲学论著》，石家庄：河北人民出版社，1985年。

[47] 高平叔编：《蔡元培教育论集》，长沙：湖南教育出版社，1987年。

[48] 高平叔编：《蔡元培美育论集》，长沙：湖南教育出版社，1987年。

[49] 高平叔编：《蔡元培教育论著选》，北京：人民教育出版社，1991年。

[50] 高平叔：《蔡元培年谱长编》（上），北京：人民教育出版社，1996年。

[51] 高平叔、王世儒编注：《蔡元培书信集》，杭州：浙江教育出版社，2000年。

[52] 葛新斌：《融合创新论——蔡元培中西文化教育观的历史研究》，北京：中国书籍出版社，2013年。

[53] 胡国枢:《蔡元培评传》,开封:河南教育出版社,1990 年。

[54] 金林祥:《思想自由兼容并包:北京大学校长蔡元培》,济南:山东教育出版社,2004 年。

[55] 聂振斌选编:《中国现代美学名家文丛·蔡元培卷》,杭州:浙江大学出版社,2009 年。

[56] 喙鑫圭、童富勇编:《教育思想——中国近代教育史资料汇编》,上海:上海教育出版社,1997 年。

[57] 梁启超:《饮冰室文集点校·论公德》(第 1 集),昆明:云南教育出版社,2001 年。

[58] 梁柱:《蔡元培与北京大学》,北京:北京大学出版社,1995 年。

[59] 梁柱:《蔡元培教育思想论析》,北京:高等教育出版社,2006 年。

[60] 骆郁廷:《思想政治教育引论》,北京:中国人民大学出版社,2018 年。

[61] 聂振斌:《蔡元培及其美学思想》,天津:天津人民出版社,1984 年。

[62] 聂振斌:《蔡元培》,天津:新蕾出版社,1993 年。

[63] 聂振斌选注:《蔡元培文选》,天津:百花文艺出版社,2006 年。

[64] 聂振斌选编:《中国现代美学名家文丛·蔡元培卷》,北京:中国文联出版社,2017 年。

[65] 欧阳哲生编:《中国近代思想家文库·蔡元培卷》,北京:中国人民大学出版社,2014 年。

[66] 人民日报海外版"学习小组":《平天下:中国古典政治智慧》,北京:人民出版社,2016 年。

[67] 孙常炜:《蔡元培先生的生平及其教育思想》,台北:台北商务印书馆,1976 年。

[68] 陶侃:《蔡元培哲学思想研究》,北京:中国科学文化出版社,2004 年。

[69] 檀传宝:《信仰教育与道德教育》,北京:教育科学出版社,1999 年。

[70] 檀传宝:《德育美学观》,太原:山西教育出版社,1996 年。

[71] 唐振常:《蔡元培传》,上海:上海人民出版社,1985 年。

[72] 佟自光:《梁漱溟的孤独思考》,北京:东方出版社,2006 年。

[73] 王玄武：《比较德育学》，武汉：武汉大学出版社，2003 年。

[74] 王亚桥：《中国教育一丰碑——蔡元培》，呼和浩特：远方出版社，2008 年。

[75] 王燕文：《社会主义核心价值观研究丛书：总论》，南京：江苏人民出版社，2015 年。

[76] 王怡心编：《蔡元培论人生》，南昌：江西高校出版社，2010 年。

[77] 王玉生：《蔡元培普通教育思想论纲》，北京：中国社会科学出版社，2009 年。

[78] 王玉生：《蔡元培大学教育思想新探》，成都：电子科技大学出版社，2014 年。

[79] 吴铎：《道德教育展望》，上海：华东师范大学出版社，2002 年。

[80] 吴舸：《蔡元培高等教育管理思想研究》，上海：上海交通大学出版社，2012 年。

[81] 向小壮、李学林：《大学生综合素质概论》，成都：西南交通大学出版社，2004 年。

[82] 徐晓林：《中外教育名人名言》，北京：企业管理出版社，2019 年。

[83] 严复：《严复集·原强》（第 1 册），北京：中华书局，1986 年。

[84] 姚淦铭、王燕编：《王国维文集》（下部），北京：中国文史出版社，2007 年。

[85] 俞子夷：《文史资料选辑·回忆蔡元培和草创时的光复会》（第 77 辑），北京：文史资料出版社，1981 年。

[86] 袁征：《孔子·蔡元培·西南联大中国教育的发展和转折》，北京：人民日报出版社，2007 年。

[87] 袁伟时：《中国现代哲学史稿》，广州：中山大学出版社，1987 年。

[88] 张典兵：《德育学原理》，徐州：中国矿业大学出版社，2014 年。

[89] 张汝伦编选：《文化融合与道德教化：蔡元培文选》，上海：上海远东出版社，1994 年。

[90] 张汝伦编选：《蔡元培文选》，上海：上海远东出版社，2012 年。

[91] 蔡元培：《蔡元培教育名篇》，北京：教育科学出版社，2007 年。

[92] 张同善：《马克思主义关于人的学说与教育》，北京：教育科学出版社，1992 年。

[93] 张晓唯：《蔡元培与胡适（1917—1937）——中国文化人与自由主义》，北京：

中国人民大学出版社，2003 年。

[94] 张耀灿:《现代思想政治教育学》，北京：人民出版社，2001 年。

[95] 张耀灿等:《思想政治教育学前沿》，北京：人民出版社，2006 年。

[96] 张耀灿:《思想政治教育学科建设研究》，北京：中国人民大学出版社，2017 年。

[97] 郑德全:《蔡元培教育思想研究》，徐州：中国矿业大学出版社，2006 年。

[98] 郑连根:《兼容并蓄长者风——蔡元培》，济南：齐鲁书社，2013 年。

[99] 中国蔡元培研究会编:《蔡元培全集》(第 1 卷)，杭州：浙江教育出版社，1997 年。

[100] 中国蔡元培研究会编:《蔡元培全集》(第 3-8 卷)，杭州：浙江教育出版社，1997 年。

[101] 中国蔡元培研究会编:《蔡元培纪念集》，杭州：浙江教育出版社，1998 年。

[102] 周天度:《蔡元培传》，北京：人民出版社，1984 年。

[103] 朱光潜:《朱光潜全集》(第 7 卷)，合肥：安徽教育出版社，1997 年。

（四）古籍类

[104]（战国）左丘明著,（晋）杜预注:《左传》，上海：上海古籍出版社，2016 年。

[105]（汉）韩婴:《韩诗外传》(卷六至卷十)，武汉：崇文书局，清光绪三年（1877 年）。

[106]（汉）刘向:《列女传》，北京：中国文史出版社，1999 年。

[107]（唐）房玄龄注,（明）刘绩补注:《管子》，上海：上海古籍出版社，2000 年。

[108]（唐）杨倞注:《荀子》，上海：上海古籍出版社，2010 年。

[109]（宋）朱熹集注:《论语》，上海：上海古籍出版社，2007 年。

[110]（宋）朱熹集注:《孟子》，上海：上海古籍出版社，2007 年。

[111]（宋）程颢、程颐著,王孝鱼点校:《二程集》，北京：中华书局，1981 年。

[112]（明）来知德撰,王丰先点校:《周易集注》，北京：中华书局，2019 年。

[113]（清）毕沅校注:《墨子》，上海：上海古籍出版社，2014 年。

[114] （清）李鸿章：《李文忠公全书·筹议海防折》，《台湾文献丛刊》第 131 种，台湾：大通书局，2000 年。

[115] 汪受宽、金良年译注《中庸》，上海：上海古籍出版社，2010 年。

[116] 汪受宽译注：《孝经译注》，上海：上海古籍出版社，2007 年。

（五）期刊论文

[117] 蔡建国：《在传统与近代之间——蔡元培文化思想再论》，《史林》1996 年第 3 期。

[118] 蔡小葵：《马克思主义道德观及其对思想政治教育的价值》，《学校党建与思想教育》2020 年第 14 期。

[119] 陈栋：《论道德教育的社会学范式——涂尔干道德教育思想的启示》，《现代大学教育》2020 年第 5 期。

[120] 陈乔见：《清末民初的"公德私德"之辩及其当代启示——从"美德统一性"的视域看》，《文史哲》2020 年第 5 期。

[121] 程斯辉、黄晶晶：《蔡元培的"教育事业综合论"探析》，《复旦教育论坛》2019 年第 2 期。

[122] 陈洪捷、蔡磊砢：《蔡元培：中国现代教育的奠基人》，《苏州大学学报》（教育科学版）2016 年第 1 期。

[123] 蔡磊砢：《中国近代评议会制度与三种教育管理模式》，《清华大学教育研究》2015 年第 2 期。

[124] 陈祥明：《陈独秀与蔡元培教育思想之比较》，《学术界》2014 年第 1 期。

[125] 陈二祥、赖雄麟：《论蔡元培独立思想》，《学术界》2013 年第 3 期。

[126] 董美英：《近二十年来蔡元培教育思想研究综述》，《黑龙江高教研究》2013 年第 10 期。

[127] 樊美麟：《蔡元培健全青年学生人格思想及其现实意义》，《人民论坛》2015 年第 36 期。

[128] 范进学：《论道德法律化与法律道德化》，《法学评论》1998 年第 2 期。

[129] 冯建军:《德育与生活关系之再思考——兼论"德育就是生活德育"》,《华中师范大学学报》(人文社会科学版) 2012 年第 4 期。

[130] 冯学勤:《儒家心性之学与中国现代美育话语的发生》,《艺术百家》2019 年第 1 期。

[131] 高德胜:《"道德的勇敢"与道德勇气——兼论道德勇气的培育》,《教育研究与实验》2020 年第 1 期。

[132] 高瑞泉:《以"忠恕"之道行"平等"理想——简论蔡元培先生的平等观念与实践》,《上海文化》2018 年第 6 期。

[133] 高天明:《学术自由与近代大学精神》,《中国地质大学学报》(社会科学版) 2007 年第 10 期。

[134] 高秀昌:《论蔡元培"仁""知""勇"之君子人格》,《道德与文明》2012 年第 6 期。

[135] 宫承波:《蔡元培美育思想的基本内容》,《山东大学学报》(哲学社会科学版) 2000 年第 1 期。

[136] 龚颖:《蔡元培与井上哲次郎"本务论"思想比较研究—兼论中国近代义务论形成初期的相关问题》,《中国哲学史》2015 年第 1 期。

[137] 何文平:《蔡元培教育思想对中国高等教育及军事教育的影响》,《江苏社会科学》2011 年第 1 期。

[138] 胡经之:《蔡元培的美育精神》,《深圳大学学报》(人文社科版) 2013 年第 1 期。

[139] 胡金木、杨淑雯:《服务学习:爱国主义教育的重要途径》,《中国教育学刊》2021 年第 1 期。

[140] 江峰:《蔡元培的完全人格教育思想刍议》,《中国德育》2019 年第 19 期。

[141] 刘建:《政治与学术的张力:蔡元培"去行政化"教育管理思想论略》,《南京师大学报》(社会科学版) 2015 年第 4 期。

[142] 刘正伟、薛玉琴:《清末民初蔡元培对西方道德教育理论的传播》,《浙江大学学报》(人文社会科学版) 2012 年第 6 期。

[143] 马建标:《"道德救国":蔡元培与北京大学的政治参与》,《安徽大学学报》（哲学社会科学版）2017 年第 2 期。

[144] 史少博:《〈孝经〉伦理道德蕴涵的现代阐释》,《学术交流》2008 年第 9 期。

[145] 史少博:《论公德心与规范意识的提高》,《学术界》2019 年第 4 期。

[146] 史少博:《论道德共同体及其价值取向》,《理论学刊》2020 年第 2 期。

[147] 史少博:《公民"公德"的训练》,《兰州学刊》2020 年第 11 期。

[148] 宋志明:《蔡元培的哲学观与中国哲学史学科初建》,《学习与探索》2014 年第 5 期。

[149] 宋志明:《蔡元培:现代中国哲学家的杰出代表》,《学术研究》2015 年第 1 期。

[150] 苏醒:《思想政治工作是共青团的核心竞争力略论》,《中国青年研究》2017 年第 7 期。

[151] 汤广全:《教育家蔡元培新论》,《河北师范大学学报》（教育科学版）2016 年第 5 期。

[152] 唐青、熊文娟:《新时代青少年爱国主义教育的几个着力点》,《学校党建与思想教育》2021 年第 1 期。

[153] 王海荣:《浅议蔡元培德育思想体系中的个人道德修为及其意义》,《前沿》2013 年第 8 期。

[154] 王青:《井上圆了与蔡元培宗教思想的比较研究》,《世界哲学》2013 年第 3 期。

[155] 徐永赞、潘立勇:《蔡元培完全人格教育思想》,《河北学刊》2006 年第 3 期。

[156] 严从根:《道德凸显和伦理隐退的中国德育危机与出路》,《华东师范大学学报》（教育科学版）2020 年第 11 期。

[157] 杨俊铨、刘婉:《蔡元培的中学德育探索与启示》,《广西社会科学》2019 年第 8 期。

[158] 乐爱国:《蔡元培、陈寅恪对"三纲五常"的解读——兼论贺麟对"三纲"真义的发挥》,《政治思想史》2019 年第 2 期。

[159] 袁安奇:《浅析蔡元培的伦理、教育与美育》,《新美术》2018 年第 10 期。

[160] 于玲玲:《蔡元培公民道德教育思想研究》,《成人教育》2015 年第 8 期。

[161] 杨姿芳:《世界观与人生观: 蔡元培道德教育思想的理论基石》,《现代哲学》2013 年第 4 期。

[162] 姚文放:《蔡元培 "以美育代宗教" 说对于康德的接受与改造》,《社会科学辑刊》2013 年第 1 期。

[163] 袁洪亮:《论蔡元培〈中学修身教科书〉中的德育思想》,《道德与文明》2010 年第 5 期。

[164] 张社强、韦莉莉:《论蔡元培 "美育育德" 思想及其当代价值》,《教学与管理》2019 年第 12 期。

[165] 张翼星:《蔡校长对青年学生的嘱咐与期待——纪念蔡元培诞生 150 周年》,《现代大学教育》2018 年第 2 期。

[166] 张勤、张晓庆:《蔡元培国民道德教育思想及其当代价值》,《江苏高教》2016 年第 1 期。

[167] 张涛:《蔡元培教育思想论析——以学术本位为视角》,《河南师范大学学报》(哲学社会科学版)2016 年第 3 期。

[168] 赵维新:《蔡元培教育思想及其对当代大学教育的启示》,《教育理论与实践》2016 年第 21 期。

[169] 郑润凡、周月朋:《高校德育方法创新思考》,《北京联合大学学报》(综合版)2004 年第 12 期。

[170] 朱军:《早期社会主义文学想象的儒学渊源——以蔡元培和〈新年梦〉为中心》,《华东师范大学学报》(哲学社会科学版)2018 年第 2 期。

[171] 朱晏:《以美育滋养公民道德建设——蔡元培公民道德教育思想的当代价值》,《江海学刊》2020 年第 6 期。

（六）学位论文

[172] 阿剑波:《思想政治教育现代化发展研究》,博士论文,兰州大学,2020 年。

[173] 陈丽芬:《当代中国公民道德信仰危机与建构问题研究》,博士论文,陕西师

范大学，2016 年。

[174] 陈二祥：《蔡元培德育思想现代性问题研究》，博士论文，西安科技大学，
2013 年。

[175] 陈剑旄：《蔡元培伦理思想研究》，博士论文，湖南师范大学，2004 年。

[176] 高琦：《传统文化在公民道德教育中的价值研究》，博士论文，吉林大学，
2018 年。

[177] 韩立云：《民国时期北京大学人才培养模式研究（1917—1937）》，博士论文，
南京大学，2013 年。

[178] 李淑敏：《中华优秀传统家训文化传承发展研究》，博士论文，吉林大学，
2020 年。

[179] 刘海芳：《家风的思想政治教育功能研究》，博士论文，中国矿业大学，
2018 年。

[180] 刘华荣：《儒家教化思想研究》，博士论文，兰州大学，2014 年。

[181] 李清聚：《蔡元培"以美育代宗教"思想研究》，博士论文，南京理工大学，
2012 年。

[182] 齐姗：《自由之人如何养成？——教育思想史的视角》，博士论文，华东师范
大学，2019 年。

[183] 孙宁：《以美育代宗教》，博士论文，河北大学，2017 年。

[184] 宋新雅：《圣人之教——先秦儒家道德教化范式及其现代价值》，博士论文，
陕西师范大学，2016 年。

[185] 洪波：《大学的伦理精神——蔡元培教育思想的伦理研究》，博士论文，南京
师范大学，2007 年。

[186] 汤广全：《自由与和谐——蔡元培"五育并举"观研究》，博士论文，华中师范
大学，2007 年。

[187] 吴舸：《蔡元培高等教育管理思想研究》，博士论文，西南大学，2010 年。

[188] 杨姿芳：《德育实为完全人格之本——蔡元培道德教育思想研究》，博士论
文，武汉大学，2012 年。

[189] 张文杰:《道德模范的社会功能与实践体系研究》,博士论文,北京科技大学, 2019 年。

[190] 张晓昀:《中华民族传统道德的传承及其当代价值》,博士论文,北京交通大 学,2018 年。

（七）中文报纸

[191] 人民日报评论员:《砥砺家国情怀　激发使命担当——论在广大知识分子中 深入开展"弘扬爱国奋斗精神、建功立业新时代"活动》,《人民日报》2018 年 8 月 1 日,第 02 版。

[192] 韩业庭:《从延续民族文化血脉中开拓前进》,《光明日报》2014 年 8 月 31 日, 第 04 版。

[193] 任鸿隽:《蔡先生人格的回忆》,《中央日报》(重庆),1940 年 3 月 24 日。

[194] 许德珩:《吊吾师蔡子民先生》,《中央日报》(重庆),1940 年 3 月 24 日。

[195] 万俊人:《道德何以兴国立人》,《光明日报》2013 年 12 月 13 日,第 01 版。

（八）外文译著

[196]《日支时论》,东京:第 4 卷第 2 号。

[197]（美）杜威:《道德教育原理》,王承绪译,杭州:浙江教育出版社,2003 年。

[198]（德）康德:《实践理性批判》,韩水法译,北京:商务印书馆,2017 年。

[199]（德）席勒:《美育书简》,徐恒醇译,北京:中国文联出版公司,1984 年。

[200]（加）克里夫·贝克:《学会过美好生活——人的价值世界》,詹万生等译,北 京:中央编译出版社,1997 年。

（九）其他外文文献

[201] ChaohuaWang, Cai Yuanpei and the Origins of the May Fourth Movement： Modern Chinese Intellectual Transformations 1890-1920.Dissertation Abstracts International，Section A：The Humanities and Social Sciences，Vol.37，No.1

(2009).

[202] Cesar guarde-paz, Cai Yuanpei and the Origins of the May Fourth Movement, Correspondencia entre Lin Shu Y Cai Yuanpei relativa al Movimiento de la Nueva Cultura. Estudios de Asia y Africa, Vol.50, No.2(2015).

[203] Davies Glorial, Affirming the Human in China.Boundary 2, Vol.37, No.1(Spring 2010).

[204] Duiker W. J. , Ts'ai Yuanpei and the Intellectual Revolution in Modern China. Doctoral Dissertation.Georgetown University, 1968.

[205] Lizhong Zhang, Cai Yuanpei, International Bureau of Education. the Quarterly Review of Comparative Education, Vol. XXIII, No. 1/2 (2000).

[206] Lin Nan, Xu Zhihong, I Don't Dare Entertain Extravagant Hopes of Becoming a Second Cai Yuanpei.Chinese Education and Society, Vol.37, No. 6(2004).

[207] Lubot E. S. , Ts'ai Yuan-pei from Confucian Scholar to Chancellor of Peking University 1868-1923: the Evolution of a Patient Reformer, Doctoral Dissertation. The Ohio State University, 1970.

[208] Lubot, Eugene, Ts'ai yuan-p'ei and chiang meng-lin during the may fourth period: The dilemma of modern chinese liberalism. Journal of Asian and African studies, Vol.7, No.3(July 1972).

[209] Peili Wang, Wilhelm von Humboldt und Cai Yuanpei.Munster/New York, 1996.

[210] William J. Duiker, Ts'ai Yuan-p'ei and the Confucian Heritage. Modern Asian Studies, Vol.5, No.3(1971).

[211] Yunzhi Geng, Cai Yuanpei and Hu Shi.Chinese Studies in History, Vol.37, No.4 (2004).

[212] 김정화, Ts'ai Yuan-p'ei's Reformation of Beijing University. 역사와 담론, Vol. 43 (2006).

后　记

　　本书的主要素材来自本人攻读博士学位时所撰写的学位论文，在创作过程中，学院诸位教授给予了无私的提携与帮助，借此平台，真诚感谢老师们的关心与厚爱！

　　首先，要感谢我的导师史少博教授，幸蒙老师垂爱，忝列门下，难忘创作时老师辛苦的督促和指导，难忘困惑时老师给予的指引和点拨。老师严谨的治学精神和厚德载物的高尚品格赋予我一生取之不尽的财富，学问与人生本自一体，我定会继续努力。

　　其次，要感谢哈尔滨工程大学马克思主义学院为我提供了优质的学习与交流平台。尤其要感谢魏潆教授，在著作修改过程中多次给予耐心指导。从宏观的破题立意到微观的标点用词，魏教授学术上精湛的造诣以及敏锐的视角，促使我不断拓宽研究思路，纠正撰写中的不足，令我获益良多。

　　最后，要感谢给予我启迪和教诲的王景云教授、王永友教授、李世辉教授、刘贵占教授、王林平教授、陈玉霞教授、陈坤教授、刘英杰教授，专家们的关爱和鼓励，促使我能够坚持不懈地去克服困难，战胜自我。

　　谆谆教诲定当永存脑海，敦促我不断继续前行，努力做最好的自己！